健康中国背景下
学校体育的使命与实践研究

沈泉平　著

北京工业大学出版社

图书在版编目（CIP）数据

健康中国背景下学校体育的使命与实践研究 / 沈泉平著. — 北京 ：北京工业大学出版社，2020.4（2021.11 重印）
ISBN 978-7-5639-7435-1

Ⅰ. ①健… Ⅱ. ①沈… Ⅲ. ①学校体育－教学研究－中国 Ⅳ. ① G807

中国版本图书馆 CIP 数据核字（2020）第 077514 号

健康中国背景下学校体育的使命与实践研究

JIANKANG ZHONGGUO BEIJING XIA XUEXIAO TIYU DE SHIMING YU SHIJIAN YANJIU

著　　者：沈泉平
责任编辑：张　贤
封面设计：点墨轩阁
出版发行：北京工业大学出版社
（北京市朝阳区平乐园100号　邮编：100124）
010-67391722（传真）　bgdcbs@sina.com
经销单位：全国各地新华书店
承印单位：三河市腾飞印务有限公司
开　　本：787毫米×1092毫米　1/16
印　　张：13.5
字　　数：270千字
版　　次：2020年4月第1版
印　　次：2021年11月第2次印刷
标准书号：ISBN 978-7-5639-7435-1
定　　价：56.00元

前　言

为推进健康中国建设，提高人民健康水平，中共中央、国务院于2016年10月25日印发并实施《“健康中国2030”规划纲要》，该文件指出健康是促进人的全面发展的必然要求，是经济社会发展的基础条件，是民族昌盛和国家富强的重要标志，也是广大人民群众的共同追求。推进健康中国建设，要坚持预防为主，推行健康文明的生活方式，营造绿色安全的健康环境，减少疾病发生。各级党委和政府要增强责任感和紧迫感，把人民健康放在优先发展的战略地位，抓紧研究制定配套政策，坚持问题导向，抓紧补齐短板，不断为实现“两个一百年”奋斗目标、实现中华民族伟大复兴的中国梦打下坚实的健康基础。

大学生作为国家培养的高级专门人才，其健康状况关系到今后能否为国家建设和社会发展起促进和推动作用。大学体育与健康教育是密不可分的完整教育过程，是大学教育中不可缺少的课程，既是学校体育教育的终点，同时又是大学生实现终身体育的起点。依据《全国普通高等学校体育课程教学指导纲要》的基本要求，结合学校体育工作实际和地方特色，广泛参考吸收众多前人的研究成果与经验，本书应运而生。

本书旨在更好地帮助读者正确认识、学习“健康中国2030”背景下学校体育的使命与实践的各方面知识。本书内容科学实用，语言通俗易懂，共包含十三个章节，阐述了健康中国总体战略的现实呼唤、“健康中国2030”背景下国民体质健康状况分析、“健康中国2030”背景下学校体育的发展研究、“健康中国2030”实践性研究探讨、体育的基本认识、中外体育教学理论的发展与比较、学校体育教学意义的探寻、“健康中国2030”背景下学校体育的现代使命、学校体育教学目标、体育运动与大学生心理健康、体育锻炼与营养、体育锻炼中运动损伤的预防与处理、“健康中国2030”背景下学校体育个别项目的教学方法等内容。

作者在写作和修改本书的过程中，查阅和引用了相关资料，在此谨向本书所引用资料的作者表示诚挚的感谢。由于水平有限，书中难免出现疏漏，恳请读者朋友批评指正。

目 录

第一章 健康中国总体战略的现实呼唤

第一节 健康中国的发展背景

健康，关乎着人们衣食住行的方方面面。在衣着方面，人们讲究春夏秋冬应季节变化增减，以保持身体健康所需的适宜温度；在餐饮方面，百姓日常生活中大多都讲究荤素搭配、营养均衡，重视食品安全，近年来，“轻卡”“食疗”等养生概念更是层出不穷；在住房方面，大家越来越愿意选择对人体健康无害的环保材料，关于“零甲醛”的讨论更是掀起高潮；在出行方面，“节能减排”“低碳出行”理念深入人心，越来越便捷和发达的城市交通，集环保、方便、健身于一体的“共享单车”更是受到广大市民的青睐……因此，健康，不仅仅是老百姓之间口耳相传的通俗概念，更是关乎百姓切身利益和国家持续发展的根本所在。

民之所系、政之所向。党的十八大以来，以习近平同志为核心的党中央，以国家长远发展为基点，以民族伟大复兴为目标，吹响了“建设健康中国”的时代号角。2015 年，“健康中国”首次写入政府工作报告；同年，党的十八届五中全会做出“推进健康中国建设”的战略决策；而在《中华人民共和国国民经济和社会发展第十三个五年规划纲要》中，单列“推进健康中国建设”一章，对推进健康中国建设提出具体要求。2016 年 8 月 19 ~ 20 日，全国卫生与健康大会召开。2016 年 10 月 25 日，中共中央、国务院印发《“健康中国 2030”规划纲要》，推进“健康中国”建设的行动纲领，进一步凝聚了全社会对“健康中国”建设的共识。

《“健康中国 2030”规划纲要》的发布标志着“健康中国”从一系列不成体系的零散概念上升为系统规范的国家战略。国家健康战略是指一个国家对其国民健康的总体价值观和发展愿景，具体表现为两个方面：一是在国家政治层面，如何看待健康，即健康价值观，这往往通过权威的形式表达并固定为一种权利，从而避免了各种原因所导致的国民健康受损；二是在国家行政层面，如何实现全民的健康，即健康行动纲领，重点在于如何把促进健康这一抽象概念转化为具体的行动纲领。洋洋洒洒上万字，《“健康中国 2030”规划纲要》从总体战略、普及健康生活、优化健康服务、完善健康保障、建设健康环境、发展健康产业、健全支撑与保障、强化组织实施等方面展开详细论述，从此以后，健康不再是口号，而成为举国上下的共同目标，迎来了世界范围内的合力支持。其中，“共建共享、全民健康”是建设健康中国的战略主题，“坚持政府主导与调动社会、个人的积极性相结合，推动人人参与、人人尽力、人人享有”是健康中国这一战略的重要目标。这就将健康中国的战略思想由点到面，连成一张纵横交织、联系紧密的“交互网”。

追根溯源“健康中国”发展成为国家战略，有着来自国外的经验借鉴、植根本国传统文化的发展土壤以及源于社会现实问题的倒逼等因素。

一、先进国家的健康战略借鉴

我国将“健康”上升为国家战略起步较晚。《“健康中国 2030”规划纲要》的颁布，一方面是由于世界上很多国家在很早以前就已经将健康制定成了国家战略，并取得了一定的实效，因而激发了我国对于这方面的关注和思考；另一方面，我们可以从一些先进国家的健康战略中得到启发和借鉴，从而不断地汲取他国之长，完善我国的健康战略。下面，笔者选取了美国、英国、日本 3 个代表性国家，对其健康战略进行简要的描述和分析。

（一）美国的“健康公民计划”

美国的“健康公民计划”早已成为一项可持续性的健康促进项目，每隔 10 年颁布一次，从 1980 年至今，已经发布了 4 代，每 10 年为一阶段。从字面就不难看出，美国的健康战略核心在于从公民层面提倡健康的生活方式，4 代“健康公民计划”不断地根据时代发展需求拓宽领域、细化指标、充实目标、完善策略。

“健康公民 1990”旨在预防为先，按年龄划分人群，全面提升不同层次人群的健康水平和生活质量。尤其针对“久坐”导致的体力运动缺乏现象，首次把身体活动与健康促进纳入国家健康计划之中，设定了 15 个健康促进优先发展领域和 226 个健康促进目标。“健康公民 2000”首次破除一家独揽的垄断局面，强调协调合作、互相配合、共担责任，强调减少健康差异和获得预防性的保健服务。该计划尤其关注国民超重现象，设定 19 个健康促进目标和 13 个健康促进活动以及健康目标实现的次级量化目标。“健康公民 2010”强调个人健康与群体健康的不可分割性，提出 28 个优先领域、467 个健康促进目标，首次将 10 个健康指标引入健康计划，并将身体活动置于指标首位。“健康公民 2020”以“一个让所有美国人健康、长寿的社会”为愿景，以“实现高质量的生活方式、改善人群的健康行为、促进健康公平、建立全面健康物质环境”为目标，设定近 600 个健康促进目标和 4 个基础卫生策略标准。

美国健康战略最大的特点是关注公民生活质量和健康公平性。我国的《“健康中国 2030”规划纲要》虽然从国家战略层面制定，但其中包含了加强体育锻炼、提高全民身体素质等关于公民个人健康的内容，也将公平公正作为基本的指导原则之一。另外，在战略目标中，《“健康中国 2030”规划纲要》不仅列举了宏观目标，也细化了具体目标，还和美国“健康公民计划”一样，提出了一些具体的指标。

（二）英国“国民健康服务体系”改革

英国是世界上较早开始健康战略研究的国家之一，其健康战略的制定始终围绕着国民健康服务体系（National Health Service，NHS）的改革与发展而进行。在全民享受免费医疗服务、人口老龄化严重、健康不平等、健康服务实施主体转变的背景下，英国国民健康服务体系建设的战略重点经历了由主要依靠医疗与卫生保健到主要依靠公共卫生服务的转变。

英国于 1947 年立法，1948 年开始建立了英国人最值得骄傲的国民健康服务体系。自 2000 年以来，英国通过开展一系列战略研究，不断调整和完善卫生改革与发展的目标及实现途径。2010 年英国发布“健康生活，健康国民：英国的公共卫生战略”，开辟了公共卫生发展的新纪元，确立了英格兰公共卫生署（Public Health England，PHE）和地方政府部门在公共卫生工作方面的主体地位。2013 年，英格兰公共卫生署正式成立，发布了《英国公共卫生成果框架（2013—2016）》，提出促进和保护全国公众健康和福祉，最快地提高最贫困者健康的愿景，明确了提高健康寿命预期、缩小不同社区间预期寿命和预期健康寿命差异的公共卫生服务目标。《英国公共卫生成果框架（2013—2016）》是英国全国公共卫生工作的指导性文件，明确了成果、产出和具体指标要求，为促进和保护生命周期健康、减少健康不平等提供了广泛机会，不仅仅关注延长生命的部分，还关注提高生命质量的有益因素。该框架设定了改善健康决定因素、健康促进、健康保护、公共卫生保健与预防过早死亡 4 个方面的产出和针对不同生命阶段问题的 66 项具体指标。

英国的健康战略重点着眼于卫生服务体系，由这一重点领域向外辐射，从而对健康战略进行阐述。事实上，《“健康中国 2030”规划纲要》也将公共卫生服务作为重点内容，有专门的章节做详细论述，并提倡强化覆盖全民的公共卫生服务，大大提升受益范围。

（三）日本“21 世纪计划”

日本是较早实施健康战略的国家之一。1964 年，日本内阁制定的“国民健康、体质增进”计划中首次提出“疾病预防、增进健康”政策。1978 年和 1988 年日本分别制定了第一次和第二次国民健康增进战略。进入 21 世纪后，日本政府在人群疾病谱发生改变、人口结构老化、医疗费用上升、国民健康需求增强的背景下，从预防保健人手，制定并实施第三次国民健康增进战略，即“健康日本 21 世纪计划”（“21 世纪计划”），旨在减少疾病损伤带给社会的负担，延长国民健康寿命，防止早逝和生活障碍发生，提高生活质量，构建充满活力的社会。与前两次健康增进战略相比，“21 世纪计划”首次提出了国家、地方政府、社会团体和个人共同参与并相互协作的理念。

“21 世纪计划”通过对年龄、性别、所属领域的人口数和保健服务效果进行统计，确定了营养与饮食、身体活动与运动、休息与心理健康、控制吸烟与饮酒、牙齿保健、糖尿病预防、循环系统疾病预防、癌症预防等 9 个方面的 70 个目标体系。每个方面又分成“健康改善目标、个人行动目标、社会支持目标”3类，既包括了人体生理机能参数评价指标，又有民众直接参与的生活行为习惯改变的目标，强调在现有基础上知识、态度、行为、身体指标等整体状况的改善。为配合“21世纪计划”的贯彻实施，日本在2002年8月颁布了《健康增进法》，以立法的形式界定了国家、地方政府相关部门、医疗保险以及国民的责任义务，规范“21世纪计划”的实行政策、方法与内容，赋予“21世纪计划”以法律地位，以立法的形式保证各类健康增进项目的实施有法可依、有章可循。“21世纪计划”第一期实施效果评价显示，达成或有所改善的项目占59.3%，有15.3%的目标状况有所恶化。目前该计划第二期已于2013年启动，预计2022年完成。

日本“21世纪计划”对健康领域进行细分，并通过立法形式确认这一国家战略的重要地位，明确了各方的责任义务，注重协调配合，形成了比较完整的体系。这对《“健康中国2030”规划纲要》多少提供了一些参考价值和借鉴意义。“健康中国”战略虽然是国家宏观战略，但是其对健康的定义是多元化的，涉及领域也极其广泛，尤其是在领域的细分、行业的协作、主体责任的确立等方面，与日本“21世纪计划”有异曲同工之妙。

事实上，由于世界范围内健康问题的不断变化和人们健康需要的与日俱增，健康战略早已具备了全球化的特征。早在1948年，世界卫生组织（WHO）就提出健康是人类的一项基本权利；之后，1977 ~ 1978年间，“2000年人人享有卫生保健”的全球战略目标以及初级卫生保健在目标实现中的关键性作用被提出；2000年，联合国千年首脑会议上通过了《联合国千年宣言》，标志性地将卫生和健康置于全体议程的核心，促进各国将国民健康上升为国家战略；2015年，联合国可持续发展峰会通过了《2030年可持续发展议程》，对世界各国保障人民健康福祉提出了新要求。《“健康中国2030”规划纲要》便是在这样的大环境、大背景下应运而生的。

二、中国传统的健康观念承袭

中国古代的健康之道，内容浩繁、立论精湛、颇有实效，诸多论述散载于各种古籍文献中。古人的智慧历经沧桑而不衰，穿越千年仍不朽，对今天中国的各种健康问题仍存在着很强的指导作用。如今很多的健康观念，包括《“健康中国2030”规划纲要》中的一些重要的健康观，都承袭了我国传统文化的精髓，具体来说，有以下几个方面。

（一）“动以健身，静以养心”的运动观

古人很早就形成了“动静相宜”的运动观：一方面主要通过适宜的运动量来保持身体健康；另一方面又通过稳定内心情绪来保证心理活动的健康，既追求健康的生活方式和运动方式，又崇尚修身养性的心灵沉潜。

《荀子·天论》中主张“养备而动时，则天不能病”，而《庄子·在宥》中却提出“无视无听，抱神以静”之说。二者看似有些矛盾，实则是对养生论述的角度不同，前者从身体角度提倡运动，后者从心理角度提倡静心，结合来看，实则强调的是形神并重。战国时

期，出现了“吹呴呼吸，吐故纳新，熊经鸟申”的“导引”术，从身体外形的锻炼，发展到“呼吸吐纳”的行气配合独特的健身方法，即气功。东汉末年著名医学家华佗根据中医原理，以模仿虎、鹿、熊、猿、鸟五种动物的动作和神态编创的“五禽戏”，是一套流传至今的、具有很高价值的医疗体操。《吕氏春秋·尽数》中提出“流水不腐，户枢不蠹，动也”，阐明了运动的重要意义，揭示了运动乃事物发展和成长必不可少的因素。

比照当下的运动观，我们所一再强调的“生命在于运动”和“心理健康”早在古代就有所提倡和记载。古人强调“动静相宜”，一方面强调运动和劳动对于保证身体气血正常运行而维持健康状态的重要意义，即所谓“流水不腐，户枢不蠹”，同时，又强调不要过度劳累和从事力所不及的事情，即所谓“勿欲太疲及强所不能堪耳”；另一方面，在精神保养方面，则强调性情沉静，崇尚“恬淡虚无”，追求“精神内守”。

（二）“营养均衡、饥饱得中”的饮食观

中国自古以来就是饮食大国，拥有着内涵极其丰富的饮食文化。中国人民不仅烹饪技术高超、烹饪方式丰富，就连菜色的搭配、营养的均衡、食量的多少，在中国古人眼中都需要十分注意和万分谨慎。因而，在很久以前，我们的先人就形成了较为科学合理的饮食观供后人参考。

《黄帝内经·素问·藏气法时论》讲道：“毒药攻邪，五谷为养，五果为助，五畜为益，五菜为充，气味合而服之，以补精益气。此五者，有辛酸甘苦咸，各有所利，或散或收，或缓或急，或坚或耎（软），四时五藏，病随五味所宜也。”《吕氏春秋·本生》中说：“肥肉厚酒，务以自强，命之曰烂肠之食。”宋代张杲在《医说·食忌》中告诫道：“食欲少而数，不欲顿而多。”陆游在总结长寿之道时认为：“朝晡食饮，丰约惟其力，少饱则止，不必尽器。”孙思邈也认可“饮食以时，饥饱得中”的饮食观，还在《千金要方》中指出：“夫为医者，当须先洞晓病源，知其所犯，以食治之；食疗不愈，然后命药。”明代《修真秘要》明确道出：“食欲少而不欲顿，常如饥中饱，饱中饥。”《太平御览》有道：“谷气胜元气，其人肥而不寿；元气胜谷气，其人瘦而寿。养性之术，常使谷气少，则病不生矣。”

可见，古代人早就认识到饮食养生的重要性。归纳古代的饮食观念，可以提炼出以下两点：第一，要全面摄食，使营养平衡；第二，要饥饱得中，保持肠胃的正常功能。这样的饮食才能起到健康长寿的作用。现代人比较普遍的“肥胖症”等症状，在古人的书籍中也有记载。可见，我国当今很多有利于健康的饮食观，大多是承袭了古籍中的说法，是中国古代人智慧的结晶。

（三）“阴阳五行、顺应自然”的预防观

古代人认为，想要预防疾病，先要对自然有敬畏之心，一方面要顺应天时，对日出日落、四季变化等自然规律要把握清晰；另一方面，对于地域环境和地理气候也要充分把握，一旦违背自然规律就会受到应有的惩罚。因此，古代很多哲学家和医学家都奉行“阴阳五

行”学说。直至今日，“阴阳五行”学说在民间依然有着不可忽视的地位。

《黄帝内经·灵枢经·本神》中描述：“故智者之养生也，必顺四时而适寒暑，和喜怒而安居处，节阴阳而调刚柔，如是，则僻邪不至，长生久视。”《黄帝内经·素问·宝命全形论》中论述：“（五行）木得金而伐，火得水而灭，土得木而达，金得火而缺，水得土而绝，万物尽然，不可胜竭。”《黄帝内经·素问·上古天真论》中又指出：“法于阴阳，和于术数，食饮有节，起居有常，不妄作劳，故能形与神俱，而尽终其天年，度百岁乃去。”《黄帝内经·素问·生气通天论》中说：“故阳气者，一日而主外，平旦人气生，日中而阳气隆，日西而阳气已虚，气门乃闭。”意思是在一天之中阳气的盛衰是不同的，早晨阳气生，中午阳气盛，晚上阳气虚。“日出而作、日落而息”的作息观念，便是顺应了自然变化的规律。

中医强调的“治未病”的思想十分先进，中国先贤对某些疾病的特异性预防思想和方法，更是充满了崇高的智慧。比如在“以毒攻毒”观念指导下发明的“人痘接种术”，必将在人类医学史上彪炳千古。中国古人一直潜心研究自然规律对人类身体健康有哪些影响，从而创立了“太极拳”“八卦阵”等一系列预防疾病和厄运的方式。

“阴阳五行”的观念虽然看似神幻，但在中医学术中很有用武之地；“顺应自然”的观念看似消极，但从长远来看，比滥用主观能动性而破坏自然和谐、耗尽自然资源的作风更具有深远意义。运用自然规律来养生保健、预防疾病，也是现代医学比较推崇的预防观念。

（四）“望闻问切、谨守病机”的诊断观

古人诊断不同于现代医学，现代医学具有精密的仪器和先进的科学设备，古人只能通过观察、触摸、倾听、询问再加上医者的推理来进行诊断。在上千年的中国古代医学发展过程中，古人用经验和智慧形成了一套系统的诊断方法，这些诊断方法甚至在科学技术发展的现代，仍然发挥着不可替代的重要作用。

《难经》第六十一难记载：“望而知之者，望见其五色，以知其病。闻而知之者，闻其五音，以别其病。问而知之者，问其所欲五味，以知其病所起所在也。切脉而知之者，诊其寸口，视其虚实，以知其病，病在何藏府也。经言以外知之曰圣，以内知之曰神，此之谓也。”望、闻、问、切是古代医者诊断病症所需采用的4个步骤或4种手段。望，指观气色；闻，指听声息；问，指询症状；切，指摸脉象。4种方式合称四诊。《黄帝内经·素问·阴阳应象大论》云：“察色按脉，先别阴阳。”此句描述的是中医常用的观气色和把脉象两种手段，即“望”和“切”。《黄帝内经·素问·至真要大论》描述了病机19条，这是中医诊断和治疗疾病的基本准则，其中描述道：“谨守病机，各司其属，有者求之，无者求之，盛者责之，虚者责之，必先五胜，疏其血气，令其调达，而致和平，此之谓也。”病机19条将病症进行分类，指出相应的病因和病症所属某一脏的范围，从而删繁就简，帮助医者诊断病症。

追其根源，现代医学的各种检查手段，事实上是对人体感官的延伸，都是建立在古人

靠感官和推理为基础的诊断方式之上的。虽然，相比而言，现代仪器更加精准，但往往流于浅表、失之片面，仅仅依靠简单的数据说话，不能完全替代认真耐心询问、综合细致研判的诊疗方式。因此，古代的诊断观念不仅促进了现代医学科技的发展，同样能够弥补机械的不足和缺漏。

（五）“整体调控、医患相保”的治疗观

中医采用的治疗手段极其丰富，包括中药、针灸、推拿、按摩、拔罐、气功、食疗等，中医治病更讲究究其根本、整体调控，尤其强调患者自身在治疗中的重要作用，发挥其本身心理的作用，为治疗增益，更体现了古代医者的智慧。

《黄帝内经·素问·标本病传论》中记载：“病有标本……知标本者，万举万当，不知标本，是谓妄行。”这里突出强调的是“治病治本”，并不是“头痛医头、脚痛医脚”，而是找到症结所在，对症下药。中医学的突出特点是“辨证施治”。“辨证施治”的实质是不为局部情况所拘的整体调控，重视复方配伍和针、灸、药物的并用，强调多因素干预的综合治疗，同时注重医患配合，充分估计患者在康复过程中的主导作用。中医学将人体视为各个部分互相联系、互相作用的整体和系统，主张通过对人体特定部分的调理，促进人的整体健康，主张从整体角度对人体局部的疾病进行辨证施治；强调人体与自然界的密切联系，注重观察人体在环境因素作用下的动态变化；主张调动体内外各种积极因素，根据病情的动态变化采取相应的治疗措施。

可见，古代中医很早就有了整体调控、辨证施治的哲学治疗观，也从很早就开始关注“医患关系”，希望通过高尚的医德和精湛的技艺获得患者的信赖和认可，从而增强患者战胜疾病的信心，达到患者主动与医者配合的完美境界。

中国传统健康观念，既是我们传统文化的瑰宝，更是我们现代健康观念的理论来源，在几千年的中华沧桑变化中，被不断传承，历久弥新，是健康中国战略的重要理论来源和精神支撑。

三、中国社会的健康问题倒逼

新中国成立以来，特别是改革开放以来，我国健康领域的改革发展取得了显著成就。2015 年我国人均预期寿命已达 76.34 岁，孕产妇死亡率下降到 20.1/10 万，婴儿死亡率下降到 8.1‰，5 岁以下儿童死亡率下降到 10.7‰。上述国际通行的居民健康指标见证了一个发展中人口大国卫生与健康事业发展的历程。

然而，虽然这些年来科学的发展和社会的进步帮助我国克服了很多健康难题和健康威胁，使得我国居民整体的健康水平上升了很大一个台阶，但是，社会的快速发展和急速转型，也使得健康领域出现了很多亟待解决的新问题，具体来说，主要体现在以下几个方面。

（一）“职业病”“富贵病”“亚健康”取代传统疾病成为首要威胁

现代社会高速发展，改变了人们的工作方式，从而引发了不可小视的“职业病”。各种高危行业因为缺乏防护措施而导致的呼吸道疾病、皮肤病等在从事该行业的工人的身上均有所体现，“空调病”“电脑病”等也逐步发展为常见的社会问题。脊柱疾病成了范围最广、最普遍的一种“职业病”。社会上最常见的白领一族、办公室工作者由于长期伏案或久盯电脑屏幕，多数患上了颈椎、腰椎损害为主的脊柱疾病。据世界卫生组织报告：每年有 200 多万人因长时间坐着不动而死亡；预计到 2020 年，全球将有 70% 的疾病是由于坐得太久、缺乏运动而引起的；中国国家卫生部门的一项调查表明，每天使用电脑超过 4 小时的人群中，81.6% 的人的脊柱都出现了不同程度的病变。

“富贵病”指的是包括肥胖症、三高（高血压、高血糖、高血脂）和三种慢性病（糖尿病、心脏病、癌症）在内的“代谢综合征”。近年来，随着物质生活水平的提高，人们对于饮食的不注意、不良生活方式的长期积累以及对于健康问题的长期忽视，导致这类疾病迅速成为影响人民健康的重要威胁。目前，中国已经变成全球第一的“肥胖症”大国；21 世纪以来，慢性病越来越成为长期折磨人类的噩梦；尤其是癌症，成为中国人健康的头号杀手；“富贵病”不仅严重影响亿万人民的健康和生命，而且会造成极大的生产率损失和国民经济负担。

“亚健康”是指身体虽然没有患病，却出现生理机能减退、代谢水平低下的状态。处于亚健康状态的人常感到种种不适、不舒服，出现如食欲不振、头痛失眠、精神萎靡、注意力不集中、疲劳健忘、性功能障碍等问题，但上医院检查时又未能发现可观察到的变化，此时医生也没有办法来进行治疗。“亚健康”是一种介于健康和生病中间的状态，是“欲病”状态，或者说是还未成“病”的“疾”，因此，它又有“次健康”“游移状态”“灰色状态”“第三状态”“中间状态”等的称谓。按照世界卫生组织的定义，全世界有超过 70% 的人处于亚健康状态，我国早在 2006 年就有超过 9 亿的人口处于亚健康状态。中国精英白领阶层和青少年的亚健康问题日益显现，可见大部分人离疾病只有“一步之遥”，生命健康受到严重威胁。

“职业病”“富贵病”“亚健康”是随着时代发展而出现的，在传统疾病能够通过科学手段预防和治愈的情况下，这类疾病却势头更猛，对人类的健康带来了更大的威胁，因此，我们必须予以重视并拿出有力措施进行预防。

（二）心理精神健康成为最难攻克的健康难题

如今我国国民的心理健康状况令人担忧。近年来，自闭症、焦虑症、抑郁症、精神分裂症等心理精神疾病在国人身上不断出现，这是人类不断进步、压力不断增加而引发的“文明病”。长期以来，由于心理健康的科普教育不足，长期压力之下国民心理防线崩塌、信仰缺失、价值观模糊，再加上长期以来中国人根深蒂固的“病耻感”，使得大部分患者不愿承认并治疗自己存在的心理疾病，因此，心理问题缺乏有效的调解手段，从而愈演愈烈。

卫生部门和权威部门的抽样调查显示，我国 1/5 的人口存在心理健康问题，5% 的人口处于心理疾病状态，每年自杀人口达到几十万；2013 年联合国秘书长在世界预防自杀日指出，全世界抑郁症患者达到 3.4 亿，其中中国占 1 亿人左右。《人民日报》官方微博曾发布数据称，中国抑郁症患者已达 9 000 万，且每年有 20 万人因抑郁症自杀。人类的心理健康问题甚至会逐渐导致身体健康问题的出现和恶化，极大地影响着人们的正常生活。

因此，健康战略不仅要关心大众的身体健康，还要研究、预防和治疗大众的心理问题和心理疾病，力求全民“由内而外”的全面健康，解决人生的方向感缺失、价值观缺位、安全感缺乏等一系列心理精神问题，促进人类深层次、全方位地健康发展。

（三）环境问题成为健康最大隐患

随着工业的发展，大气污染、水污染、土壤污染、生物污染严重影响着人类生活的环境，导致了很多健康问题。另外，资源短缺、物种灭绝更是严重破坏了生态平衡，甚至对人类生存造成影响。环境污染会通过呼吸道、消化道将有害物质带入人体中，导致很多恶性疾病的产生。环境问题背后就是人类的生存问题、健康问题，环境问题已经成为当今和未来威胁人类健康的最大隐患。

近年来，环境污染导致人群身体健康损害的事件屡见报端。2014 年，湖北黄石大王镇砷污染案，污染气体的排放导致 118 人体内砷超标，49 人中毒；2015 年，天津港“8·12”瑞海公司危险品仓库爆炸事件，引发居民对周围环境与自身健康问题的极度恐慌；2016 年，常州外国语学校的环境事件再次将公众的焦点聚集到突发环境事件引起的健康问题上。此外，日常的空气污染、水污染、土壤污染等给人们造成的呼吸道疾病、消化道疾病等一系列健康问题也成为人类健康的隐患。

如果不解决环境问题，人类健康问题完全没有办法得到解决，因为大部分健康问题与环境问题有着密不可分的联系，环境问题是根本，是源头，是需要被关注、被解决、被持续跟进的大问题。

（四）老龄化问题成为我国健康的棘手问题

我国的人口结构目前呈明显的“倒金字塔”型。2016 年人力资源和社会保障部发布数据，截至 2016 年年底，我国超过 60 岁以上的人口总量是 2.24 亿多，到 2020 年将达到 2.55 亿左右，占总人口的 17.8% 左右。并且未来中国失能和部分失能老年人将越来越多，残疾老年人逐年增加。处于“倒金字塔”顶端的老年人数量庞大，而且由于年事已高，他们往往身患各种各样的疾病。中国目前的养老行业并不能很好地解决老龄化问题，因此，养老问题成为影响我国总体健康水平的棘手问题。

呵护和关爱老年人的健康成为我国健康战略必须要解决的一大难题。目前，我国的养老体系并不完善。随着老龄化的加剧，医疗护理、生活护理、康复需求显著提高，但资源紧缺。我国目前尚未建立起适应老年人健康需求的包括保健、预防、治疗、康复、护理与安宁疗护于一体的综合性、连续性的服务体系。老年医疗卫生服务机构、康复医院、残疾人专业康复机构、护理院等机构数量有限且地区分布不均，失智照护、安宁疗护等机构缺乏，为社区和居家老人提供健康服务的能力亟待加强。

由于人口“老龄化”问题，我们必须正视老年人的养老服务和健康服务的问题，不仅要关心老年人的疾病预防、疾病治愈和日常身体健康，更要关心老年人的心理健康和精神状况。只有切实提高和改善占我国人口约 1/5 的老年人的健康状况，我国的总体健康水平才有望上升一个台阶。

（五）有毒有害食品成为“健康杀手”

常言道：“民以食为天”。食品是人们日常生活最基本的必需品，是人类赖以生存的基本物质。正因为食品是人类日常所需，人们离不开食品，所以食品市场潜力巨大。随着人们生活水平的不断提高，近几年来，各种新式食品层出不穷，食品加工业获得了空前的发展，成为我国极其重要的一大产业。然而，与此同时，中国的食品安全事故却屡屡发生，频频出现的重大食品安全事件，一次次地伤害了公众的生命健康，也极大地打击着公众对中国食品市场的信心。

纵观中国的餐饮市场，小作坊、小餐饮、小摊贩数量极多，量大面广，流动性强，常常游离于食品安全监管之外。更何况，很多大型的连锁饭店也纷纷被爆出存在问题。含三聚氰胺的奶粉、苏丹红、瘦肉精、染色馒头、有毒大米、地沟油、黑心肉松、有毒豆芽……近年来，这一桩桩、一件件的食品安全事件，让公众开始质疑“我们现在到底还能吃什么”，甚至有人开始调侃说中国人长期以来早已练就了一身“百毒不侵”的本事。

我们每天依靠食物补充工作生活所必需的能量，维持身体机能的正常运转，提供保持身体健康的基本营养，然而，如今食品安全却无法得到保障。想象着每天吸收进人体的有毒有害物质，不禁让我们对未来的健康产生了极大的担忧。因此，食品安全问题是中国健康战略中绝对不容忽视的重要环节。

上述所列举的中国健康战略所存在的 5 个方面的重要问题，并不能穷尽中国健康问题的全部。还有比较令人担忧的国民缺乏锻炼、健康教育和知识普及不到位、公共卫生服务不健全等一系列问题，都迫使我们必须拿出强硬的应对态度和强有力的解决措施，从而促进我国健康事业迈上全新的台阶。

因而，在全世界健康战略得以推行和重视、我国传统健康文化提供了有力支撑以及中国严峻的健康问题的倒逼之下，我国从国家层面对健康问题给予了高度重视，提出了系统完备的应对方案，《“健康中国 2030”规划纲要》于 2016 年破土而出，掀起了我国健康事业的全新高潮。

第二节　健康中国的理论内涵

《“健康中国2030”规划纲要》以提高人民健康水平为核心，以体制机制改革创新为动力，以普及健康生活、优化健康服务、完善健康保障、建设健康环境、发展健康产业为重点，遵循健康优先、改革创新、科学发展、公平公正的原则。建设健康中国的战略主题是“共建共享、全民健康”，明确将“共建共享”作为建设健康中国的基本路径，按照习近平总书记“没有全民健康，就没有全面小康”的指示精神，明确将“全民健康”作为健康中国的根本目的。因而，健康中国有着极其丰富的理论内涵，主要体现在其明确的指导思想、清晰的战略目标和广泛的覆盖领域上。

一、健康中国的指导思想

《“健康中国2030”规划纲要》在第一篇总体战略中的第一章指导思想中描述道：推进健康中国建设，必须高举中国特色社会主义伟大旗帜，全面贯彻党的十八大和十八届三中、四中、五中全会精神，以马克思列宁主义、毛泽东思想、邓小平理论、“三个代表”重要思想、科学发展观为指导，深入学习贯彻习近平总书记系列重要讲话精神，紧紧围绕统筹推进“五位一体”总体布局和协调推进“四个全面”战略布局，认真落实党中央、国务院决策部署，坚持以人民为中心的发展思想，牢固树立和贯彻落实新发展理念，坚持正确的卫生与健康工作方针，以提高人民健康水平为核心，以体制机制改革创新为动力，以普及健康生活、优化健康服务、完善健康保障、建设健康环境、发展健康产业为重点，把健康融入所有政策，加快转变健康领域发展方式，全方位、全周期维护和保障人民健康，大幅提高健康水平，显著改善健康公平，为实现“两个一百年”奋斗目标和中华民族伟大复兴的中国梦提供坚实健康基础。

从这段描述中，我们可以归纳出健康中国指导思想具有以下几个特性。

（1）传承性。健康战略指导思想传承了马克思列宁主义、毛泽东思想、邓小平理论、“三个代表”重要思想、科学发展观的重要理论内核，是与社会主义建设和发展指导思想同根同源、一脉相承的指导思想，使得健康战略不是凭空而来的，而是基于源远流长的理论基石之上的。

（2）时代性。上文指出，健康中国是对党的十八大和十八届三中、四中、五中全会精神以及习近平总书记系列重要讲话精神的贯彻，具有极强的时代烙印，不是一成不变的，而是与时俱进的产物。

（3）全局性。健康中国战略“紧紧围绕统筹推进‘五位一体’总体布局和协调推进‘四个全面’战略布局，以普及健康生活、优化健康服务、完善健康保障、建设健康环境、发展健康产业为重点，把健康融入所有政策，加快转变健康领域发展方式，全方位、全周期维护和保障人民健康，大幅提高健康水平，显著改善健康公平，为实现‘两个一百年’奋斗目标和中华民族伟大复兴的中国梦提供坚实健康基础”，由此可见，这是一项总体布局和总体战略，置于国家总体建设框架内，内容具体丰富，具有多样性和系统性，涉及领域广泛，并且与国家“两个一百年”的奋斗目标相得益彰。

（4）民本性。健康中国战略坚持以人民为中心的发展思想，以提高人民健康水平为核心，旨在全方位、全周期维护和保障人民健康。指导思想中多次强调和提及人民，始终站在人民大众的角度出发，充分体现了健康中国战略的民本性。

随后，《“健康中国2030”规划纲要》摆出来其主要遵循的四大原则：

（1）健康优先。《“健康中国2030”规划纲要》指出：“把健康摆在优先发展的战略地位，立足国情，将促进健康的理念融入公共政策制定实施的全过程，加快形成有利于健康的生活方式、生态环境和经济社会发展模式，实现健康与经济社会良性协调发展。”健康是人民大众工作和生活的基础，而大众是国家富强的“生力军”，因此健康中国战略遵循的第一个原则就是“健康优先”，把健康摆在工作和生活的优先位置，放在民族强盛和国家发达的重要位置，并且，健康理念更要融入生活的每一个角落和国家政策的字里行间。

（2）改革创新。《“健康中国2030”规划纲要》指出：“坚持政府主导，发挥市场机制作用，加快关键环节改革步伐，冲破思想观念束缚，破除利益固化藩篱，清除体制机制障碍，发挥科技创新和信息化的引领支撑作用，形成具有中国特色、促进全民健康的制度体系。”时代的发展让健康遭遇了全新的困境和瓶颈，需要我们逢山开路、遇水搭桥，破除固有的僵化体系，扫除顽固障碍，用创新思维和改革闯劲去完善健康中国战略的具体内容，不断与时俱进、持续改进。

（3）科学发展。《“健康中国2030”规划纲要》指出：“把握健康领域发展规律，坚持预防为主、防治结合、中西医并重，转变服务模式，构建整合型医疗卫生服务体系，推动健康服务从规模扩张的粗放型发展转变到质量效益提升的绿色集约式发展，推动中医药和西医药相互补充、协调发展，提升健康服务水平。”科学发展关键有四：一在把握规律，运用规律事半功倍；二在强调预防，将健康战线提前；三在构筑体系，形成完整协调的发展框架；四在讲究效益、提升水平，切实问健康战略要实效。

（4）公平公正。《“健康中国2030”规划纲要》指出：“以农村和基层为重点，推动健康领域基本公共服务均等化，维护基本医疗卫生服务的公益性，逐步缩小城乡、地区、人群间基本健康服务和健康水平的差异，实现全民健康覆盖，促进社会公平。”公平公正致力于消除城乡差异化，推进公共服务均等化，让病有所治、疾有所医成为全体公民的福利，让基本的医疗服务具备公益性质，成为全面共享的发展成果。在范围上，更要促进医疗的全覆盖，让每一个中国公民都能享受到公共服务带给大家的健康福祉，真正从与大众关系最密切的健康层面促进社会公平。

健康中国的指导思想与时俱进又一脉相承、协调全局又关注民生，加之以健康优先、改革创新、科学发展、公平公正的基本原则，描绘了一幅举国发展、全面健康的美好愿景。

二、健康中国的战略目标

健康中国不仅需要抽象的思想指导和美好的愿景，更需要具体的部署规划和任务目标。因此，《“健康中国 2030”规划纲要》第一篇总体战略中的第三章战略目标中，为健康中国设定了“三步走”的战略目标，不同的阶段完成不同的任务，达到不同的水平，循序渐进地稳步发展。具体体现为以下三步。

第一步：2016—2020 年。《“健康中国 2030”规划纲要》指出：“到 2020 年，建立覆盖城乡居民的中国特色基本医疗卫生制度，健康素养水平持续提高，健康服务体系完善高效，人人享有基本医疗卫生服务和基本体育健身服务，基本形成内涵丰富、结构合理的健康产业体系，主要健康指标居于中高收入国家前列。”

第二步：2020—2030 年。《“健康中国 2030”规划纲要》指出：“到 2030 年，促进全民健康的制度体系更加完善，健康领域发展更加协调，健康生活方式得到普及，健康服务质量和健康保障水平不断提高，健康产业繁荣发展，基本实现健康公平，主要健康指标进入高收入国家行列。”此外，《“健康中国 2030”规划纲要》还详细列出了到 2030 年需要实现的几个具体目标。

（1）人民健康水平持续提升。人民身体素质明显增强，2030 年人均预期寿命达到 79.0 岁，人均健康预期寿命显著提高。

（2）主要健康危险因素得到有效控制。全民健康素养大幅提高，健康生活方式得到全面普及，有利于健康的生产生活环境基本形成，食品药品安全得到有效保障，消除一批重大疾病危害。

（3）健康服务能力大幅提升。优质高效的整合型医疗卫生服务体系和完善的全民健身公共服务体系全面建立，健康保障体系进一步完善 . 健康科技创新整体实力位居世界前列，健康服务质量和水平明显提高。

（4）健康产业规模显著扩大。建立起体系完整、结构优化的健康产业体系，形成一批具有较强创新能力和国际竞争力的大型企业，成为国民经济支柱性产业。

（5）促进健康的制度体系更加完善。有利于健康的政策法律法规体系进一步健全，健康领域治理体系和治理能力基本实现现代化。

另外，《“健康中国 2030”规划纲要》还针对相关领域设定了相应的健康指标，并且列出 2020 年和 2030 年需要达到的指标程度，以此作为我国健康事业的中期奋斗目标。

第三步：2030—2050 年。《“健康中国 2030”规划纲要》指出：“到 2050 年，建成与社会主义现代化国家相适应的健康国家。”此阶段的目标相对比较抽象，但也给健康中国事业发展留下空间，毕竟，健康是一项永无止境的事业，需要持续不断、坚持不懈地发展。

三、健康中国的基本内涵

（一）健康中国的“三层含义”

健康中国具有多层含义。首先，健康中国是一个发展目标，是人民健康长寿水平达到世界先进水平的中国；其次，健康中国是一种生活方式，是人人拥有健康理念和健康生活，家家享有健康服务和健康保障的生活方式；最后，健康中国是一种发展模式，是“把人民健康放在优先发展的战略地位，把健康融入所有政策，努力实现全方位和全周期保障人民健康”的国家发展模式。健康中国的三层不同的含义，使得健康中国的概念既不空洞，也不单调，使其具有更深刻的内涵和更广泛的外延。

1. 发展目标

目标的作用在于统揽全局、引领方向，高于目前的水平，因而需要通过部署规划、贯彻执行来实现。目标具有一定的抽象性，但不等同于“镜中花”“水中月”，它是人们可以期待并有望实现的。

健康中国是走向世界健康强国、实现民族伟大复兴发展和人的全面发展的中国梦，是我国健康事业发展的一个美丽愿景。《“健康中国2030”规划纲要》的发布为我国健康事业发展明确了战略选择和行动纲领，明确了“促进全面健康长寿”的宗旨，今后十多年的时间内，举国上下要向着这一共同目标而努力。因此，毫无疑问，健康中国首先是一个发展目标，它从各个领域、各个行业、各个阶段提出了构建“健康中国”的美好愿景，具有极强的战略性、引导性和前瞻性。

2. 生活方式

生活方式对应的是社会中的每一个个体，生活方式有千千万万种，五花八门、形形色色，然而无论如何，健康应当是人民生活的首要的和基本的追求。《“健康中国2030”规划纲要》提供的是一种全民共建、全民共享的生活方式，它要求健康不仅是人人参与、人人尽力，更强调人人享有、人人受益。

WHO（世界卫生组织）对影响健康的危险因素做过系统分析，其中，生物学因素占15%，环境因素占17%，医疗服务占8%，而行为和生活方式占到60%。可见，生活方式在影响健康的因素中占绝对的统治地位。因此，“健康中国”战略的提出必然有很大一部分内容描述的是一种健康的生活方式。如合理膳食、戒烟限酒、心理健康、减少不安全性行为和毒品危害、适量运动等，都是指导大众养成良好的生活习惯的行为方式，从而实现人民无病无弱、身心健康。人民健康也应当是一个国家发展最基本的目标和追求，因此，生活方式是健康中国战略必不可少且需要重点关注的领域。

3. 发展模式

发展模式是站在国家的宏观角度出发，比发展目标更加明确具体，与国情结合更加紧密，统筹社会、行业、个人等多个层面，协调运作、形成合力，是在现代化发展中对发展战略及具体方式的一种选择。发展模式立意更好、布局更远、范围更广，并且受到政治、经济、文化、历史等诸多因素的影响。

健康中国战略能够称得上是一种发展模式，是因为：首先，它具有中国特色，是在传承中国传统文化和精神的基础上，结合现阶段中国发展的特点制定出来的关于健康领域的重大国家战略；其次，它全面而系统，具有可操作性，能够在未来的一段时间内，引导中国健康事业的发展轨迹并且提供具体可行的规划；最后，它站在更高的国家层面“谋篇布局”，以国家战略的方式统筹协调着我国各个行业和各个领域的革新，能够凝聚人心、调配资源、贯通行业、实现发展。《“健康中国 2030”规划纲要》从健康生活、健康服务、健康保障、健康环境、健康行业等多个维度部署了我国未来十多年在健康领域的发展举措，并且从改革、人才、科技、信息、法治、对外交流等多个方面提供了全面支撑，强化主体责任、强调全社会通力合作，形成了一套系统完备的发展方案，为我国健康领域的发展提供了一套切实可行的发展模式。

因此，健康中国不仅仅是一个口号，它更是明确的奋斗方向、人民的生活福祉、国家的战略布局、民族的复兴之道，其含义之丰富、范围之广泛、意义之深远是之前所有关于健康领域的制度、规定、措施等都无法比拟的。健康中国不仅是国家宏观层面的“高大上”的顶层设计，也是关乎百姓切身利益的“接地气”的具体举措，目标明确、以人为本、系统全面、科学合理，必将引领中国健康事业迈上一个新台阶。

（二）健康中国的“四级体系”

健康中国是一个辐射面广、覆盖面宽、层级丰富的大概念，这个概念之下包含着至少 4 个层级，即“健康公民—健康家庭健康社区—健康城市（农村）”，最终构成了“健康中国”这一庞大的概念体系。健康中国的治理，包括政府主导建设“健康中国”、社会倡导建设“健康社区”、人民共同建设“健康之家”、公民积极塑造“健康体格”，4 个层级在健康中国的建设中分别扮演不同的角色。

1. 健康公民

健康公民是健康中国体系层级下最小的子概念，指的是公民个人与健康之间密不可分的联系，既包括公民对健康的认识和体验，也包括健康对公民工作、生活等方方面面的影响，更包括公民对于健康事业的贡献和价值。胡锦涛曾指出：“健康是促进人的全面发展的必然要求。”习近平指出：“没有全民健康就没有全面小康。”可见，健康对于公民这一个体而言，具有无法替代的重要作用；同时，全体公民的健康对于整个中国的发展强大来说，同样也具有无法替代的重要作用。因而，健康公民在整个健康中国的战略和层级中，发挥着最基础的关键作用，公民健康而家庭幸福，公民健康而社会和谐，公民健康而城市发展，公民健康而国家富强。

实现健康公民的关键除了国家、社会、家庭等外在环境提供的物质基础、公共服务、幸福氛围之外，就公民自身而言，关键取决于公民的生活方式和健康素养。生活方式体现在公民个体平时工作和生活的各项习惯和行为上，就此，《“健康中国2030”规划纲要》强调了个人要塑造自主自律的健康行为，并通过开展健身运动提高身体素质。健康素养是指一个人是不是能够为了维护自身的健康需要而主动获取信息，或者获得医疗卫生服务的能力。国家卫计委（现为“卫健委”）于2016年初发布了新版“健康素养66条”，力图以引领指导的方式促进公民提高健康素养。

2. 健康家庭

作为最基本的生活单位，家庭自然成为连接群体和个体之间健康促进的最为稳固的纽带，因而健康中国理念的推广和实践运用需要“健康家庭”的重要支撑；对家庭而言，健康中国意味着：假如亲人患大病、重病，家庭可负担得起，能够在经济上、时间上和情感上给予足够的家庭支持，“健康家庭”的概念与中国语境之下的“幸福家庭”“和谐家庭”的概念有重合和相似之处。2015年习近平总书记在春节团拜会上的讲话指出：“家庭是社会的基本细胞，是人生的第一所学校。我们要重视家庭建设，……促进亲人相亲相爱，促进下一代健康成长，促进老年人老有所养，使千千万万个家庭成为国家发展、民族进步、社会和谐的重要基点。”因而，健康家庭是健康中国建设中的应有之义，我们要探求以千千万万健康家庭的建设推动整个社会、整个国家健康事业的蓬勃发展之路。

2004年，辽宁省大连市为配合“健康城市”建设，启动了以家庭为重点、以健康促进为手段、以健康家庭指导站为纽带，围绕生命全过程，面向全人群的基础性、综合性、公益性、拓展性的公共服务品牌“健家计划”（即健康家庭促进计划）。2010年，全国妇联宣传部、国家发改委公众营养与发展中心、中国家庭文化研究会、中国红十字基金会、中国健康促进与教育协会、中国消费者保护协会、中国医师协会、中国粮油协会等组织启动了“全国健康家庭行动”，这是面向全国家庭开展的大型营养健康知识普及活动。2015年，中国妇女杂志社联合湖南知达医药科技有限公司共同推出了“中国儿童健康家庭行动”，此项行动已走进全国10余个省份的60多个市县的数百个社区诊所、大药房以及孕婴童店，近百位中医药师加入此项行动，共举办儿童义诊咨询活动和“家庭课堂”近百场，使数万家庭受益。可见，家庭健康一直是我国健康事业重视和关注的领域，在《“健康中国2030”规划纲要》发布的新形势下，更应该发挥健康家庭在健康中国建设中的基础作用，用实现健康家庭的小目标来描绘健康中国的大蓝图。个体的健康与其所在的家庭具有不可分割的联系，家庭的健康发展是整个社会健康有序运行的微观基础，从这个意义上说，保障全面健康的基础工作之一就是建设健康家庭。

3. 健康社区

社区是聚居在一定地域范围内的人们所组成的社会生活共同体，健康社区则是在社区这一概念的基础上，根据时代发展需求和人民对健康的不断追求和渴望，对社区提出的更高的要求。健康社区在整个社会和国家发展中起到了重要的桥梁作用：一方面，它指导着健康家庭和健康公民的形成与发展，凝聚着健康公民和健康家庭的发展成果，维系着个人与家庭健康发展的必要环境和氛围；另一方面，它联通着城市和国家，是实现健康城市的关键，是构建健康中国的前提。健康社区是将健康送入“千家万户”的有力依托，构建健康社区充分体现了《“健康中国 2030”规划纲要》中“共建共享、全民健康”的战略主题。

要想真正构建健康社区，让健康社区助力健康中国的建设和发展，社区的健康建设可谓“任重而道远”。社区应该更加重视并且全面地认识健康的问题，以社区成员的健康为健康社区建设的优先追求目标之一，并且采用政策的、环境的、服务的和资源的综合措施，来促进社区成员的健康。目前，在健康中国战略的影响之下，各省市内的各个社区都掀起了“健康社区”的热潮，各大社区纷纷亮出了各富特色的“健康招”，如体检的社区普及、健身设施的完善、健康知识的宣传、社区医疗的发展、健康保障制度的建立等，并且很多地方利用“互联网 +”的大环境、大背景，运用数据手段，开发了一些健康网站、健康类的 APP，为居民的日常生活提供多样化、便捷化、有效化的健康保障。

4. 健康城市（农村）

健康城市（农村）是指从城市规划、建设到管理各个方面都以人的健康为中心，保障广大市民健康生活和工作，使城市成为人类社会发展所必需的健康人群、健康环境和健康社会有机结合的发展整体。健康农村与健康城市是同一个层级的概念，区别在于适用的地区环境有所不同，因此相应的特点和措施会有些差别。二者在健康中国这一大体系下所处的位置和发挥的作用几乎可以相提并论，但是目前针对中国现状而言，城市和农村发展确实存在着不少的差距，因此实现健康的均等化问题，是平衡城市和农村健康发展的关键一招。健康城市（农村）一方面是健康个人、健康家庭、健康社区的强大后盾，其所提供的健康资源、健康设施、健康医疗是公民健康强有力的保障。另一方面，许多健康城市（农村）的发展成果汇聚起来，就是“健康中国”的丰硕成果。

健康城市项目在中国有着一定的发展历史。1994 年初，在世界卫生组织（WHO）的考察和推动下，中国政府开始尝试在北京市东城区、上海市嘉定区启动健康城市项目试点工作。这标志着中国正式加入世界性的健康城市规划运动中。2001 年 6 月 12 日，全国爱国卫生运动委员会办公室将苏州作为中国第一个“健康城市”项目试点城市向 WHO 正式申报。2007 年年底，全国爱国卫生运动委员会办公室在全国范围内正式启动了建设健康城市、区（镇）活动，并确定上海市、杭州市、苏州市、大连市、克拉玛依市、张家港市、北京市东城区、北京市西城区、上海市闵行区七宝镇、上海市金山区张堰镇十个市（区、镇）为全国第一批建设健康城市试点，拉开了中国建设健康城市的新篇章。如今，健康城市（农村）几乎是全国各城市、各农村都在积极响应和落实一项战略目标。健康城市（农村）的如火如荼的建设，既是对健康中国战略的积极响应，也是对健康中国构建的有力支撑。如果全国所有的城市和农村都能够达到健康城市或健康农村的要求，那么健康中国的建成也就不远了。

总体来说，“健康公民—健康家庭—健康社区—健康城市（农村）”是实现健康中国战略必须要构建的 4 个层级，它们集合在一起，相互交织、相互作用、相互联系，共同构成了“健康中国”这一庞大体系。这 4 个层级单位由小到大，涉及范围由窄到宽，所包含的内容由少到多，层层嵌套，但又不可以相提并论、互相取代。在健康中国的建设中，它们各自扮演着不尽相同却无法替代的重要作用，使得健康中国战略成为一项具体而普惠的举措，成为一项复杂而系统的工程，成为一项需要国家主导但同时需要人人参与的重要工作。

（三）健康中国的“五个维度”

健康中国含义的丰富性、体系的多层性使得健康中国必然有着更具多样性的维度，颇有一种“横看成岭侧成峰”的深远意味。从《“健康中国2030”规划纲要》的编写体例来看，健康中国涉及普及健康生活、优化健康服务、完善健康保障、建设健康环境、发展健康产业、健全支撑与保障、强化组织实施八个重点，据此可以将健康中国转化成中国的健康生活、健康服务、健康保障、健康环境和健康产业五个维度，从这五个不同的侧面，进一步去仔细理解健康中国的丰富内涵。

1. 健康生活

健康对应的是全面的健康生活，因此，健康的生活方式需要通过各种手段普及至亿万人民身上，使之成为大众的福祉。《“健康中国2030”规划纲要》中的健康生活的叙述，分别从加强健康教育、塑造自主自律的健康行为、提高全民身体素质三个方面入手，从提高全民健康素养、加大学校健康教育力度、引导合理膳食、开展控烟限酒、促进心理健康、减少不安全性行为和毒品危害、完善全民健身公共服务体系、广泛开展全民健身运动、加强体医融合和非医疗健康干预、促进重点人群体育活动等多个角度展开，涉及教育、公共服务、体育、医疗等众多领域，强调通过各种手段让健康的生活方式深入人心。

2. 健康服务

健康服务重点强调的是公共卫生和医疗服务，这也是健康中国的关键所在。公共卫生和医疗是预防和治疗人类疾病最直接的领域。《“健康中国2030”规划纲要》中的这部分描述，指出要通过防治重大疾病、完善计划生育服务管理、推进基本公共服务均等化从达到强化覆盖全民的公共卫生服务的效果；通过完善医疗卫生服务体系、创新医疗卫生服务供给模式、提升医疗服务水平和质量来实现提供优质高效的医疗服务这一目标。此外，针对我国公民具体的健康状况，《“健康中国2030”规划纲要》创造性地指出要对中国传统中医药进行传承和发扬，进一步提升中医药服务能力，发展中医养生保健的功效；同时，要针对妇女儿童、老年人、残疾人等特殊群体，加强重点的健康服务。整个健康服务的内容丰富而饱满、立体而重点突出，形成了极其鲜明的中国特色。

3. 健康保障

健康保障为健康中国战略提供强有力的支撑，可以分为内部保障和外部保障两部分。

内部保障指的是医疗卫生服务体系及相关领域自身建成保障体系，从而支撑起医疗卫生服务各个环节的有效运转。《“健康中国2030”规划纲要》第四篇，就从健全医疗保障体系和完善药品供应保障体系两个方面入手进行论述：一方面，从健全医疗保障体系的角度，指出要完善全民医保体系，健全医保管理服务体系，积极发展商业健康保险；另一方面，从完善药品供应保障体系的角度，指出要深化药品、医疗器械流通体制改革和完善国家药物政策。医疗保障为人民看病提供制度保证，防止出现“因病致贫”甚至“因贫弃医”的不良局面，为人民的健康提供有力的物质支撑；药品供应保障则是为了提升药品和医疗器械的供应能力，尤其是针对基层和边远地区，要促进药品和医疗器械的有效流通，通过政策扭转市场流通的缺陷，为人民健康提供充分而均等的有效资源，赋予人民平等的健康权。

外部保障指的是从医疗卫生领域之外的其他领域，如通过经济、政治、法律、信息、对外合作等外在因素来刺激和保障健康卫生水平的全面提升。《“健康中国2030”规划纲要》第七篇，则是尝试从更加宏观的角度和更加广阔的领域为健康中国提供全方位的保障。这部分内容指出，希望通过深化体制机制改革夯实健康中国战略的深层积淀，通过加强健康人力资源建设为健康事业补充源源不断的“生力军”，通过推动健康科技创新激活健康事业发展的原动力，通过建设健康信息化服务体系为健康中国发展搭建四通八达的“信息网”，通过加强法制建设提供健康事业发展的“禁触红线”，通过加强国际交流合作吸纳其他国家健康战略发展的创新模式。

4. 健康环境

健康环境既指健康中国的发展过程中，要加强各类环境问题，如大气污染、水污染、土壤污染、噪声污染等的治理，也指通过对城市、村镇的健康卫生的综合整治和对食品、药品的安全监管，营造健康中国建设的全新面貌和健康事业发展的全新氛围。《“健康中国2030”规划纲要》第五篇，提出要深入开展爱国卫生运动、加强影响健康的环境问题治理、保障食品药品安全和完善公共安全体系。

开展爱国卫生运动一方面强调了爱国卫生运动向基层、向城市、向农村深入，实现诸如垃圾治理、推广清洁能源、保证饮用水安全、建设无害化卫生厕所、实施病媒生物综合预防控制策略、推进卫生城镇创建等全方位的覆盖，稳步拓宽卫生健康观念的涉及范围，实现全民健康；另一方面，发挥健康示范作用，建设一批健康城市、健康村镇，也包括健康社区、健康单位、健康学校、健康家庭等，提高社会参与度，将健康城市和健康村镇建设作为推进健康中国的重要抓手，保障与健康相关的公共设施用地需求，完善相关公共设施体系、布局和标准，将健康融入城乡规划、建设、治理的全过程，促进城市与人民健康协调发展，从而以局部带动整体，实现整个国家的健康发展。

加强影响健康的环境问题治理是针对影响广大民众健康的突出环境问题，采取项目环评审批、区域联合预警、空气质量安全管理、饮用水水源地安全达标建设、地下水管理和保护、土壤治理与修复、土地分类管理、污染源全面达标排放管理、环境与健康管理制度健全、环境与健康风险评估等一系列措施，进行有效的污染防治。总体来说，环境问题的治理手段丰富、态度强硬、制度严格，可以看出国家对环境问题的强烈重视。

保障食品药品安全重点落在安全监管上。在食品安全监管中，我国的目标是要实现与国家标准的基本接轨。《“健康中国 2030”规划纲要》突出强调健全从源头到消费的全过程监管，守住每一道防线。为此，该纲要提出了完善农产品准入制度、全程追溯协作机制和食品安全信息公开制度这 3 项制度。同时，针对时代发展的新形势，提出了加强互联网食品经营实力的措施；针对进出口贸易日益频繁的局面，设定了建设进口食品指定口岸和出口食品农产品质量安全示范区的措施。

完善公共安全体系主要致力于构筑健康的工作环境、交通环境、对外环境，提升预防能力和应急能力。工作中，尽可能地预防和控制工伤事故和职业病的发生，保障安全生产和职业健康；交通上，加强交通安全设施建设，治理公路安全隐患，强化主体责任和安全监管，提升交通参与者的综合素养；对外活动中，通过源头防控、联防联控的手段应对公共事件和动植物疫情疫病。预防能力有赖于综合监测体系的完善和重点领域的有效监管，而提高应急能力必须依托于安全意识的广泛普及、公共设施的全面覆盖和紧急救援能力的快速提升。

5. 健康产业

健康产业不仅能够促进健康事业的迅速发展，提升全民的健康水平，推动健康中国战略的有效实施，更能带来极大的经济效益，促进我国整体实力的提升。

《“健康中国 2030”规划纲要》提出：首先，针对办医格局，规范发展非公立医疗机构，旨在打破社会力量进入医疗事业的限制和壁垒，实现对民营医院和公立医院的平等对待；其次，针对与健康有关的新兴产业，鼓励发展并凝练特色，实现养老、旅游、互联网、健身休闲、食品等行业与健康的融合，发挥其对建设健康中国的支撑作用，并且鼓励医疗科技成果转化为社会服务，真正造福大众；同时，积极发展建设休闲运动产业，实现运动普及、健身推广、休闲时尚的产业格局，并促进三者融合，打造综合服务体系。

第三节　健康中国的必然要求

一、实现“大健康”，构建“六个全”

所谓的“大健康”，通常解释为：根据时代发展、社会需求与疾病谱的改变，提出的一种全局的理念；它围绕着人的衣食住行以及人的生老病死，关注各类影响健康的危险因素和误区，提倡自我健康管理，是在对生命全过程全面呵护的理念指导下提出来的；它追求的不仅是个体身体健康，还包含精神、心理、生理、社会、环境、道德等方面的完全健康；它提倡的不仅有科学的健康生活，更有正确的健康消费等。它的范畴涉及各类与健康相关的信息、产品和服务，也涉及各类组织为了满足社会的健康需求所采取的行动。《“健康中国 2030”规划纲要》确立了“以促进健康为中心”的“大健康观”“大卫生观”，提出将这一理念融入公共政策制定实施的全过程，统筹应对广泛的健康影响因素，全方位、全生命周期维护人民群众健康。

因此，“大健康”中的“大”事实上可以等同于“全”，围绕衣食住行的生活中的方方面面，着眼生老病死的人生全过程，涉及政治、经济、法律、医疗等全领域，涵盖所有的人群，最终要造福所有的人民。“大健康”是健康中国的第一个明显特征，具体表现在生命发展“全周期”、健康服务“全过程”、领域覆盖“全方位”、涵盖人群“全类型”、政策融入“全格局”、福祉惠及“全人口”这六个“全”上。

（一）生命发展“全周期”

健康中国关注公民从出生到生命终结的全周期，包括胚胎期、婴儿期、儿童期、青少年期、成年期、老年期等各个阶段。从《“健康中国2030”规划纲要》的战略目标中所提及的主要指标来看，人均预期寿命、婴儿死亡率、5岁以下儿童死亡率、居民健康素养水平、经常参与锻炼的人数等，这一系列指标，涵盖了公民生命的整个周期。因而，“健康中国”战略是贯穿中国公民整个生命周期的重要战略，旨在让人民群众时时刻刻都能享受到健康所带来的益处。

（二）健康服务“全过程”

从卫生与健康的服务维度来看，健康中国包括了全民医疗卫生服务、全民健康监测、全民健康教育、全民疾病预防、全民医疗卫生保障、全民健康服务、环境治理、食品药品安全等方方面面，使人民群众享有公平可及、系统连续的预防、治疗、康复、健康促进等健康服务。可见，健康中国不仅仅只针对医疗，更是贯穿于预防、治疗、康复、科普等全过程，不仅仅要让公民在生病时能够及时得到有效治疗，更关注疾病的预防和健康知识的全面普及，让健康服务成为一种氛围，一种环境，一种有效衔接、从不间断的服务链条。

（三）领域覆盖“全方位”

健康中国虽说目前上升到了“国家战略”的高度，但它不仅仅只是国家战略，其所涉及的领域之广是前所未有的。它不仅重点针对医疗卫生服务行业，而且辐射到食品行业、药品行业、健康服务业、休闲运动业、旅游业等众多行业，还衍生出很多全新的或者是交叉的领域，还关乎体制建设、人才培养、科技创新、信息现代化、法治建设以及对外合作等更加广泛的领域。因此，健康问题可以称得上“牵一发而动全身”，健康中国的提出能够有效地促进社会各个领域、各个行业的转型和发展，也对各领域、各行业提出了更高的发展要求。

（四）涵盖人群“全类型”

纵观身边的各类人群，不论是婴儿、儿童、妇女、青少年还是老年人，都是“健康中国”战略所涵盖的人群。更值得一提的是，“健康中国”战略不仅广泛而全面地关注到上述人群，针对他们的特点提出相应的措施和保障，更集中精力，关注了与健康人群有别的“特殊全体”——重大疾病患者，重点解决好妇女儿童、老年人、残疾人、低收入人群等重点人群的健康问题，为青少年、妇女、残疾人、老年人等特殊群体分别实施不同的健康干预计划，指出了关于提高妇幼健康水平、促进健康老龄化、维护残疾人健康的具体措施，做到“平等但有区别”的对待。

（五）政策融入“全格局”

在2016年的全国健康与卫生大会上，习总书记指出“将健康融入所有政策”，这一说法准确地把握住了“健康中国”建设的关键命脉。在《“健康中国2030”规划纲要》中，我们不难发现：深化医药卫生体制改革，完善健康筹资机制，颁布和实施基本医疗卫生法、中医药法、相关责任主体的考核和问责机制……这提出的一系列的政策要求和制度建设，都是在为健康保驾护航。只有国家发展的各项事业的各项政策都充分考虑健康这一元素，健康中国的理念才有可能真正投射到社会发展的方方面面。《“健康中国2030”规划纲要》中明确指出：“加强各部门各行业的协调沟通，形成促进健康的合力。全面建立健康影响评价评估制度，系统评估各项经济社会发展规划和政策、重大项目工程对健康的影响，健全监督机制。畅通公众参与渠道，加强社会监督。”“将健康融入所有政策”强调的是国家层面对健康的重视和把控，国家运用政策手段实现对各行业、各领域间有关“健康”事项的管理。从大健康、大卫生的角度出发，进一步建立多部门有效参与和协调一致的体制机制，有必要建立一个基于顶层设计的跨部门委员会，负责对各领域、各部门的活动、政策等进行讨论，给出将健康元素纳入政策考虑的意见与建议。将健康融入所有政策，就一定可以促进公众健康，实现健康中国的目标。

（六）福祉惠及“全人口”

共建共享是建设健康中国的基本路径。共建指的是全社会为了实现“健康中国”而共同努力，共享指的是最终的成果要使全社会受益。因此，共建共享可以总结为“为了人民、依靠人民”。为了人民，就是指所有的举措都要站在人民角度出发，以造福人民为目标；依靠人民，就是指要发挥广大人民群众的重要作用，强化个人责任、集聚社会力量，积小胜为大胜。健康中国的中心始终是人民健康，最终的目标是将“健康”送入千家万户，让健康成果惠及每一个公民。

二、着眼长远和立足当下相结合

《“健康中国2030”规划纲要》围绕全面建成小康社会、实现“两个一百年”奋斗目标的国家战略，充分考虑与经济社会发展各阶段目标相衔接，与联合国“2030可持续发展议程”要求相衔接，同时针对当前突出问题，创新体制机制，从全局高度统筹卫生计生、体育健身、环境保护、食品药品、公共安全、健康教育等领域的政策措施，形成促进健康的合力，走具有中国特色的健康发展道路。

健康中国的建设道路不可能一蹴而就，这必将是一个漫长而艰难的过程。因此，健康中国战略的愿景要立足长远，要敢于仰望星空，憧憬健康中国的美好明天，又要脚踏实地，结合目前中国的健康状况制定合理可行的措施，一步一个脚印，向着美好的愿景一点一滴地努力。从《“健康中国 2030”规划纲要》的战略目标可以看出，它根据 2015 年我国健康各方面指标达到的水平，设定了 2020 年和 2030 年的具体指标和具体目标，旨在分阶段去逐步实现健康中国的战略设想。这一战略目标是一项分阶段的目标，充分考虑了当下的情况，提出了到 2020 年的短期目标，又着眼未来提出了到 2030 年的中期目标，对 2050 年的长期目标进行了抽象的叙述，留下了足够的空间和想象。这样一种目标的设立方式，体现了健康中国战略既着眼当前，又立足长远，是切实可行又高瞻远瞩的战略布局和谋划。

三、彰显中医药的中国特色元素

中医药具有悠久的历史，在中华民族传承了几千年，如今不仅在维护中国人民健康方面发挥着不可替代的作用，更是对世界的医药学带来了至关重要的影响。中医作为中国四大国粹之一，走出国门，站到了世界的大舞台上。

《“健康中国 2030”规划纲要》第三篇第九章专门指出了要充分发挥中医药独特优势，并从提高中医药服务能力、发展中医养生保健治未病服务、推进中医药继承创新这几个角度展开论述。如此看来，中医药作为中国极具特色的健康元素，在健康中国战略的实施过程中发挥着至关重要的作用，而健康中国这一战略也充分彰显了中医药的独特优势，具体表现在以下几个方面。

（一）倡导中西医的融合，促进中医药现代化

中医和西医各具特色，围绕不同的目的，具备不同的手段，最终也会产生不同的效果。西医的目标在于救死扶伤，往往采用精密的仪器，依托高端的设备，或是充分发挥药物的化学作用，直指病处，讲究速度；而中医的目的在于保健强身，采用传统的手段，依托医者的观察和分析，充分透彻地剖析病理，探求深层原因和根本病因，讲究长效。但是不论是中医还是西医，最终都有共同的目标和追求，就是人类的健康，所以，二者更应该“相互配合”“各司其职”，从而实现人类健康利益的最大化。中医药与西医药之间，应当是相互融合，而不是相互排斥；应当是各自发挥优势，而不是全面相互竞争；中医药应当逐步实现现代化，西医药也应当借鉴吸收传统医药的合理因素，以推进中医药和西医药协同、融合发展。

同时，中医虽然是我国的传统和国粹，但并不意味着中医就等同于因循守旧，而是要在现代化的医疗体系内，赋予中医药全新的内涵，使其屹立于世界之林而不倒，发展于历史长河而不衰，成为不断演化、不断发展、不断完善的具有生命力和创造力的医疗手段，成为现代医疗体系中不可替代的重要组成部分。

（二）提升中医药服务，发挥其治未病功能

中医在我国已经有了上千年的历史，对于人民健康有着不可替代的重要作用。当然，随着西医传入我国并迅速发展，其直接性和迅速性博得了现代化社会中快节奏人群的偏好，逐渐掩盖了中医的优势，取代了中医的地位。事实上，与西医“按标治病”的“快”不同，中医是一种“质朴”的医疗方式，它虽然“缓”，但是“透”，直指病理，从“本”入手，再加上其治疗手段简易，价格便宜，是更适合大众的医疗方式。而中医“简、便、验、廉”，在政府投入不足和市场化趋势的引导下，这种优势变成了劣势，难以维持自身运行和发展，很多中医院大量购进现代医疗设施，引入西医技术和服务方式，出现中医西医化的倾向，这令人担忧。

而健康中国战略的提出，将对抗疾病的“战线”大大提前，对公民健康的要求也大大提升。所谓“健康”不能仅仅满足于快速地治疗疾病，而是要将预防和养生放在更加重要的地位。早在我国古代典籍《黄帝内经》中就提到：“圣人不治已病治未病，不治已乱治未乱，此之谓也。夫病已成而后药之，乱已成而后治之，譬犹渴而穿井，斗而铸锥，不亦晚乎。”就是说，高明的医生，是在疾病还没有发生的时候就进行预防，否则的话，就像口渴了才开始挖井，该打仗了才开始铸造兵器，不是太晚了吗？这里面蕴含的是“防重于治”的预防思想。古代中医学所倡导的“治未病”的预防思想虽然古老而质朴，却穿越千年，恰好满足了如今现代社会对健康需求的转变。

重视和提升中医药服务既能使健康中国战略烙上深刻的中国印记，彰显鲜明的中国特色，又能充分发挥中医“治未病”的功能，有利于我国健康服务模式形成从“被动医疗”向“主动健康”的跨越，从而达到全新的高度。

（三）中医药的继承创新

中医药的繁荣和发展需要我们对传统中医药学进行继承与创新，取其精华、去其糟粕、批判继承、古为今用，使中医药历经岁月而不灭，走过沧桑而不衰，并且在历史长河的洗礼中，生生不息、历久弥新。对中医药进行继承和创新，不是某个人的责任，或者一部分人的任务，而是中华上下全体民众的共同追求，需要大家共同努力。

首先，中医药工作者要不忘初心，方得始终。广大中医药工作者要不忘“神农尝百草”的坚持精神，要牢记各位前辈严谨治学的科学态度和兼济天下的人文情怀，更要在牢固掌握博大精深的中医药传统医术的基础上，积极探索创新，加强对中医药评价体系、标准体系的研究，加强对中医药健康养生文化的研究，加强对中医药对重大疾病治疗、康复的研究，加强对中医药扬长避短、以优补劣的研究。其次，党和政府要宣传弘扬、政策扶植。政府应当从弘扬祖国传统文化和发挥中医药独特优势的高度，制定特殊扶持政策，加强对中医药事业发展的领导，加大对中医药的投入，支持中医药技术的研究开发，并严格对中医药的监管，使中医药永远立于世界医药之林，并不断发扬光大。最后，广大民众要引以为傲、支持认同。中医药作为凝聚着中华民族的智慧和创造力的独特文化表现形式，其稳

定的实践频率以及历代延续的完整知识体系，为保障相关群体的生命健康发挥着重要作用。作为中国人，我们要对发展了上千年的中华文化有信心，更要对作为“四大国粹”之一的中医有信心。发自内心深处的文化自信是中医药发展的强大动力，也是健康中国建设发展的有力支撑。

四、强化主体责任及多方配合

（一）党和政府统揽全局

《“健康中国 2030”规划纲要》是中共中央、国务院颁布的，这意味着，推进健康中国建设是党和政府对人民的郑重承诺，由党和政府带头落实，由党和政府把握全局。在健康中国的推进过程中，始终要以党的方针政策为指导，不能偏离党的基本路线，健康中国的“共建共享”是党委领导、政府主导下的“共建共享”。“健康中国”作为一项国家战略，党和政府始终在统揽全局、协调各方的核心地位。这也就对各级党委和政府提出了更高的要求。健康中国不仅仅要求党中央和国务院拿出建设的重要举措并积极落实，同样要求各级党委和政府要把这项重大的民心工程提上重要日程，强化各级党委和政府的责任担当，从而狠抓落实、层层推进。要求地方各级党委和政府在贯彻中央健康中国战略时，因地制宜、差别化探索，仔细研判、有效甄别，用符合地方特点、凝聚民心所向的方式推广健康中国战略。

（二）组织和个人凝聚共识、积极配合

健康中国是全体中国人民的期望，更要依靠全体中国人民共同努力去创造，因此，《“健康中国 2030”规划纲要》提出要全民“共建共享”，更明确指出了健康中国建设需要各个社会组织的鼎力相助。一方面，《“健康中国 2030”规划纲要》明确了健康中国建设的核心是以人民健康为中心，要坚持以基层为重点，推动人人参与、人人尽力、人人享有，要强化个人健康责任，提高全民健康素养，将公民个人放置于建设主体的重要地位上，呼吁人人参与、人人配合，最终才有可能实现人人共享；另一方面，《“健康中国 2030”规划纲要》在最后指出：“注重发挥工会、共青团、妇联、残联等群团组织以及其他社会组织的作用，充分发挥民主党派、工商联和无党派人士作用，最大限度凝聚全社会共识和力量。”更是将党和政府之外的工会、共青团、妇联、残联、民主党派、工商联、无党派人士等特殊的组织和个人囊括到健康中国的建设体系之下，以期形成合力，一起攻坚克难、实现目标。

可以说，健康不仅仅是我国可持续发展的关键，更是全社会各界人士生活的共同目标，是全社会各类组织存在的根本依靠。因而，党和政府主导，体现了国家的重视和决心；社会各界人士和各类组织积极配合，体现的是大家的期望和憧憬。大家风雨同舟、勠力前行是健康中国战略最鲜明的主题和最深远的意义。

五、大数据、“互联网 +”下的医疗科技创新

（一）运用高科技解决医疗难题

高科技可以帮助解决更多更复杂的医疗难题，提升医疗效率，因此，健康中国的建设过程中，运用科技手段突破医疗研究技术是治疗和预防疾病的关键。《“健康中国 2030”规划纲要》在第七篇第二十三章专门描述了“推动健康科技创新”，其中所提及的能够促进医疗科技水平提高的方式主要可以概括为以下三点。

1. 健全激励创新的保障机制

《“健康中国 2030”规划纲要》指出：“建立更好的医学创新激励机制和以应用为导向的成果评价机制，进一步健全科研基地、生物安全、技术评估、医学研究标准与规范、医学伦理与科研诚信、知识产权等保障机制。”健全的保障机制是促进医疗科研人员不断创新的强大动力，能够从物质层面和精神层面，激励医疗科研人员不断攻坚克难、创造价值、实现突破。从物质层面来说，健全保障机制，不仅为医疗科研人员提供完备的设施、丰富的资源、广阔的平台，还要对他们当中贡献突出的人给予物质上的奖励；从精神层面来说，要给予医疗科研人员充分的价值肯定和精神褒奖，提升其贡献科研的动力，提振其不断钻研的决心，提高其服务社会的积极性和主动性。

2. 提升医疗科研能力和研究水平

健康中国战略下的现代医疗体系不仅仅要健全医疗设备技术，还要提升医疗诊断技术，这背后需要强大的科研支持。《“健康中国 2030”规划纲要》提出了几项重要的措施：一是要强化科研基地能力建设，包括实验室、工程中心等的基地建设，完善医学研究科技基地布局，从而为医疗科技的发展提供“大本营”；二是加强协同合作，特别提到了加强科卫协同、军民融合、省部合作，有效提升基础前沿、关键共性、社会公益和战略高科技的研究水平；三是实现关键性技术突破，如组织学技术、干细胞与再生医学、新型疫苗、生物治疗等医学前沿技术，加强慢病防控、精准医学、智慧医疗等关键技术突破，重点部署创新药物开发、医疗器械国产化、中医药现代化等任务，显著增强重大疾病防治和健康产业发展的科技支撑能力。

3. 促进科研成果转化推广

医疗科技创新的终极目标是要服务社会、为民所用，因此，如果光有科技进步而没有成果转化的医疗科技创新将如同“镜花水月”，缺乏实际的效果。《“健康中国 2030”规划纲要》中也提及了成果转化的相关目标和举措，例如，培育健康产业高新技术企业，打造一批医学研究和健康产业创新中心，促进医研企结合，加强医药成果转化推广平台建设，促进医学成果转化推广等。成果转化才是真正将科研转化为生产力的唯一有效手段，才能真正运用技术和知识为社会创造经济效益，并带来巨大价值。再高水平的科研人员、再丰富的资源投入、再高级的平台建设，没有最终的成果转化，一切都将归于“零”，因

此，成果转化才是打通科技和治疗疾病之间相互联通的“最后一公里”。

（二）善用医疗健康大数据

当今是一个信息“爆炸”的时代，海量的信息通过各种媒介手段充斥于人们的日常生活中，在丰富了可利用资源的同时也常常使人们“眼花缭乱”。在数据资源极大丰富的时代，如何运用资源、攫取信息、有效甄别、科学研判，成为各大行业发展的关键。依照目前的情况来看，健康医疗大数据将成为我国日后健康事业发展的最重要的战略资源。医疗健康大数据的发展能够在医疗资源管理、个人医疗和保健服务层面逐渐发挥越来越积极的作用，不仅可以方便医院的系统管理，用于更好地调配救护车辆、检测患者流、医院绩效考核、保证药品安全性和可用性、降低成本等方面，更可以用来方便医疗服务，帮助患者预约，减少患者等候时间，使预防优先于治疗，提供愈后支持等环节。

《“健康中国 2030”规划纲要》看到了大数据对医疗服务发展的重要作用，明确指出了要加强资源整合和数据交汇，统筹布局各大资源平台。医疗信息化成为不可逆转的趋势。当前，要想更加稳步高效地利用医疗资源、提升医疗服务、促进国民健康，现代信息技术与健康医疗行业的深度融合是必不可少的有效手段。随着二者的紧密结合，互联互通的医疗卫生数据系统正在发挥着不可替代的作用。医疗服务行业在“大数据、大健康、大发展”的主旨引领下，正迎来最好的时代。“好”体现在用信息化手段和大数据分析促进健康知识的普及扩散、健康资源的合理利用、健康服务的有效提升、健康公民的积极倡导、健康城市的努力打造、健康中国的最终实现等方面。

（三）完善互联网移动医疗

完善互联网移动医疗是以需求为导向、以科技为手段、以便民为核心的医疗和健康事业发展的重要举措。近年来，互联网的不断更新发展和移动通信工具的普及应用改变了人们的生活方式和消费方式，移动通信设备成为人们主要的信息媒介，移动支付手段也成为主流的支付方式。在“大健康”被提升到国家战略高度的今天，健康和医疗的信息传递方式以及医疗服务的便捷化方式，随着时代的发展、社会的需求、人们的偏好，正在发生巨变。多元化的支付手段在各大医院、诊所、药店等场所广泛普及，关于医疗健康的 APP 纷纷被广大民众使用，各大医院也纷纷在群众的挂号、就诊、配药等流程上采用互联网移动方式，使大众少跑路、少费事、少折腾。

如今，“互联网医疗”在中国深刻地影响了传统医疗的生态圈，逐渐打开传统医院较封闭的运作和信息存储方式。各种关于疾病预防和健康养生的信息通过网站、微信、医疗健康类 APP 等方式流传到更广的受众中，医疗平台和资源渠道被大大拓宽，一些个性化的医疗和养生需求通过互联网得到有效匹配和充分满足，不仅给大众带来了便利，更节省了人力、物力、财力和时间。此外，人工智能在医疗和健康管理领域创造的价值，将全面解放以医生为代表的健康服务提供者的生产力，从而使更多的需求得以满足，在提高效率的同时，也成为扩大市场的推动力。

第四节　健康中国的现实意义

健康中国战略契合了我国“五位一体”的总体布局，不仅对中国的政治、经济、文化、社会和生态五个方面带来了不可估量的巨大价值，同时，该战略立足公民个人层面，更是对人们日常的行为方式和生活习惯产生了巨大的影响，引领着新一代的健康新风潮。

一、政治层面——顶层设计更接地气，更具抓手

健康中国战略是符合公民切身利益的重要举措。它既是“高大上”的政治纲领，又是“接地气”的惠民举措，属于政治范畴，却不空泛、不抽象，在现实中处处有需求，处处有体现，成为最得民心的国家战略。

（一）着眼“两个一百年”，对接中国梦和个人梦

习近平在讲述实现中华民族伟大复兴中国梦时，提出了“两个一百年”的奋斗目标，到中国共产党成立100年（2021年）时全面建成小康社会的目标一定能实现，到新中国成立100年（2049年）时，建成富强、民主、文明、和谐、美丽的社会主义现代化国家。这两个百年奋斗目标，深入人心，成为中国梦的核心内容。《“健康中国2030”规划纲要》的提出和健康中国战略的形成，标志着国家开始从全人群和全生命期两个维度进行考量，将国家的奋斗目标和公民个人的身体状况和幸福指数相勾连，架起一座国家宏观目标与微观个体生活相连的桥梁，让“两个一百年”奋斗目标真正成为每一个中国人为了自身健康而奋斗的全民目标。习近平总书记强调过：“中国梦是民族的梦，也是每个中国人的梦。”健康中国成为对接“中国梦”和“个人梦”的最好诠释。

（二）充实“五大发展理念”，理念落地、深得民心

2015年10月29日闭幕的中共十八届五中全会，提出了“创新、协调、绿色、开放、共享”的五大发展理念，创造性地回答了在新形势下，我们要实现什么样的发展，怎样实现发展目标的问题。2016年，健康中国战略的提出是对五大发展理念的进一步充实和落地。

创新是国家发展的第一动力，健康中国强调在推进我国健康事业发展过程中，要注重管理手段和制度保障的创新，进一步将创新思维引入与民众切身利益相关的健康问题上。协调是健康中国战略取得显著成效的必要条件，健康中国对于城乡和区域协调发展以及预防、治疗协调共进的强调，切实重视了健康发展的“瘸腿”现象和“滞后”现象，给予了协调这一理念更加丰富而具体的内涵。健康中国战略的实施需要营造绿色的生活环境、倡导绿色的生活方式、形成绿色的发展理念，健康中国进一步明确了“绿色”在人民日常生

活中的不可替代性和持续发展性，深刻地揭示了“绿色”理念的现实意义。对外开放离不开健康中国的助力，健康是全人类的共同目标，因此，健康应当打破国家封锁、破除医疗壁垒、实现合作交流，最终形成“美我之美，美美与共”的开放式的健康格局。共享是健康中国的根本目的，健康中国建设需要全民共建，健康中国成果需要全民共享，健康中国战略进一步丰富了共享的深刻内涵。我们要用“大健康观”引领我国健康事业的发展趋势，促进我国整体事业不断前行。

（三）夯实法治保障，为健康战略保驾护航

随着健康中国成为国家战略，其对我国的法治建设提出了更高的要求。健康中国意味着每个人都平等地享有健康权，而法治是对个人健康权最有力而充分的保护。因此，在新时期、新形势下，法治建设要不断夯实，从而为健康中国的进一步建设保驾护航，提供最坚实的制度保障。因此，在健康中国战略的提出和完善过程中，国家不断跟进与健康息息相关的法律制度的建设和完善，旨在为健康中国建设提供更强有力的法律支撑。

2016 年 10 月 21 日，最高人民检察院召开新闻发布会，对外发布《关于全面履行检察职能为推进健康中国建设提供有力司法保障的意见》。该意见要求全国各级检察机关严厉惩治食品药品领域犯罪，维护人民群众身体健康和生命安全，同时维护医务人员的执业安全，努力减少公共安全事件对人民生命健康的威胁。2017 年 4 月，国务院发布了关于食品安全的 12 个重点工作，其中，加强食品安全法治建设成为重中之重，通过推动掺假造假行为入刑、修订食品安全法实施条例、启动农产品质量法修订、修订出台学校食堂与外购学生集中用餐食品安全管理规定、加强食品安全法治教育、规范执法行为、强化执法监督等一系列措施推进我国食品安全法治建设。

（四）完善政策跟进，层层惠及广大民众

在健康中国战略出台之后，从国家到各省（自治区、直辖市）、各市、各区、各县，纷纷出台了惠及大众、为民谋福的健康政策。扑面而来的利好政策让大众深切地体会到了国家对人民健康的高度重视，国家真正做到了“权为民所用，利为民所谋”，得到了广大民众的全力支持和高度拥护。

继《“健康中国 2030”规划纲要》出台之后，2016 年 11 月 3 日，新华社发布《中共中央关于制定国民经济和社会发展第十三个五年规划的建议》。2016 年 12 月，国务院印发了《“十三五”卫生与健康规划》，进一步明确时间节点和健康中国建设的各项任务要求；2017 年 2 月，国务院又出台了《“十三五”国家食品安全规划》和《“十三五”国家药品安全规划》，明确我国“十三五”时期食品药品安全工作的指导思想、基本原则、发展目标和主要任务，全面部署保障人民群众饮食用药安全。在国家层面，一系列后续政策的出台，对“健康中国”这一内涵进行了生动诠释和全面扩充，进一步推动了健康中国的建设，保障了我国健康事业的发展。

在国家政策的引导之下，各省各市纷纷结合自身特点，制定了彰显地方特色的健康政策，从而积极打造健康城市、塑造健康生活。众多城市纷纷开始完善医疗保障制度，利用政策手段整合资源，实现跨地域的医疗保障联通；协调发展城乡医疗保障体系，减小甚至杜绝城乡医疗保障之间存在的差距，给予公民平等的健康权；积极完善医疗救助制度，在医疗服务中实现精准扶贫，减少“因病致贫”或“因贫拒医”的不合理现象……

可见，在健康中国战略的引领和号召下，一系列政策通过省、市、区等各级单位进行层层推导、层层压实、层层落地，形成了由上到下、由宏观到微观、由抽象到具体的“政策链”，真正将健康中国从国家战略具体化为全民福祉，通过层层传递，最终将“健康”传递至千家万户，传递到众多百姓的手中。

二、经济层面——健康产业崛起，蓬勃发展

健康中国不仅在政治层面掀起了顶层设计的变革，更从经济角度激发了我国经济发展的活力，带动了一系列新兴产业的发展和崛起，丰富并完善了我国经济结构，形成了一套系统完备的“产业链”。当前，在改革步入深水区的情形下，我国经济逐步进入新常态，经济的发展更加依赖于民生，因此，以人的健康为根本目的形成的与健康有关的“五大产业群”的发展，为我国经济发提供了持续增长的可行路径。“健康中国”战略的确立，无疑推动着健康产业中新兴产业的萌发、薄弱产业的崛起、传统产业的规范以及多元产业的融合。其中，养老产业的时代化、健身产业的繁荣化、休闲娱乐产业的多元化、医药产业的规范化，是健康中国战略对于我国健康产业的几大重要贡献。

（一）养老产业因需而生

由于我国人口老龄化现象比较严重，人口结构呈现明显的“倒金字塔”形，青年人工作压力大，缺乏照顾老人的时间和精力，而老年人的身体健康状况又使得他们比一般的人群更需要贴心的健康呵护，因此，在这样紧张的局势和迫切的需求下，健康中国战略推动了养老产业进一步跟上时代的潮流、适应民众的需求、顺应社会的形势。在医养结合、社区和居家养老、智慧养老等养老方式不断完善和发展的过程中，生态养老、旅居养老、养生养老、老年娱乐、高端保健、中医养老、养老保险等围绕全龄老人全生命周期的老龄“大健康”领域，更是开始崭露头角。全国各地纷纷推行养老健康服务的各项“试点”，推出了“治疗—康复—长期护理”的系统服务链。这不仅体现了在健康中国战略指导下，各方对老年人这一数量庞大、需求特殊的群体的高度重视，更是赢得了众多老年人和青年人的赞同和喜爱。在养老服务全速发展的情况下，仍然出现“供不应求”的局面。可见，养老产业在今后很长一段时间内还将“大有可为”。健康中国战略为养老行业带来了不可估量的巨大前景和不容小视的巨大收益。

（二）健身产业应势而上

健康中国战略的提出，使越来越多的人开始关注自己的生活方式。在工作压力巨大和科技发展飞速的今天，由于代步工具的越发先进、城市交通的越发便捷和人工智能的越发普及，人们在脑力得到充分锻炼的同时，身体却缺乏锻炼，这成为各种疾病产生、危害大众健康的最大杀手。在大部分人群尤其是白领阶层面临健康危机的形势下，健身产业无疑是把握住了“健康中国”这一时代发展脉搏，抓住了人们对健康迫切需求的心理，乘势而上。2016 年中国健身房包括健身俱乐部和健身工作室有近 4 万家。2016 ~ 2017 年，很多二线城市健身房的增长率超过了 100%；尤其值得一提的是中小型健身工作室的数量，截至 2017 年中小型健身工作室已经超过 26 000 家，从数量上已经超过了传统的健身俱乐部。健身房不仅“遍地开花”，更是针对不同人群的体质状况提出了个性化的服务方案。私人教练、小班式运动教学、全面体测跟进，都使得健身产业迅速跃升为健康产业中的“新宠”，占据重要地位，创造巨大价值。

（三）休闲娱乐产业丰富多彩

休闲娱乐产业如今是我国的朝阳产业，它在满足人们身体健康需求的基础上，更加关注人们内心深处的需求。这一产业，在健康中国战略提出后，不断地丰富其内涵、充实其内容、拓展其方式，得到了快速发展。追根溯源，健康中国战略不仅向中国人民展示了身体健康的重要性，更重点提及了心理健康的重要性。因此，在当今这个竞争激烈、压力巨大的社会中，适宜的休闲娱乐产业有助于人们放松心情、缓解压力；消费升级一直是国家重点扶持的领域，文化消费乃至整个文教体娱休闲行业也已然是我国服务型消费中的亮点。很多休闲娱乐项目成为有益大众身心健康的养生时尚。例如，极限运动成为人们释放压力的有效方式，农家乐成为满足人们返璞归真的本真追求的有效媒介，马术、温泉等一系列备受推崇的休闲娱乐方式成为引领潮流的消费热点。

（四）医药产业严格规范

医药产业是直接关系到疾病治疗和身体健康的关键产业，提升医疗规范、保障药品安全是建设健康中国的重要内容，是增进人民福祉的关键一招。对此，深化医疗改革和严格药品监管，是健康中国战略形成过程中国家亮出的最有效的两把“宝剑”。

医疗是人类对抗疾病“前沿阵地”，因此，深化医疗改革是打造健康中国的“先手棋”，可谓一子落、满盘活。我国医药卫生事业面临很多滞阻和困难，如老问题与新情况叠加、发展问题与改革任务交织、巩固已有改革成果与拓展深化新领域改革并重的复杂局面；我国医药卫生事业发展还存在不少短板，如供给服务质量偏低、资源总量不足、资源配置不合理、人员结构不平衡、基层服务能力薄弱、老少边穷地区发展滞后等。健康中国战略的提出，标志着党中央、国务院对卫生与健康事业改革发展提出了更高的要求。党中央不断强调深化落实医药卫生体制改革，更彰显了国家要整顿健康卫生发展事业的坚定决心。在健康成为国家的宏观目标之后，医疗改革进入了攻坚期和深水区。破除藩篱，促进民营医院与公立医院平等竞争、结对帮扶；摒弃“以药养医”的不良机制，帮助群众减轻负担，解决“看病贵”的难题；打破医保过于严格的地域限制，实现异地结算，完善医疗保障制度……这一系列强有力、过硬的改革措施，为健康中国的进一步建设做了有力注解，成为推动我国健康医疗事业发展的“强心针”。

药品改革是医疗改革中“难啃的骨头”，因而，直面药品改革深层顽疾，实现药品改革的标本兼治、协同联动是健康中国战略的应有之义。根据《“十三五”国家药品安全规划》的相关规定，药品改革迎来了史上“最严谨的标准、最严格的监管、最严厉的处罚、最严肃的问责”，对药品的监管渗透到其研制、生产、流通和使用等全过程之中，全面把握、全局监控、全心完善，将“监管责任”扛稳抓牢，拧紧责任链条，明确责任主体，严格惩戒措施。

一系列关于医疗和药品的改革措施，在健康中国战略提出之后，接踵而来，掀起了医药产业严管、严控、严惩之风。在严格的制度规范之下，医药产业逐渐从以前的牟取暴利、鱼龙混杂的局面转变为科学规范、严格监管的局势，逐渐变得更加惠民、更近人心。

三、文化层面——健康知识传播广泛，循序蔓延

随着互联网技术的不断完善和发展，如今人们获取信息的渠道越来越广泛。在大信息、大数据时代，健康知识的传播打破了原来的封闭空间和传播速度缓慢的限制，通过网络实现了广泛传播和循序蔓延，更通过互动的方式得到有效论证和分享交流。

从传播手段来说，健康知识除了依靠传统的医疗手段、电视报刊媒介进行传播之外，更是在互联网上得到广泛传播。尤其在移动互联广泛发展的今天，通过微信、医疗健康类APP的方式进行的健康知识的“微传播”更成为简单、快捷、方便的传播方式，受到越来越多的人的青睐。在健康中国战略提出之后，互联网和大数据成为健康知识的有效依托和良好载体，越来越多的科技手段为拓展健康知识的传播渠道提供了有力支撑。

从传播效果来看，健康知识的传播，一方面打破了空间限制，使得全球各地的健康知识、医疗技术得到有效传播、借鉴与融合；另一方面打破时间限制，使得现代医术和健康常识批判性地继承了古代健康文化的优良传统，汲取了传统健康理念的精髓，发扬了千百年来健康文化的长处，更让健康理念、健康精神、健康文化面向未来，引领发展。

海纳百川、洋为中用、批判继承、古为今用，这是现代社会对健康知识的全新态度。这得益于国家和社会各界通过多元化渠道对健康知识的广泛传播，让人民对于复杂的健康问题，有了参照，有了选择，有了借鉴，有了比照，有了询问渠道，有了信息来源；尤其是在健康中国的大背景下，国家更加频繁地通过官方的权威的渠道发布科学准确的健康信息，帮助人们区分判断、走出误区、远离迷惘，为全国范围内健康知识的传播提供平台，为我国健康事业的发展添砖加瓦，为人民健康生活方式和习惯的养成创造条件。

四、社会层面——健康事业凝聚力量，服务社会

党的十八大以来，以习近平同志为核心的党中央把健康中国提升为国家战略，更在健康中国的建设过程中体现出凝心聚力、社会联动的重要战略思想，提出了一系列深刻论述，如“要把人民健康放在优先发展的战略地位”“努力全方位、全周期保障人民健康”，“将健康融入所有政策”等。诚然，健康是每个人的追求，强大是每个国家的追求，但是，只有实现了每个个人健康的平凡的“小梦想”，才有可能构筑国家强大的非凡的“大梦想”。健康中国是中国梦和个人梦的有机结合，是在尊重每个个体最基本的权利和需求的基础上不断发展的国家事业。因此，国家健康事业的发展不仅要依靠医疗卫生服务的“小处方”，更要借助社会联动的“大处方”。健康中国建设应当是社会各界的共识，社会各界都应该以健康为己任，真正心系人民健康，情系人民福祉，共同创造、维护、促进我国健康事业的建设和发展。《“健康中国 2030”规划纲要》提出以“全民共建、全民共享”为核心理念，恰恰反映了社会力量的凝聚对健康中国建设的重要意义。健康事业是产、学、研、融、服五位一体的系统工程，因此，需要各行各业的鼎力支持。健康中国战略提出以来，不仅得到了社会各界的积极响应，更带来了众多领域空前的发展机遇和经济效益。国家与社会各界团结一心、众志成城，必定能够打造带有特色标签的“健康中国”，实现举国上下共同的“中国梦”。

五、生态层面——绿水青山功在当下、利在千秋

习近平总书记说过：“我们既要绿水青山，也要金山银山。宁要绿水青山，不要金山银山，而且绿水青山就是金山银山。”生态良好，于社会发展而言，功在当下，利在千秋，是国家可持续发展的关键；于个人健康而言，是至关重要的外在条件和基础。健康中国战略提出之后，国家对生态环境表现出前所未有的重视，使得人民的健康视野进一步拓宽，对生态环境的关注程度日益上升，绿色发展、循环发展、低碳发展、持续发展的理念逐渐深入人心。2016 年 7 月，《中华人民共和国环境影响评价法》的修订昭示着我国对于环境保护的又一次深刻反省和积极应对。为了建设生态文明的和谐社会，国家不断出台修订一系列法律法规政策，旨在为国家的可持续发展积蓄力量。回归自然和本真，追求绿色和环保，享用无污染、优质、原生态的资源，已形成一股不可逆转、势头强劲的世界性潮流。

六、个人层面——积极转变行为方式，改变生活习惯

通过惠民政策的落地、新兴产业的崛起、健康知识的传播、社会力量的凝聚和绿色生态的打造，人们在充斥着健康理念、健康知识、健康消费、健康氛围的大环境下，开始重新审视自己的行为方式和生活习惯。在健康中国战略的倡导之下，我们发现，越来越多的

“上班族”开始走进健身房，越来越多的“吃货”开始寻求美食和健康的平衡点，越来越多的人开始提倡戒烟、定期体检、早睡早起。悦动圈、Keep、平安好医生等一系列健康APP，受到了广大民众的青睐，很多人用它们来坚持运动、塑造身材、监控疾病；广场舞的群体一天天壮大，成为中国各个城市大街小巷中靓丽的风景线……健身被大家挂在嘴上，运动被大家落到行动中，健康被大家记在心间，大家纷纷通过控制自身行为、改变生活习惯，来实现保持健康的美好愿望。

健康中国不是一个口号，也不是一串数字，而是一项极其复杂的系统工程，涉及政治、经济、文化、社会、生态等方方面面；健康中国也不是某个人、某些人的任务和目标，而是每一个中国人的梦想，需要举国上下万众一心，亟待全民呼应共建共享。国家从战略高度把骨架搭建起来了，接下来的具体工作，一方面考验着相关部门和地方政府的决心和毅力，相关部门和地方政府能不能积极作为，大家拭目以待；另一方面则离不开老百姓的认同和支持，每个人要从自身做起，积极配合，为个人健康护航，同时，也为健康中国的建设添砖加瓦。面向国家和民族长远发展的未来，健康中国的发展理念更向世界展示了独具特色的中国方案。

第二章　“健康中国 2030”背景下国民体质健康状况分析

当前，我国国民的健康出现了一些问题，而且正在由个体健康问题向群体健康问题演变，这会对国家的可持续发展及民族的繁荣昌盛产生了一定的影响。因此我们必须大力推动健康中国的发展，将国民体质健康问题高度重视起来，针对当前国民体质健康现状及问题采取有效的措施予以解决。本章主要就健康中国背景下我国国民体质健康状况进行调查与分析，主要内容包括当前中国国民体质健康现状以及影响我国国民体质健康的因素分析。

第一节　当前中国国民体质健康现状

本节主要分析当前我国国民体质的健康问题现状，包括肥胖及慢性病、重大传染病、心理精神问题及亚健康问题。

一、肥胖及慢性病

相关研究显示，当前全球第一“肥胖症”大国、第一“三高症”大国都是我国。

（一）肥胖症

世界卫生组织指出，当今侵蚀全球人类健康的流行病中包括肥胖，世界性四大医学社会问题中，肥胖就是其中之一（其他包括艾滋病、吸毒、酗酒）。调查发现，我国成年人的超重率与肥胖率分别达 22.8% 和 7.1%，儿童肥胖率达 8.1%。我国大城市成人超重率高达 30%，肥胖率达 12.3%。

由于我国人民的超重基数大，预计今后我国肥胖患病率的增长幅度会不断增加。美国有关杂志报告中称，中国人的腰围增长速度将成为世界上最快的，未来 20 年将增长一倍，这直接加剧了三高症和癌症的患病风险。

我们所说的富贵病也指代谢综合征，包括肥胖、“三高”和“慢性病”等。我国是全球第一“富贵病”大国。富贵病对我国亿万人民的健康和生命造成了严重的威胁，由此带来的生产率损失和国民经济负担等问题也非常严重。

（二）慢性病

在21世纪的今天，高血脂、高血压、糖尿病、冠心病、癌症、慢性支气管炎、关节炎等慢性退行性疾病严重困扰着人们，死于这些疾病的人也有很多。对于人类来说，这些慢性疾病就是噩梦。

现在，对我国城乡居民来说，慢性病已经成为一个最严酷的杀手。导致人类早早出现慢性病症状的一个主要原因是不健康的生活方式。现在，我国有越来越多的年轻人患糖尿病，青少年患糖尿病的比例也在增加，上升幅度明显。

2012年我国统计结果显示：我国糖尿病患病率为9.7%，糖尿病前期为15%。如此高的患病率让人感到震惊与恐怖。作为常见慢性疾病之一，糖尿病的死亡率也很高，仅仅排在肿瘤与心脑血管疾病之后。

据最新统计，我国有1亿多糖尿病患者，占世界所有糖尿病患者的25%；我国患心血管病的人数在不断增加，高血压患者高达2亿多；肺癌患者数量居全世界第一。我国正处于慢性病的高负担期，患病人数多，患病时间长，对医疗服务的需求非常大。

当前，我国癌症发病率和死亡率都在不断增加，而且还没有采取有效的措施遏制这种严重的势头。有关专家指出，未来我国癌症患者和死亡人数还将增加，如果不及时遏制，预计到2030年，癌症患者将达500万人，而将有350万人死于癌症。

我国癌症发病率与世界平均水平接近，但死亡率要比世界平均水平高。前列腺癌和乳腺癌等在欧美国家最常见，这几类癌症患者的生存率较高，大于80%，而患者生存率小于30%的癌症如肝癌、消化道癌等在我国比较常见。

我国癌症发现大都是在中晚期，这也是我国癌症死亡率较高的一个主要原因。有关专家说，近些年来，美国癌症发病率在下降，癌症患者生存率比较稳定，这主要是因为欧美癌症发现一般在早期。而我国癌症患者只有大约30%的生存率。

癌症已成为我国患者第一大死亡原因，即使癌症诊断和治疗手段很先进，也难以根治这一疾病。近年来，我国癌症发病率和死亡率均在不断上升，这不仅是群体健康问题，也是非常严重的社会问题，必须引起有关部门和全社会的高度重视。

二、重大传染病

（一）艾滋病

目前，全球都流行并蔓延着艾滋病，艾滋病患者的人数在逐年上升。近年来，我国积极加强艾滋病防控，落实防控工作，总体上控制了艾滋病疫情，但由艾滋病导致的健康问题及一系列社会问题仍然很严峻。

（二）乙肝与新传染病

当前，乙肝已经成为影响人类健康的一个严重问题。可以说乙肝是肝癌的征兆，患慢性乙肝疾病的人发生肝癌的概率要高于正常人。世界卫生组织报道，世界上曾感染过乙肝病毒的人高达 20 亿，中国占 30% 以上。目前，我国乙肝患者和病毒携带者人数高达 1 亿，每年死于相关肝病的患者达 33 万之多，占全球 33%。据统计，我国乙肝患者数量及死亡率排全球第一。

另外，世界上还在不断出现一些新型传染病毒，如“疯牛病”“禽流感”“非典”等，这些病毒的传染造成了严重的社会危机，严重威胁着人类的健康。

三、心理精神问题

当前我国国民体质健康问题不仅包括身体疾病，还包括各种心理及精神疾病，如焦虑症、自闭症、抑郁症及精神分裂症等。我国国民的心理精神问题主要表现在以下三个方面。

（一）心理精神障碍问题日趋严重

人类文明在不断进步，新的文明病与此同时也在不断增加，其中最为突出的是心理精神障碍疾病，主要由“大脑信息”失控或失调所致。据世界卫生组织统计，全世界有不同程度精神障碍或精神错乱症状的人约达 5 亿，患有癫痫的人达 3 000 万，患神经官能症的人约 1.5 亿，患有严重精神疾病的人高达 5 200 万，加上有精神过敏症和其他心理障碍的人，大约已占全世界人口的 1/10。

目前，我国人民的心理健康状况不容乐观。抽样调查显示，有心理健康问题的人占比达到 20%，处于心理疾病状态的人占比 5%，每年有十几万人因心理健康问题而自杀。因为我国缺乏有关心理健康的科学普及与教育，再加上人们的信仰缺乏、价值观错误、社会生存环境恶化等，所以全民焦虑的问题日渐严重。2013 年，联合国秘书长指出，全球已有 3.4 亿抑郁症患者，其中有 1 亿左右就是中国患者。

有关机构对城市居民心理问题进行抽样调查后显示，接受调查的居民中，心理健康状况“好”的居民占 15% ~ 18%，心理健康状况“良好”的居民占 65% ~ 70%，心理健康状况“较差”的居民占 11% ~ 15%，心理健康状况“差”的居民占 2% ~ 3%。调查分析得出，主要是以下三类人群有心理精神健康问题。

1. 青壮年

年龄在 28 ~ 35 岁的青壮年患心理精神疾病的情况比较严重。这个阶段的青壮年面临着就业、结婚、生育等压力，个体适应能力较差的人很容易出现心理健康问题。

2. 部分儿童和青少年

儿童和青少年的很多心理健康问题都是受环境影响而造成的，而这个年龄段的孩子一旦受到心理伤害，将可能给未来的生活留下阴影。因此要对儿童与青少年进行心理健康教育，保护这类群体，使他们能够健康成长。

3. 城市弱势群体

居住在城市的弱势群体主要包括没有工作或收入低的人群等。这类人群很少能够获得社会支持，生活水平低，对这类人群的心理健康予以关注有助于促进社会团结安定。

总体而言，目前我国人民的心理精神健康问题在不断恶化，不同年龄段的人都有明显的心理问题，需要及时采取有效的措施进行干预和治疗。

（二）抑郁症患者不断增加

据相关报道，全球约有3.5亿人患抑郁症，专家预计，抑郁症未来将成为仅次于心血管疾病的世界第二大疾病。

我国抑郁症患者大约有3 000万，且每年因抑郁自杀的人高达20万。通过对大量自杀者的生前症状和行为特色进行调查发现，符合抑郁症诊断标准的自杀者达80%。

当前，我国的生活节奏在不断加快，各方面的竞争越来越激烈，人民面临的压力也越来越大，这也是很多人时常感到压抑、容易恼怒、心灵扭曲的主要原因，这些都是抑郁症的前兆。心理医生提醒人民大众，要学会管理自己的情绪，别因为心理问题而掉进万丈深渊，要学会“自救”。

（三）能够调解心理精神问题的有效手段比较缺乏

当前，我国人民的心理健康状况在不断恶化，但有关的调适手段却严重不足，而且存在明显的解决误区，医药压制泛滥，不仅无法改善人们的心理问题，反而会加重病情。当代中国人即使有心理问题，也不会主动去咨询专家和医生，他们认为这是难以启齿的问题，所以不到不得已的地步，一般不会主动寻求帮助。我国人民还未充分认识到心理不健康的危害，而且求助渠道也非常有限。从社会和个体视角而言，改善人们心理问题的首要任务是帮助人们树立正确的价值观，找到正确的人生方向。

遗憾的是，现代医学药物和手术治疗方法对治疗上述心理精神性疾病力不从心，只能采用一些信息调适方法来解决人们的心理与精神问题，如心理疏导或思维疗法等；也有人认为中医针灸、气功修炼等传统疗法比较有效，可见，朴素的中华民族传统医治方法也可以攻克现代文明病，这些方法的发展前景十分广阔。

现代医学科研表明，现在很多身体疾病都与精神或心理因素有关，当恶劣的情绪刺激达到一定限度时，中枢神经系统功能就会发生不同程度的紊乱。所以，解决心理与精神问题不仅能够让人们保持心理健康，而且可以促进身体健康，反过来，身体健康也有利于人们良好心理状态的保持。

四、亚健康问题

（一）亚健康概述

1. 亚健康的概念

从医学角度来看，临床上存在疲乏无力、精力不够、肌肉关节酸痛、心悸胸闷、头晕头痛、记忆力下降、学习困难、睡眠异常、情绪低落、烦躁不安、人际关系紧张、社会交往困难等种种躯体或心理不适等症状，通过运用现代的仪器或方法检测却未发现阳性指标，或者虽有部分指标的改变，但尚未达到现代医学疾病的诊断标准，这就是“亚健康”状态。

2. 亚健康的分类

根据症状的不同，可以将亚健康分为躯体亚健康、心理亚健康、道德亚健康、社会交往亚健康几种类型。

3. 亚健康的干预

亚健康对人类生活有严重的威胁，因此必须采取积极有效的措施及时进行干预，促进人类身心健康发展。

（二）亚健康人口多

根据世界卫生组织报道，全世界处于亚健康状态的人达 70% 以上。在我国，处于基本健康、不健康、亚健康状态的人分别占 15%、15% 和 70%，已有超过 9 亿的人口处于亚健康状态，占全国总人口的一半以上，35 ~ 45 岁的脑力劳动者是高发群体。近年来，也有越来越多的下岗职工处于亚健康状态。卫生部（现为“卫健委”）通过调查 10 个城市中上班族的健康情况后发现，有大约一半的人处于亚健康状态。

大部分人都忽视了“亚健康”的严重性，认为它不会对我们的生活产生影响，这也是当今时代“亚健康”十分猖獗的主要原因。大量事实告诉我们，亚健康不仅能让我们患病，还会威胁我们的生命，甚至导致死亡，所以我们不能再轻视亚健康的危害了。

（三）青少年亚健康问题严重

当前，我们不得不重视青少年的亚健康问题。青少年群体中出现亚健康状态主要是学习负担过重导致的，此外还有营养方面的影响，营养过剩和营养失衡都是主要原因。调查发现，我国有一半多的大学生处于亚健康状态，具体表现为易疲劳、失眠、不易集中注意力、情绪不稳定、体质弱、近视率增加等。当前，我国还未达到充足睡眠要求的中小学生还有很多。通过测试我国万名中小学生的心理健康状况后发现，有心理异常表现的学生达 1/3。

（四）白领阶层陷入亚健康危机

有关调查显示，我国知识分子的平均寿命还不到 60 岁，远远低于我国人口寿命的平均值。据统计表明，我国高收入的中年人往往都是未老先衰，其平均生理年龄要大于自然年龄 10 岁多。亚健康问题在我国中青年白领阶层中普遍存在。

有关学者对我国一千多名公务员的健康情况进行调查后了解到，有 88.9% 的公务员处于亚健康状态，亚健康状态率非常高，而且与职称基本成正比，职称越高，亚健康问题越严重。国家体委公布的一个专项调查结果说明，中国知识分子平均寿命仅为 58 岁。

调查显示，18 ~ 40 岁的人随着年龄的增加，身心都会出现不同程度的失调现象；40 岁以后，潜临床状态比例迅速升高；55 岁前后明显进入潜临床状态；65 岁以上的人即使没有明显病变，也大多处于生活性衰老状态，这也是亚健康问题的特殊表现。在中年以后，人们的亚健康状态越来越明晰，并迅速走向疾病状态。研究还发现，发达地区的社会精英阶层存在着严重的亚健康问题，而且还在迅速蔓延。如果不及时遏制，这些人中死于过劳、意外、心脑血管疾病、肿瘤、代谢障碍性疾病（肺部疾病、糖尿病）等的人将会增加，有希望安享天年的人很少，因此我们迫切需要解决亚健康问题。

研究认为，如果不及时解决亚健康问题，不改善亚健康状态，就会引发高血压、糖尿病、肿瘤等疾病，可以说，导致这些重大疾病发生的真正元凶是亚健康。导致亚健康的原因有很多，主要有不合理的饮食习惯和不健康的嗜好，此外，造成亚健康的还有一个重要原因就是化学药物的长期服用。需要注意的是，脊柱劳损或变形同样也是导致亚健康的一个非常重要的原因，但这个原因往往得不到人们的重视。事实上，在科技与经济不断发展的今天，我们的脊柱承受着非常大的压力，脊柱受损的概率越来越大，而这又来源于汽车、电脑以及手机等现代化工具的影响，此外，还有来自竞争压力的影响。可以说，导致亚健康的众多病理原因中，脊柱劳损或变形是最根本、最重要的一个原因。

当前，人们脊柱关节的移位或结构变形等病理变化主要是脊柱静力性劳损或脊柱疲劳造成的，而脊柱劳损与疲劳又是汽车、电脑、空调、冷饮、信息爆炸及严重的精神紧张和高度的工作压力等因素直接造成的。脊柱的病变引发了亚健康问题，主要症状有困倦、乏力、头晕、失眠等。

除了上述肥胖及慢性病问题、重大传染病问题、心理精神问题及亚健康问题等健康问题外，当前还有很多影响国民体质健康的“现代文明病”，如心脑血管疾病、风湿性关节炎、内分泌失调性疾病、老年性疾病以及新生职业病（“空调病”“电脑病”）等。总之，当前很多疾病都在增加和蔓延，这不仅是健康问题，更是危害社会安定与健康发展的社会问题。需要特别强调的是，近年来，危害人们健康的医源性和药源性疾病也在迅速增加，这主要从以下几方面表现出来。

（1）有些医院管理不当，而且医生医德、医术不佳，导致了层出不穷的医疗事故。

（2）医生对病人滥用抗生素药物，胡乱施用有创性检查方法，给病人带来严重的后遗症。

（3）人们对虚假医药广告和假冒伪劣药品没有明确的判断力，盲目服用药物，引发严重疾病。

（4）不合理用药导致药物依赖或不良反应。

慢性病、亚健康、精神心理疾病中有些病症就是医源性疾病及药源性疾病，对国民健康造成了严重的危害。因此必须加强医疗管理，向人民提供优质的医疗服务。人民也要提高警惕性，合理用药，否则会使疾病加重。

第二节　影响我国国民体质健康的因素分析

一、生存方式与体质健康

（一）自然环境对健康的影响

1. 大气污染对健康的影响

发表于2013年的《中国积极应对空气污染的健康影响》指出，估计每年我国有35～50万人由于室外空气污染而早死。2010年，我国有120万人因室外空气污染而早死。可见，大气污染严重危害人体健康。大气中一些物质的含量一旦达到较高的程度，就会对人和生态系统产生破坏性影响，严重危害人体、生态的健康发展。人们通过呼吸将污染物吸进身体，或通过皮肤、眼睛接触有害气体而导致身体受到损害。大气中含有大量的污染物，不同有害物质的特性各有不同。由大气污染造成的疾病一般有慢性呼吸系统疾病、身体机能障碍等。此外，全球变暖也影响了人类健康。

2. 水污染对健康的影响

据统计，目前全世界每年被污染的水量达40%以上。水污染对人体健康的危害也是很大的。

人类的生存离不开水资源。进入河流、湖泊、海洋的污染物如果过多，水体无法及时自净，就会变质，此时水体的使用价值和功能都会弱化。饮用被污染的水有害身体健康。当前有些传染病就是由水体病原体污染导致的，城市污水、工业污水、医院污水、工厂加工废水等是病原体的主要来源。

有关报告指出，中国当前没有清洁饮用水的居民达25%。相关资料显示，我国饮用不良水质水的居民占24%，饮用高硬质水、高氟化物水的居民人数分别达到3 000万、5 000万。由于地下水和自然水质在不断受到污染，所以今后每年还会有越来越多的人饮用不良水质的水。

我国一些住宅区与重点排污企业和交通干道的距离非常近，所以很难保证可以饮用无污染的水。我国每年会发生1 000多起水源污染事故，饮用水安全形势总体在恶化，严重威胁了人们的身体健康和生存。

3. 土壤污染对健康的影响

对人体健康有影响的土壤污染物主要有重金属、残留农药、病原体以及放射性物质。土壤污染造成有害物质在农作物或水中积累，并通过食物链进入人体，从而引发各种疾病，对人体健康造成严重的危害。

调查发现，总体上我国土壤环境状况不容乐观，一些地区的土壤污染比较严重，耕地土壤环境差，质量低，各地存在着不同程度的工矿业废弃地土壤环境问题。造成土壤污染或超标的主要原因有工矿业生产、农业生产等。

4. 粮食生产对健康的影响

粮食从种植到成为可直接食用的食物，会经过一系列环节，如加工、包装、储存、运输、销售等，在这些环节中，粮食不可避免地会受到有害物质的污染。环境污染、生产加工过程、粮食本身等是有害污染的主要来源。粮食污染对人们的健康产生了严重的威胁。

中国社科院指出，从全世界对农药的需求量来看，我国排第一，但 65% 的农药最后都成了污染物，对土壤、食物造成了严重的污染。此外，土壤污染也是造成粮食污染的主要原因之一，我国每年有 1 200 万吨的粮食因土壤污染而被污染，这给我国带来了严重的经济损失，也对居民的健康造成了威胁。

（二）社会环境对健康的影响

1. 工作环境对健康的影响

工作环境指的是工作场所的物理环境，如空气、声音、光源、辐射、空间布局等，这些要素都会不同程度地影响办公人员的身心健康。如果工作环境压抑，工作人员就容易产生疲劳感，甚至会有严重的抑郁症状。

办公室的空间布局对员工的工作效率和心理健康都会产生直接的影响。如果空间密度大，拥挤感强，就会影响工作效率的提高和员工的心理健康，所以要合理布置办公场所的硬件设施，为员工打造轻松的工作环境。

2. 竞争环境对健康的影响

随着社会的不断发展，社会竞争越来越激烈，包括学习竞争、工作竞争及生活竞争等。在充满竞争的社会环境中，人们的身体健康被各方面的竞争压力影响着，因而出现了不同程度的健康问题。

承受着繁重工作负担的现代人每天都在忙碌与紧张中度过，为了在竞争中取胜，为了升职加薪而将全部的精力放在工作上，结束一天的工作后，人们往往感到身心疲惫，久而久之就产生了严重的心理疾病。现代人的心理包袱非常重，在沉重的包袱下，人们被压得喘不过气，时常感到心力交瘁，失眠现象严重，脾气暴躁，情绪波动大，最后演变为严重的焦虑症和抑郁症。

现代人的生活压力也非常大，为了维持家庭、提高生活质量，日夜奔波，无时无刻不在操劳。长此以往，就变得郁郁寡欢，出现心理疾患和明显的亚健康症状，甚至会发生恶性案件，影响社会安定与健康发展。

3. 家庭环境对健康的影响

每个人都要在家庭环境中成长，这是他们非常重要的生活场所和生存环境。家庭环境的好坏直接影响人体的健康。其主要表现在以下两个方面。

（1）居室环境。当前，全世界都在广泛关注居室环境与健康的关系。室内环境污染会对家庭成员的身体健康造成严重的损害，这些污染主要来自室内空气中的有害物质、不达标的建筑材料、不合规格的装饰物等，还有一些家用电器引起的电磁污染以及家用化学物品引起的化学污染等。这些因素污染了室内环境，进而影响了人体健康。

现在很多高楼大厦中的住户都面临着装修污染的困惑，装修时使用的材料大多含有甲醛、一氧化碳及氡气（致癌物质）等挥发物，人们大多以为可以侥幸生活，但一旦累积很长时间后，这些污染物质引起的健康问题就不仅仅是哮喘、支气管炎、鼻咽炎了，而是肺癌、肠癌等严重的致命疾病。

（2）家庭因素。家庭因素对人的身体健康、心理健康都具有非常深远的影响，而且对幼儿身心健康的影响更明显和突出。家庭作息习惯、家庭饮食营养、家族遗传等家庭因素对人们身体健康的影响都是非常直接的。其中，影响最为明显的是家庭遗传因素。科研成果表明，对人身体健康产生影响的多方面因素中，遗传因素的影响占 15%，通常来说，子女寿命与父母寿命成正比。

4. 政策环境对健康的影响

政策环境对人体健康的影响主要表现在以下几个方面。

（1）社会政策本身对健康的影响。社会政策会影响健康，而且这个影响是非常直接的，政策是否公平公正，与社会的和谐有直接的关系，如果社会生活不和谐，国民的身心健康自然就会受到影响。

（2）健康风险评估机制对健康的影响。国民健康风险评估机制是指有关健康的政策、法律法规、行为标准等对人们的健康风险指标要降到最低，如果比健康风险指标大，就会损害人体健康。

（3）相关政策措施对健康的影响。人民群众的健康生活离不开相关政策措施这个保护伞。相关政策措施的制定与落实能够使人们更加安全地工作和生活，如《劳动保护法》《食品安全法》等就给人们的健康与安全带来了保障。

（4）政策监督落实对健康的影响。相关政策法规制定后，有关部门要严格监督落实，如果制定政策法规就是表面工作，无法发挥真正的价值与作用，人们的健康和生命安全依然得不到保障。

5. 信息环境对健康的影响

经济的迅猛发展和社会的高速进步使得信息环境成为人们生活中必不可少的一个要素。在传统的信息时代，人与人之间的交流形式主要是直接对话交流；后来人与人主要通过书信、电话来传递信息；今天，我们已进入了新的信息时代，电脑、手机、报纸杂志中充斥了大量丰富的信息，生活中随处可见各种信息。

信息环境对人体健康的影响主要体现在对健康方向和健康行为的影响上，简单来说，人们的七情六欲、喜怒哀乐是受信息环境影响的。对于人类来说，信息是一种刺激信号，人们传达信息的同时也在接收信息，以此来表达自己的思想、情感或听取别人的思想、情感。好的信息让人感到高兴、激动、欢乐，坏的信息让人感到悲痛、伤心，可见不同性质的刺激会对人的情绪和心理产生不同的影响，进而影响人体健康。

（三）生存方式对健康的影响

1. 汽车、电脑和手机对健康的危害

汽车、电脑和手机对现代人来说再熟悉不过了，这些产品的出现改变了人们的生存方式。人们玩手机、看电脑、开车时，长期保持相对静止坐态，久而久之就会积劳成疾，产生静力性劳损。

人类从爬行状态进化到直立行走状态不过 200 万年的时间，这个时间对于生物进化来说是不长的，因此人类的脊柱结构还不够完善，还需要继续通过直立行走来不断完善脊柱的结构和形体。但是，汽车、电脑、手机的出现使人们仿佛回到了进化前，人们的生活状态完全以静坐和弯曲下来为主，这样时间久了，身体就会感到不适，会严重影响脊柱结构，导致脊柱扭曲损害甚至错位，从而引发颈椎病、椎间盘突出症等疾病。

2. 空调和冷饮对健康的危害

在这个处处以享乐元素为主的时代，人们吹着空调，喝着冷饮，不仅脊柱受损，脾胃也会受到影响，从而导致气血循环功能障碍，进而产生脾胃虚寒等症。风寒湿邪对劳损软组织和脏腑器官的大肆侵犯是当前许多慢性病发生的主要原因。

统计显示，存在脊柱不适症状的人高达 90% 以上，由脊柱障碍和脊柱疾病引发病症的患者每年都在增加，而且发病人群的年龄倾向于年轻化。青少年脊柱侧弯的问题会严重影响其今后的成长与发展，进而影响国家及民族的发展。

我国青少年患有脊柱侧弯的人数在逐渐上升，这与其长久坐立、脊柱缺乏运动，缺乏身体锻炼有直接的关系。我们必须重视青少年的这一健康问题，及时发现，尽早解决，以免造成严重的后果。

3. 信息和竞争对健康的威胁

21 世纪是充满竞争和信息爆炸的时代，现代人时常处于高度的紧张状态中，面对竞争和压力，心理充满纠结，情绪不稳，严重焦虑，身心备受煎熬，这就加重了脊柱系统、脏腑系统和精神系统的负担，一旦负荷超过这些系统的承受力，这些系统便会崩溃，进而引发大量慢性病症或病变等，这就是所谓的“因压成疾”。

在信息社会，有大量的信息传递的是人与人的明争暗斗，而不是进步的文明；人们之间的竞争与合作不再那么公平与真诚，而是充满了金钱、权利、欲望的火药味。有些人为了成功和名利不惜一切手段，他们不仅不会被讨伐和唾弃，反而会被他人视作榜样。很多

人会感到灵魂无处安放，内心挣扎，由此引发了家庭矛盾。心理的压力、心灵的扭曲、思想的纠结以及情感的压抑等都是现代疾病的隐患，这些不良心理、情感及精神问题的积累必然导致严重的健康问题。但人们又找不到合理有效的发泄方式，不健康的发泄方式不仅解决不了心理的积郁，反而会加重身心健康问题，这样人们的幸福指数明显会降低。

此外，不断飞涨的房价、跌宕起伏的股市以及教育、医疗问题等都加重了人们的心理负担，长期的高压负荷会使人患上精神抑郁症，威胁着人类的生命。

二、生活方式与体质健康

（一）饮食习惯对健康的影响

1. 日常饮食营养与健康

人类的生命物质基础和心智物质基础都是以食物为主的。灵活或迟钝、睿智或愚智、抑郁或兴奋、精神饱满或萎靡不振等人类的诸多特征都直接受营养因素的影响。我们常见的食物有成百上千种，不同食物从不同方面或不同程度上对人的身、心、智健康产生作用。有的食物以强身功用为主，如促进骨骼生长，改善机体系统功能；有的食物以益智功用为主；有的对心理和精神健康非常有帮助等。

人类把健康放在第一位，营养知识与健康有直接关系，所以这是人类必须要了解的知识。但事实是，很多人对此都不太注重，了解的营养知识非常少，缺乏一定的营养素养，不在有科学依据的基础上饮食，从而导致膳食不合理，营养不均衡，造成健康问题。

当前，我国人民的饮食营养问题主要表现在以下两个方面。

（1）自身问题。人们不会从自身状况出发挑选食物，要么暴饮暴食，要么过度节食，或者喜欢吃垃圾食物，严重偏食等。至于哪些食物对身体健康有利，哪些食物会危害身体健康，人们了解得很少。

（2）营养理论和技术问题。社会上流行的营养理论复杂多样，人们分不清哪些是主要营养理论，哪些是次要营养理论，而且现在很多营养技术的科学性都比较差，大众科学营养很难实现。营养技术无法使人民大众科学调理膳食营养平衡，促进身心健康的需要就无法得到满足。

我们在选择食物时，首先应该考虑的是其是否对身体健康有利，而非口感和外观，口感是次要考虑的因素。如果分不清主次，只求享受生活，就会以身体健康作为代价换取短暂的“舌尖上的满足”。凭口感、爱好选择食物的人往往都存在不同程度的身心疾病。虽然很多人种身体健康状况的决定因素是基因，但是如果饮食不科学，就会导致很多常见病出现，这就是所谓的病从口入。

2. 营养品与健康

如果人体摄入的食物不够，就会缺乏营养，补充营养品可以使身体营养状况得到改善，维生素和矿物质是人体通过营养品补充的主要元素。

当前，关于营养品销售和食用的问题主要表现在以下几个方面。

（1）钙片消耗量很大，但长期食用钙片易导致结石产生。

（2）市场上销售的许多含矿物质的产品缺乏一定的科学依据，质检不严格，商家凭借主观臆断对外销售，且推荐的食用量也不是非常科学的。比如硒，相关产品没有指出如何判断体内是否缺乏这类矿物质元素，缺乏多少，是否应该补充该元素，补充量以多少为宜，补充到什么程度停止，等等。如果人们补充过量，就会损害身体健康。

（3）人们补充的复合营养素或矿物质不是很科学，个性化不明显。每个人的身体状况不同，缺乏的营养素在数量和种类上也是有差异的，不能不顾身体状况都补充同一种营养品。需要注意的是，过量摄入某些营养素会导致身体疾病的出现。

（4）营养品的安全性要比食物的安全性低。食物中具备营养品中的所有成分，因此，如果合理饮食，额外补充营养品就没必要了，合理均衡饮食是最健康的营养手段。

3. 保健品与健康

保健食品是一种特殊的食品，具有一般食品的特征，可以对人体机能进行调节，对特定人群更为适用。关于保健品与健康的关系，具体分析如下。

（1）保健食品能够对人体机能进行有效的调节，对人体的保健作用非常突出。

（2）功能食品是以食品为主、保健功能为辅，在某些保健方面的功能比较突出。一般以不同消费人群（儿童、孕产妇、中老年人等）的生理和营养需求为依据设计功能食品，目的是促进生长发育，促进机体免疫力的增强等。

（3）保健用品是指能够促进身体健康的产品。保健用品有很多种类，包括血压计（测血压），血糖仪（测血糖），保健枕（改善睡眠），健身器（健身功用），按摩器（保健功用），洗液、喷雾（消毒抑菌），贴膏、软膏（改善微循环），乳霜（保养皮肤），机电产品、泡浴用品（缓解疲劳）等。

目前，过多过滥且不科学实用是保健品存在的最突出的问题。有些药店对中药处方进行简单处理后，据此制成的中药就变成了保健品。很多保健品虽然是食物，但也有中药的药性，如果摄取过量，就会导致新的疾病产生。一些销售保健品的商家为了经济利益而将保健品的作用过分夸大，消费者以为多服用就可以促进身体健康，于是就盲目滥用，最终危害了健康。

总体看来，近几十年来，我国解决了人民大众的温饱问题，随着社会的发展和生活水平的提高，人们大吃大喝，精致的米面和激素催生的肉类食品是人们选择的主要食物，甚至将不健康的垃圾食品作为主食的人也有不少，从而导致身体健康出了问题。而40 多年前，很多家庭因为贫穷而经常挨饿，他们的主食只是自家种的南瓜、地瓜、土豆、芋头等。这些食物富含营养成分，是健康食物，所以即使那个时代的人贫穷，也很少有人患肠癌、糖尿病等疾病。现代社会中，将地瓜、南瓜作为主食的人很少，而且很多人都认为吃豆子、燕麦、小麦、玉米、小米等无法满足自己对美食的欲望，他们会选择吃零食来满足自己的食欲，所以常患各种疾病。

现代社会中，许多家庭的主食都是使用化肥、催化剂种植的粮食，如面包、饼干、米粉、馒头、面条等，这些食物大都含有添加剂，经过精加工而制成，肉类食品也是用激素、饲料催长的禽畜肉加工成的。人们吃的蔬菜种类很少，对水果的补充也不注重，再加上现在的水果、蔬菜的营养含量在不断减少，所以人体中缺乏很多生命所需要的微量元素，身体抵抗力差，一旦生病，就只能依赖药物来压制和缓解症状，或通过手术来治疗，甚至要采取放疗、化疗等大伤元气的手段，人们自身的免疫力和健康能力很难使机体快速恢复健康，这种情况必须引起重视。

（二）不良生活方式对健康的影响

不良生活方式对人体健康指数会造成严重的消耗，如久坐熬夜、不爱运动、嗜睡、酗酒等。这些不健康的生活方式在现代人生活中随处可见。

1. 常见不良生活方式与健康

（1）吸烟。吸烟是有百害而无一利的恶劣习惯，气管炎、咽炎、肺气肿、肺癌等多种疾病的产生都与过量吸烟有关。

（2）酗酒。酒精对胃的伤害比较大，会损害胃黏膜，从而引发胃溃疡。酒精还会伤害肝，酗酒会导致肝癌。此外，骨质疏松也与酗酒有关，体内酒精过量会造成股骨头坏死。

（3）节食减肥。现在，盲目节食减肥的女性越来越多，她们为了追求骨感美而完全不顾身体健康。过度节食的人必然会营养不良，从而导致全身虚损，各种身、心、智疾病也会接踵而来。大脑萎缩、早衰减寿、闭经、不孕不育、免疫力下降、亚健康、低血糖、心脏衰竭、感冒、智力下降等症状在过度节食的减肥人群中比较常见。

（4）暴饮暴食。暴饮暴食的习惯很不科学，胃病、肥胖、急性胰腺炎、糖尿病等疾病都有可能由暴饮暴食而引起。

2. 贪睡与健康

现在很多年轻人因为平时的工作压力大，身心处于紧张状态，所以每天只睡很少的时间，而一到周末或节假日，就没日没夜地睡，几乎一天要睡十几个小时。如果长期持续这种状况，会对人的身体健康产生严重的危害。睡觉中的人的大脑皮层以抑制为主。早上起床后，人体需要呼吸新鲜空气，适当活动身体，以促进大脑皮层由抑制向兴奋的转变，并协调人体内脏及全身关节，这样才能做好准备来迎接一天的生活。

很多人贪睡主要是因为不了解贪睡的危害。贪睡对身体健康的危害主要从以下几方面表现出来。

（1）对人体生物节律的影响。人体激素分泌有规律可循，贪睡会扰乱体内生物钟节律，导致白天激素水平无法提升，夜间激素水平难以下降，结果是虽然白天睡的时间很长，但全身依然是没有力气，疲惫感严重，精神不振。

（2）对胃肠道功能的影响。通常而言，如果晚餐摄取的量适中，那么到第二天早晨7时左右就基本上完全消化了，此时肠胃活动正常，可以正常吃早餐；如果因为贪睡而就餐不规律，肠胃活动以饥饿性蠕动为主，这对人的消化系统是有害的，会导致消化道疾病如胃炎、溃疡等的产生。

（3）导致身体虚弱。人体处于活动状态时，会出现心跳速度加快，心肌收缩力增强，血流量增加等现象。人休息时，心脏也休息，如果睡眠时间太长，心脏活动和休息的规律就会被破坏，心脏收缩力就会下降，稍微活动一下就会感到气短、乏力、头晕，最终会造成恶性循环，导致身体越来越虚弱。

鉴于贪睡的危害，我们应合理控制睡眠时间，成年人每天睡 6 ~ 8 小时是比较合理的，老年人可比这个标准稍少一些，青少年需比这个标准多一两个小时。婴幼儿需要有更长的睡眠时间。当然，人们根据自己身体状况调整睡眠时间才是最合理的，但要确保第二天不会感到身体疲乏，要保证第二天精力充沛。

3. 熬夜与健康

经常熬夜的人免疫力比较低，记忆力也不如正常睡眠的人，熬夜会影响眼睛周围的血液循环，现在很多人的失眠、健忘等症状都是由熬夜引起的，从而对学习和工作造成了影响。

4. 久坐与健康

现代人不管是学习还是工作，都是以静坐姿势为主，而且一坐就是大半天，上班族尤其如此。久坐不动的人时常感到腰酸背痛，肩膀不适，这些症状在上班族中非常普遍。

研究显示，成年人每天多坐 1 小时，6 年后的死亡风险将增加 11%。《英国医学》杂志发表的一项最新研究表明，每天静坐姿势如果超过 3 小时，预期寿命会减少两年。

具体来看，久坐主要有以下危害。

（1）伤脑。久坐不动不利于血液循环，大脑一旦供血不足，就会受到损害，而且精神也会受到伤害，身体疲倦、无精打采、记忆力下降、注意力分散等是主要表现。

（2）损心。久坐少动，人体能量消耗少，心脏的供血需求也会降低，长时间如此，会导致心肌收缩力降低，如果情况严重，便会引发高血压、冠心病、动脉硬化等疾病。

（3）容易得前列腺炎。久坐的男性前列腺局部受压迫，影响血液循环，无法释放代谢产物，从而阻塞了前列腺管，难以顺利排泄腺液，最终造成前列腺炎疾病的产生。

（4）易得颈椎病。久坐会使颈椎平衡失调，导致颈部韧带肌腱、腱鞘一直处于紧张状态，从而形成颈椎骨质增生，颈项韧带钙化、骨化，颈椎随之僵硬变直，由此引起颈椎病。

此外，痔疮、便秘、消化不良、肺栓塞、肥胖等多种疾病也都与久坐不动有关。

有关专家指出，在学习和工作时，一次不要连续坐 4 小时以上不动，应每隔 2 个小时站起来活动一次，一次至少 10 分钟，这有助于上述疾病的防治。

三、健康观念与体质健康

（一）建立在生物医学基础上的错误健康观

受唯物论思想的影响，我们的医学一直以来都是以防病治病为主，由“问题导向”来对治疗疾病的方案进行设计，寻找治疗疾病的医疗方法，这种生物医学疾病观深深影响了现代人的健康观念。

建立在生物医学基础上的错误健康观主要表现为人们以是否有疾病来界定健康。确切地说，是疾病误导了大众，让人们将是否有疾病作为判断身体是否健康的唯一标准。更严重的是，疾病对医学工作者也造成了误导，所以医学家在医疗卫生工作中，一直以防病治病为主，希望通过医疗手段来治疗疾病，解决健康问题。这种医疗健康观念是在生物医学基础上形成的，科学性较差。

现代医学中，将疾病看作“敌人”，在这一观念指导下对医学的知识经纬进行编织，无论是构建医学理论模块，还是构建疾病模型都是以与疾病作抗争作为价值取向的。从常见的医学语言中，我们也能看到，人们憎恶、排斥疾病，对此充满恐惧和紧张。于是，大家都一致认为必须防治疾病。

在现代生物医学模式基础上形成的健康观念以疾病为主导，主要目标是防病治病，因此人们便形成了“无病即健康”的传统健康观。其实，医疗卫生防病治病与拥有和恢复健康的关系并不是很密切，所以传统健康观是错误的观念。世界卫生组织虽然明确提出了健康的概念和理念，但也受到了传统疾病思维的影响，因此观念依然是片面的，是不完全科学的。

而且，因为医学语言中处处透露着对疾病的憎恶和恐惧，所以很多人都认为“疾病”是可怕的吃人的魔鬼，一旦患有稍重的疾病，就如临深渊，时刻紧张不安，这样的情绪和心理不利于疾病的治疗和身体的健康，可以说人们不是被疾病折磨，而是被恐惧折磨。

总体来说，从本质上而言，现有的健康观念是一种“挑毛病”的观念。现有的医疗检查仪器一般只能够对人体某一器官或某一组织的局部情况进行观察，而对局部和整体的关系无法清楚地反映出来。以胃镜为例，通过胃镜只能对人体胃表面情况进行观察，看胃是否有溃疡、炎症、肿瘤等，但关于胃的整体功能运转，关于胃和整个人体的联系，是无法通过胃镜观察到的。医院的许多检查设备只是用来观察疾病的结果，至于疾病的原因，很难通过这些仪器设备观察而得知。所以，通过检查，我们只能获得表面的认知，如果将表面的检查结果作为诊断疾病的标准，或依据此来判断身体是否健康，有可能会诊断错误。检查人体局部器官的疾病都只能了解表面情况，那么要检查整个人体系统的健康情况就更难了。

所以说，在现代生物医学基础上形成的疾病观具有一定的功利性，这会导致人们对健康追求的弱化，人们只求“没病”而不求“健康”。

（二）过度依赖医疗的错误健康观

现代人大多缺少预防保健意识，养生强健意识更是不足，大部分人将自己的健康完全寄托在医院和医生身上。

“是药三分毒”，不合理用药会严重伤害身体，甚至会造成药物中毒。但现代人普遍认为，没病万事大吉，有病就去医院治病，把健康的责任寄托在医院、医生和药物上。其实，要想健康，不能完全靠别人和药物，主要是靠自己。医生和药物所起的作用是辅助性的，自己才起关键的作用，自己要对自己的健康负全部的责任。

现在人们面临的健康问题很多都是由自己的不健康行为和生活习惯导致的。人们的错误健康观念是这些不健康生活行为与习惯的根源，人们没有意识到自己才是维护自身健康的主体，自己才是健康的捍卫者，所以才会大肆放纵自己，以为自己身体出了问题找医院、医生，吃药就可以解决。这是错误的观念。而人们只有抛掉这一观念，树立正确的健康观，才会养成健康的生活习惯。

人们普遍认为，身心不健康是由疾病造成的，所以才会过度依赖医疗方式来治疗疾病，事实上不是因为生病身体才不健康，而是因为身体健康出了问题才引发一些病症。所以要想恢复健康，主要是靠自己，医疗手段只是辅助手段。

四、体育锻炼与体质健康

体育锻炼是最经济有效的健康促进手段。下面简单阐述体育锻炼对生理健康及心理健康的作用和意义。

（一）体育锻炼与生理健康

体育锻炼对生理健康的促进作用主要表现在以下几方面。

（1）体育锻炼能够改善和提高中枢神经系统的功能。

（2）体育锻炼能够促进血液循环，提高心脏功能。

（3）体育锻炼能够改善呼吸系统的功能。

（4）体育锻炼能够促进骨骼、肌肉结实有力。

（5）体育锻炼能够使人心情舒畅，精神愉快。

（6）体育锻炼能够使人更好地控制体重，保持健美的体型。

（7）体育锻炼能够培养健康的个性。

（8）体育锻炼能够防治疾病，延缓衰老。

（二）体育锻炼与心理健康

体育锻炼对心理健康的作用主要表现在以下几方面。

（1）体育锻炼有利于调节情绪，保持乐观。

（2）体育锻炼有利于提高应激能力，促进身心健康。

（3）体育锻炼有利于消除疲劳，恢复体力。

（4）体育锻炼有利于提高自信，完善自我。

需要注意的是，只有科学合理的体育锻炼才能产生上述身心健康促进作用。如果体育锻炼不科学，不仅不会促进身心健康水平的提高，反而会对身心健康造成威胁，甚至会有生命危险。

第三章 “健康中国2030”背景下学校体育的发展研究

第一节 传统学校体育的现状及存在问题

高校体育是国民体育的基础之一，是全面发展教育不可或缺的组成部分，它对培养有理想、有道德、有文化、有纪律的社会主义建设人才，增强人民体质，建设社会主义精神文明有着直接或间接的效能，所以党和各级政府历来把它放在相当高的地位。

随着改革的不断深化，高校体育较之以往有了比较大的发展，但同时，还必须看到在我国市场经济发展的新的历史时期，社会发展对培养人才提出了更高的要求。在学校教育的内涵和外延不断扩大和丰富，大众体育的逐步普及和竞技体育飞速发展的社会背景下，作为高等学校教育工作的重要组成部分和培养学生全面发展的主渠道，高校体育从某种角度上看，它的现状已不能满足现如今社会发展的需要。

了解高校体育的现实情况对高校体育以后的发展具有重要意义。卢元镇教授在《中国学校体育必须走出困境》中总结了我国学校体育面临的学生体质状况下降、“每天锻炼一小时”不能得到落实、中小学体育课被挤占和体育课低质量、学校体育不能为国家培养竞技运动后备人才和学生运动竞技不能纳入国家比赛体制4个方面的困境。这些情况除了体育课被挤占在高校体育没有涉及之外，其他几个方面的困境也同样是高校体育面临的现实问题。但是现实中的高校体育不仅仅面对这几方面的困境，还面对其他诸多影响高校体育良性运行方面的困境，有来自教育制度方面的，也有来自体育理论和实践矛盾等方面的。具体来说有以下几方面。

一、大学体育功能的弱化

学校体育是促进青少年全面发展的重要内容，对青少年的思想品德、智力发育、审美素养的形成都有不能代替的重要作用，是进行爱国主义、集体主义教育，弘扬民族精神、传承民族文化的重要途径。大学体育是我国各个大学必不可少的一门基础课。体育课的目的在于进一步增进学生的身心健康，努力提高学生的体育活动能力，使学生在校期间能精力充沛地进行学习，为将来建设祖国、保卫祖国打下良好的基础，真正变成德、智、体全面发展的人才和合格的社会主义接班人。体育的功能可以总结为七个方面，即健身功能、娱乐功能、促进个体功能、社会感情功能、教育功能、政治功能、经济功能。

当前我国高等学校体育课主要有 3 种形式：一是普通体育课。学生在课上主要进行全面身体锻炼，这类课大多在大学一年级开设。二是专项体育课。开设专项体育课能满足学生不同的爱好和个性发展需求，进一步提高某项体育运动技术、技能，使学生在全面发展的基础上拥有某项特长，有利于开展终身体育。这类课一般在大学二年级开设。三是保健体育课。这是为体弱或患有某种慢性疾病的学生开设的，带有医疗性质的体育课。目的是通过适当的体育活动，改善学生的健康状况，使其早日恢复健康。课的内容和方法皆视学生的具体情况而定。

从大学体育实施的情况来看，大学体育功能并没有得到完全发挥，甚至有弱化的现象。从大学生体质健康状况来看，体育总局发布的 2010 年全国学生体质和健康调研结果表明，大学生身体素质继续呈缓慢下降的趋势。增强大学生体质是大学体育基本而又重要的功能，但是大学体育实施效果并不理想。我国进行的全国范围内的学生体质健康测试结果显示：现代疾病和青年人缺乏体育锻炼相关。我国中小学生及大学生的体质健康水平表现出明显的不协调，具体表现为：形态发育水平提高，体能素质差；高身材、低素质等特点。另外，我国学生近视率一年比一年高，尤其是小学生、初中生近视率上升幅度明显，但肺活量、爆发力、速度、耐力等素质水平呈持续下降趋势。

二、体育课程实际地位低下

体育课程的实际地位低下是相对于体育课程的法律地位来说的。高校体育课程的主要组织形式为体育课堂教学，高校体育的法律地位也同样奠定了高校体育课堂教学的法律地位。但法律体系下的高校体育在具体实施过程中却出现了较大不同。高校体育课程在课程建设、资源配置、课程实施等方面和其他学科相比，投入明显不足，影响了体育课程教学的顺利进行，影响了体育教育质量。多年来，因为受传统体育教学思想的影响，很多人错误地认为体育教学就是要学习运动技能，通过跑跑跳跳、锻炼身体来增强学生体质，从而导致严重忽视了体育理论知识的学习和教学。

在我国现行教育考试制度下的教育体系里，高考选拔制度占有非常重要的地位。有时，一项重要的教育制度常常会改变学校教育的价值取向，但其取向是否符合个体发展规律、教育发展规律以及社会需要是衡量制度是否具备科学性的重要标准。我国在当前的教育选拔制度下，学校体育缺乏制度约束，高考导向性科目学习选择使学校体育被边缘化。

国家在体育教学方面安排了小学—初中—高中—大学 10 多年的体育课课时，并制定了《学校体育工作条例》系列法规文件。中国高等学校普通体育课教学大纲和中小学普通体育课教学大纲相比，主要有以下特征：（1）教材内容按运动项目分类，强调“田径是各项运动的基础”，把田径作为重点课程。规定女生学习篮球和排球，男生在篮球、排球和足球中必须选择两项进行学习。（2）规定了男女分班上课，为病弱学生开设保健课或医疗体育课。（3）没有具体划分年级要求，各校自行编制教学进度。中国高等学校普通体育课教学大纲规定体育课是一门基础课，并将其列为考试和考查科目。根据学生的运动成绩、学习态度和掌握体育知识与体育技能的情况，评定学生体育课的成绩。

许多高校在中共中央及教育部门政策的大力扶持下，组建学校的体育管理机构以及体育教师在职前和职后的培训机构，并组织大量的专职研究者制定各种各样的发展条件的标准，完善体育课程教学制度。但很多学生在毕业时就和体育告别，10 多年的体育教学并没有使终身体育观念深入人心，也没有培养出体育锻炼的技能和良好习惯。

三、高校体育教材和教学内容陈旧

我国高校体育教材大多针对传授体育竞技技能编写，教学内容千篇一律、经久不变，没有体现出当今社会发展对体育教学培养真正需求的人才的要求，和时代不相符，实用性比较差。当前有相当一部分院校在体育课的内容、教学配置形式和考核方式的设计，以及课外体育活动内容安排与实施办法等方面，基本上还是在使用二十世纪五六十年代的运作模式，培养目标力求统一性，教学内容安排强调系统性，考核标准注重竞技性，教学形式体现规范性，学生练习要求纪律性，所以这样的模式显得呆板、机械，以至于使高校体育的主体——学生的体育意识和能力在客观上产生障碍，使教师的主导作用和潜力难以发挥。

很久以来，我国高校体育一直沿用竞技运动教材体系，采用培养运动员的教学训练模式来给大学生上体育课，因为过分注重技术动作的规范，对完成动作的质量标准要求有些高，被很大一部分同学视为“负担”，从而使他们对体育运动失去兴趣。这和高校体育教学的目标相脱离。无论是运动训练还是体育教学，如果采用同一种运动技能教学模式，实施一个教学质量标准，就会忽视不同教学对象对体育运动需要的个性。普通学校体育教学中不分情况套搬竞技运动教学模式，定会导致偏离教学基本目标，进而使高校体育陷入形而上学的沼泽。

此外，体育教材的编排多数以运动项目的单项教学和训练为主，背离了现代体育教学的培养目标，在一定程度上忽视了大部分学生的参与需求。教材的编写没有考虑到学生特点、个性和兴趣的培养，不利于学生依据教材知识形成一套适合自己的锻炼方法和锻炼习惯。

第二节 “健康中国2030”背景下学校体育教学的改革展望策略研究

一、体育教学改革的主要内容

学校体育教学所包含的内容较为广泛，而学校体育教学改革的主要对象就是体育教学内部的各个组成部分。因此就可以说，学校体育教学的构成部分就是改革的内容。具体来说，这些内容主要包括以下几个方面。

1. 体育教学思想

体育教学思想是指体育教学指导思想、教学原理以及与相关事物的矛盾关系等。体育教学思想能够解决学校体育教学改革中带有根本性、方向性的问题，对学校体育教学具有指导性作用。

因此，可以说正确的体育教学思想是培养未来能够适应自身和社会需要的、各种各样的体育人才的基础。

2. 体育教学课程

在新时期，学校体育教学课程改革作为我国学校体育教学需要解决的核心问题，必须要与素质教育的要求相适应，并积极建立新的课程体系内容，在开展必修课的基础上，开办一些选修课，必修课与选修课、理论课与实践课的比例要合理。

3. 体育教学内容

学校体育教学内容是以学校体育教育的目标和任务及学生的实际情况为主要依据，对体育教材内容安排和选择进行分析和研究，并着重解决好学校体育课程教材内容针对性、实效性和科学性等方面的问题。教学内容是学校体育教学改革的重要方面之一。

4. 体育教学方法

目前我国学校体育教学的方法仍然以传统教学为主，大部分教师依然采用“讲解示范—学生练习—纠正错误—学生再练习”的单一教学方法。这种教学方法的运用，不仅对于学生体育学习主动性和积极性的培养是不利的，而且对于教学效果的良好发挥也非常不利，因此，体育教师应该积极探索适合学生发展的教学方法，从而使教学方法能够适应现代社会和学校学生身心发展的需求。

5. 体育教学管理

体育教学管理工作是我国学校体育教学改革的重要内容，它包括的内容有很多，其中，最主要的是体育教与学的辩证关系、合理的课堂教学和课的结构、教师的主导与学生的主体作用之间的协调等问题的研究。这样，能够使学校体育教学与教学发展的基本规律相适应。同时还应对学校体育教学的一些常规制度进行积极的研究，积极解决建立日常正常的体育教学秩序的管理等问题，以使得学校体育教学走向合理和规范化的道路。

二、体育教学改革的现状研究

近年来，为了顺应形势的发展，我国教育部门开展了积极的教育改革论证工作，有些已经进入实践阶段。体育教育改革作为其中较早开始施行的一项，自然就扮演了这场教育改革的先锋者角色。在改革的影响下，各级学校都开始了积极探索和尝试，体育教育也步入了新的改革阶段。但是随着改革的进行，在过程中也发现了不少问题，这些问题普遍存在于学校体育教学改革的进程中，并制约着改革的进行。与此同时，改革也是为了解决这些问题。现阶段我国学校体育教学改革的现状主要体现在以下几个方面。

1. 落后的体育教育观念

在我国，学校体育教育是培养学生掌握必要体育知识和技能的教学行为，它不仅要使学生学习到上述内容，更重要的是能够让学生通过对这些内容的学习在日后能够运用在必要之处，如掌握良好的健身方法等。但现状是我国学校体育教育的观念仍然比较落后，基本还停留在传统的对体育技能的教与学。这点从学校年末的量化体育考试标准中就能看出。教学仅是按照大纲和教材的要求进行，对于关于学校体育教学的引申内容则几乎没有涉及，更没有将“终身体育”的教育理念等意识落到实处，这对我国体育事业的发展和学生个人都产生了不利的影响。

同时，“以教师为中心”的教学模式，导致学生一直处于被动的学习状态。体育知识的传授常常是通过教师的讲解和示范，“基础知识、基本技术、基本技能”三基的教学仍旧是学生学习和掌握的重点，这种模式在很大程度上忽视了对学生思维能力的培养。

2. 体育教材指向不明

研究发现，我国体育教育尤其是高校体育教育并没有完全统一的教材。各地区学校使用的教材多为自行决定，有些学校甚至编写出版自己学校的体育教材供学生使用。笔者通过阅览部分学校的体育教材后发现，尽管这些体育教材有许多不同，但其中也有一些相同的地方，如体育教材的内容过分强调以传授体育技能为教学的中心，过于注重教材的外在形式，有些甚至不切实际地将过于竞技化的内容作为体育教材，这会大大偏离教材对广大学生适用度的原则。如此就会使得体育教材本身的指向性不明确，很多项目的教材内容缺乏新颖性，这些情况均不利于培养学生对于体育课程的学习热情。

3. 单一的教学内容与方法

在我国，教学活动经过多年逐渐形成了一套教学行为规律，这个规律一直秉承着“讲解、示范、练习、预防与纠正错误、巩固与提高”的教学模式。在很长一段时间内，这种模式确实被证明是最为有效的教育流程。但是随着社会的发展以及新型教育思维的涌入，这种延续多年的教育流程显然已经跟不上时代变迁的需要了。如果仍旧不寻求变革，继续沿用的话，势必使学生始终处于被动的学习状态，不利于学生体育学习积极性的提高、个性的良好发展以及创造性及主观能动性的发挥，从而阻碍了体育教学整体效果和水平的提高。

4. 师资力量有待提高

体育教师是学校体育教学运动主体之一，是体育知识和体育技能的传授者。因此，在学校体育教育的各个环节中，体育教师的作用都是非常重要的。可以说，体育师资力量的水平和能力直接影响着学校体育教学的质量。因此，良好的师资一直是我国学校体育教学发展的重要力量，其为推动我国体育教育事业的发展产生着不可估量的作用。

经过调查发现，当前我国大多数学校的体育师资方面存在着很多问题和不足之处。例如，体育教师的专业知识水平有下滑的趋势，并且在课堂教学中的控制方面也体现出了些许能力不足的迹象。现代学校体育教师普遍更乐于关注体育理论知识的教学，而忽视了教学中多层复合结构的运用。

5. 混乱无序的教学管理

在学校体育教学管理中，其混乱无序主要表现在以下几方面。

第一，体育管理理念没能与学校体育教学改革同步发展，跟不上时代发展的需求，造成体育组织建设与管理不足，严重影响了体育教学工作的顺利进展。

第二，在体育价值观念上认识的欠缺不利于提高学校体育教学的地位。

第三，在体育评价内容上，很多体育教师比较偏执于技能教学，在评价方式上不注重学生的自评与互评作用。

此外，在学校体育教学中，场地设施的缺乏使体育教学已经跟不上教学改革发展的步伐，从而严重阻碍了学校体育教学质量和水平的提高。

第三节　“健康中国 2030”背景下体育教师角色转变

在“健康中国 2030”背景下，师生之间的关系将发生变化，并对体育教师提出了新的、更高的要求。体育课程改革的核心环节是课程的实施，体育教师是体育课程的主要实施者，因此，体育教师决定着体育课程改革的成败。要在体育课程改革中真正落实全新的体育课程改革的基本理念，实现体育课程的目标，使体育课程在促进学生健康发展方面发挥更大作用，就要求体育教师树立正确的教育观念，转变教师角色，建立新型的师生关系。

一、体育课程中的教师角色

（一）体育课程对教师角色的影响

“角色”原意为“面具”，指演员在戏剧中扮演的具有一定性格的人物。后来人们用“角色”一词来表征社会中具有某种行为规范和行为模式的人及其由此带来的特定的身份和功能。教师活动的目的是帮助学生对新的信息重组改造，生成新的意义。教师的角色表现是通过相互矛盾的事物引起学生认知的不平衡，引导学生完成解决问题的活动，监测他们发现后的反思。教师应引发学生的思考，参与学生开放式的探究，引导学生学会学习。课程理论的更新促使了课程环境的变化，课程环境的变化是构成新课程中教师角色变化的一个重要条件。要有效地实施课程改革，教师需要在新课程环境下塑造自己的新角色。新课程环境即：教师与学生的活动是以学生为中心的；学生发展的关注范围是多方面的；学生的学习方式是合作学习；学生的学习状态是探究式学习；学生的学习反应是有计划的行动；学习活动的内容是基于选择、决策的学习；教学的背景选择仿真的、现实生活中的背景；教学的媒体是多媒体。

（二）体育课程中教师角色的特征

1. 体育教师是课程的构建者

体育教师指导学生实现课程标准规定的教学目标，就需要从以往的被动执行者的角色向构建者的角色转变，这有助于体育教师根据学校和学生的实际情况选择教学内容，安排教学组织形式，采用教学方法和评价方法；还有助于体育教师发挥积极性和创造性，使体育课程与教学更具有特色；更有助于学生进行有效的学习和取得进步。

2. 体育教师是学习过程的指导者与促进者

现代教育理论研究表明，学生在学习过程由外部刺激的被动接受者和知识的灌输对象转变为信息加工的主体、知识意义的主动建构者。教材所提供的知识不再只是教师传授的内容，媒体也不再只是帮助教师传授知识的手段、方法，而是用来创设情境，进行相互沟通和会话交流，即作为学生主动学习、协作式探索的认识工具。体育教师要真正贯彻和落实新体育课程的基本理念，进行有效的体育教学，使学生从体育教学中获得更多的益处，应该由运动知识和技能的传授者、灌输者转变为学生主动建构运动知识和技能的指导者、帮助者和促进者。体育教师要指导学生主动掌握运动知识和技能，学会学习，发展各种能力；充分利用情境、协作、会话等学习要素发挥学生的主动性、积极性和创新精神，最终使学生有效地实现对所学运动知识和技能的意义建构的目的。

3. 体育教师是学习活动的设计者与组织者

新课程需要教师成为体育学习活动的设计者、组织者，使学生的体育学习不再是由外到内的单向的运动知识和技能转移和传递的过程；教师应组织和创设促进学生学习的情景，让他们利用原有知识经验，并通过新经验与原有体育经验的相互作用，挖掘自身潜能，学到更多的运动知识和技能。

新体育课程要求体现全面发展的均衡性，体育课堂教学程序不但要以生理学和医学理论为依据，而且要关注心理学理论的研究，要重视学生的心理感受和情感体验。只有这样，才能激发学生的体育学习兴趣，提高学生学习的积极性，促进学生身心同步和谐地发展。因此，新体育课程要突破传统的课堂教学程序，鼓励教师发挥自己的潜能，设计出有利于吸引学生积极参与体育学习和活动，提高课堂教学效果的课堂教学程序。未来无固定的课堂教学模式，教学程序应该是百花齐放、丰富多彩的。因此，体育教师要转变观念，多从学生的角度出发，根据不同的教学内容、教学情境等设计出有利于学生进行有效学习的课堂教学方案。

4. 体育教师是课程内容资源的开发者

新颁布的“课标标准”以目标统领教学内容，没有对全国的学校规定统一的教学内容，并说明竞技运动目的内容只是课程内容之一，而不是唯一的课程内容，这就为体育教师根据学校和学生的实际情况利用和开发新的、能激发学生体育学习兴趣、促进学生身心健康发展的课程内容提供了广阔的空间和余地。因此，体育教师应从竞技运动课程内容体系的追随者向课程内容资源的开发者的角色进行转变。在新体育课程中，教师应在保留或改造一些传统的竞技运动项目内容的基础上，挖掘民族民间传统体育项目，引入新兴运动项目，以丰富体育课程的教学内容，使体育课程内容从竞技运动课程内容体系走向有利于学生身心健康的课程内容体系，吸引学生积极参与体育学习和活动，促进学生获得更多的体育与健康的知识和技能。

5. 体育教师是体育教育实践问题的研究者

新体育课程要求学生在学习中尽可能地表现出自主性、能动性和创造性。自主性是指在一定条件下，个人对于自己的活动具有支配和控制的权利和能力。能动性是指主体能自觉、积极、主动地认识客体和改造客体，而不是被动地、消极地进行认识和实践。创造性是指以探索与求新为特征。这预示着体育课教学的重点从过于强调学生的接受式学习和机械训练，改变为将引导学生体验和探索，自主学习、合作学习、探究式学习作为学生体育学习的主要方法。如果体育教师在实际工作中还是依靠传统的教育教学理论和自身的经验，就难以改变学生的学习方式，难以适应体育课程改革与发展的需要。为此，要求体育教师必须加强学习，开展教学科研活动。由于“课标标准”给体育教师留有很大的自主空间，新体育课程将无统一的课程内容，无固定的教学方式和评价方法，这就需要体育教师从“教书匠”变为体育教育的研究者，积极开展教学实践问题的研究活动，探索出适合本校和学生实际情况的教学新途径，以实现教师有效地教和学生有效地学习。

二、体育课程中的师生关系

师生关系是教学过程中最重要、最基本的关系，也是最经常、最活跃的人际关系，直接影响着体育课程的实施。新课程改革提倡的师生关系是一种交往，认为教学是教师的教与学生的学的统一，这种统一的实质就是交往，如果没有交往，就不存在真正意义上的教学。在这一理念的指导下，新体育课程要求体育教学通过交往，建立人道的、和谐的、民主的、平等的师生关系。这种新型的师生关系具备以下基本特征。

（一）师生是民主与平等的关系

“课标标准”提出的体育与健康课程改革的四个基本理念，都基于以学生发展为本的教育观。新体育课程强调建立民主与平等的师生关系，体育教师要把学生作为教学的主体，要以平等的态度对待每一名学生，发扬教学民主，努力营造良好的教学氛围；要让学生参与整个的体育教学过程，充分发表自己的见解。这样才能调动学生学习的积极性、主动性和创造性。

（二）师生是尊重与信任的关系

尊重和信任是人的一种高级心理需要。作为教师，首先要尊重学生的人格，要把学生作为一个独立完整的社会的人来看待。只有教师尊重学生，学生才会尊重教师，才会积极配合教师搞好教学工作，从而提高教与学的效果。

新体育课程强调以学生发展为本，尊重和信任学生是实现这一教育理念的重要基础。由于新体育课程强调学生的自主学习、探究学习和合作学习以及重视教师评价与学生自评、互评相结合等，这就必须要给学生提供充分的学习和活动时间，必须真正尊重和信任学生。否则，新的教学和评价理念就无法得到实现。新体育课程不光考虑教师怎么教，更突出学生怎么学。因此，要信任每一名学生，相信每一名学生都有自己的优点和长处，并根据每一名学生的优点和长处，尽量创造有利的条件和环境，使学生根据自己的能力和学习方式进行学习，以调动学生参与体育学习和活动的积极性。

从评价体系看，新体育课程要求过程性与终结性评价相结合，教师评价与学生自评、互评相结合。教师应信任学生，否则就不可能放手让学生参与到评价的过程中来，进而学生学会学习和评价的目标将难以实现。

（三）师生是理解与合作的关系

师生关系直接影响教学过程的运转、教学效果的质量。如果在实施教学过程中教与学的目标一致，双方就能形成合力，就容易完成既定的教与学的目标；反之则相互牵制，形成分力，就会给完成既定的教与学的目标设置障碍。传统体育课程中的师生关系是一种主动传授与被动接受的关系，体育教师处于绝对权威的地位，体育教师与学生处于相互对立的状态，这不利于教与学的目标的实现。新体育课程要求构建融洽、和谐的学习氛围，倡导建立一种合作的师生关系。而师生之间建立良好的合作关系的前提是教师要在深入了解和掌握学生身心特点和个性差异的基础上善于理解学生，包括学生的年龄特点、体能和运动技能基础、兴趣爱好、思维方式、认知水平和行为习惯等。在此基础上，师生之间才能建立一种良好的合作关系。

教师既要参与到学生的体育学习和活动中，也要让学生参与整个的教学过程，使学生时刻感受到教师在同他们一起学习和活动。只有这样，师生之间的理解和合作才会成为可能。

第四章　“健康中国 2030”实践性研究探讨

第一节　在校青少年体质健康的目标要求

一、青少年体质健康状况是实施科学健身的根据

作为《国家体育锻炼标准》的一个重要组成部分，《国家学生体质健康标准》是其在学校中的一个具体应用。第三次全国教育工作会议中指出，要把保证学生健康发展作为学校教育的指导思想，把学生培养成为健康、智力、心理、道德、角色等全面发展的综合素质人才。在这个指导意见的推动下，全国开始大力推行《国家学生体质健康标准》测试，确保学校体育课程顺利开展，学生积极参加体育运动，以此不断提高学生体质健康状况，为全面发展打下良好基础。

学生个人可以通过《国家学生体质健康标准》测试，清楚地了解到自己体质与健康的状况，并监测自己体质与健康状况的变化程度。同时，还可以通过这些体质与健康状况的测试，有目的、有针对性地制定锻炼目标和方案，合理地安排自己的锻炼时间，完成锻炼计划，达到锻炼目标，提高体质与健康状况。

二、青少年体质健康状况是学校体育教学改革的依据

在我国各级学校，一般都采用《国家学生体质健康标准》对学生体质健康状况和锻炼效果进行综合评价，该标准对于我国学生不同项目测试成绩进行了规定，对运动和体质健康提出了相关要求，不仅是学校考核学生的标准，同时也是个体自我评估的指标。学校体育教育的原则和宗旨就是全面提高学生的身体素质，促进学生身心健康发展。学校要以学生体质健康标准要求为基础，全方位地提高学生的体质健康水平。

伴随着《国家学生体质健康标准》的进一步实施，学生体质健康状况也得到了国务院和教育部的高度关注，相关部门出台了一系列政策来提高学生的体质健康水平，例如 2007 年开始的阳光体育活动等。在《国家学生体质健康标准》中，“健康第一”的教育理念有了很充分的体现。这就要求教师在进行学生体质健康教育时要“教测分离”，而不是测哪一项就单独训练哪一项。

但不可否认的是，《国家学生体质健康标准》中的一些测试项目或多或少影响到了现在体育课中练习的项目。

因此，体育教师要不断努力创新，改变以往的体育课教学模式和授课方式，例如，将身体素质训练穿插在日常体育课时之中。这样的好处就是学校能更加切实地完成《国家学生体质健康标准》对于促进学生健康的要求，从不同方面提高青少年的体质状况，同时又可以通过调整相应的教学内容，使学生的体质水平得到全面的提高。

第二节　加强学校体育健康教育研究

一、体育与健康课程

体育与健康课程是学校体育教育最主要的组织形式，也是实现学校体育教育的基本途径。《中华人民共和国体育法》中又把“学校必须开设体育课，并将体育列为考核学生学业成绩的科目”作为法规条文，要求教育行政部门和学校必须认真执行。

（一）体育与健康课程的内容

1. 体育理论课

通过理论课教学，使学生掌握必要的体育基础知识，树立正确的体育观，掌握科学锻炼身体的方法和体育水平自我评价的方法，学习体育卫生保健知识，养成锻炼身体的习惯。根据《学校体育工作条例》的要求，理论课是体育课程考核的内容。

2. 体育实践课

体育实践教学是以身体练习为基本锻炼手段，通过提供体育锻炼所需要的运动场地与设施，以教师为主导、学生为主体的专门教学过程。通过体育实践教学使学生系统地掌握体育教学大纲中所规定的体育基本技术、技能，以增强体质，增进健康，全面提高学生对环境的适应能力。结合体育项目的特点，向学生进行思想品德教育和意志品质教育，促进学生身心全面发展。在体育实践课的教学过程中，学生在掌握运动技术、技能的同时身体要承受一定的运动负荷，因此，体育实践课教学在遵循一般教学规律的基础上，还必须遵循动作技能形成的规律、人体生理机能活动的规律和人体能力变化的规律。

（二）体育与健康课程的组织形式

为适应现代教育的发展趋势，根据个性发展的统一性、全面性、连续性和使学生终身受益的原则，目前学校体育课的组织形式主要有以下几种。

1. 普通体育课

普通体育课在教学内容上具有基础性，教学要求上具有普遍性，主要是完成体育教学大纲中的基本任务。凡身体健康无残疾的学生都必须按规定要求通过考试标准。普通体育课有严格的学时规定及学籍管理的约束。普通体育课又包括基础课和选项课。基础课的主要任务是加强学生身体全面训练，以提高学生身体素质和运动能力，改善身体形态、机能，增进健康。在巩固和提高中学阶段已掌握的体育知识、技能的基础上，为下阶段的专项学习奠定基础。选项课则是为体质和体育基础较好，且有一定运动专长和爱好的学生开设的，它是在完成全面身体训练的基础上，根据学生的志愿以某一运动项目为主进行教学，使学生掌握该项目科学锻炼的基本知识、技术和技能，培养锻炼的兴趣和习惯，以及对体质和健康的自我评价能力，学习并掌握有关专项的主要规则和裁判法等。

2. 体育选修课

学生根据个人兴趣与爱好选修某一运动项目，进行专门训练，不断提高专项技术水平和能力，进一步提高学生体育理论水平和体育实践能力，培养学生独立锻炼的能力，为终身体育打下基础。其内容与选项课基本相同。

3. 体育保健课

体育保健课是专为个别身体异常和病弱学生开设的必修课。其目的在于增强体质，帮助学生恢复健康，调节生理功能和矫正某些身体缺陷。凡参加保健课的学生须经自己申请并持医院证明，经所在学院（系）与体育部（体育教研室）同意。体育保健课教学内容的选择应注意保健性，一般多选择太极拳、气功及轻器械、慢节奏体操等项目。教师应注意创造轻松、愉快、和谐的课堂气氛，使学生增强战胜疾病的信心，达到康复的目的。

4. 季节课

季节课是指充分利用当地的条件，有针对性地发展学生在某些项目上的能力，增强学生的适应能力的课程。如夏季的游泳课、冬季北方的滑冰课及滑雪等。体育与健康课程目前有一种人们认可的教学模式，即课内外一体化教学模式，这种模式可以在我们的教学中进行探讨、研究和实践。根据对体育与健康课程完整概念的认识，宜把基础教学阶段与课外实施健康教育及贯彻《全民健身计划纲要》结合起来，即按课内外一体化模式，视课外体育与卫生保健活动为课内教学的延伸，做到有目的、有计划、有组织地统筹安排，以保证教学过程产生较长时间的连续性效应。

二、课外体育活动

课外体育活动是体育课的延续和补充，是全民健身计划的重要组成部分，也是学校体育的重要组成形式。其包括早操、课间操、班级体育锻炼、体育课外辅导运动会及有组织的郊游等。课外体育活动虽不像课堂体育教学那样有规定的内容、严格的组织形式和考核标准，但学生可根据自己的兴趣和爱好等选择一些其他内容。时间可长可短，因人、因地、因时制宜，以振奋精神、活跃情绪，学生应以不过于疲劳且能坚持经常锻炼为原则，可独立完成个人计划，也可在教师指导下进行，或在体育俱乐部、体育协会等组织中进行锻炼，以达到锻炼身体，增强体质，调节身心，消除脑力劳动引起的疲劳，提高学习和工作效率之目的。

三、课余运动训练

课余运动训练是指利用课余时间，对部分热爱体育运动身体素质好又有专项运动专长的学生进行系统科学的训练的一种专门教育过程，是学生课外体育活动的重要组成部分。其目的是提高学校竞技运动水平，推动群众性体育活动的开展，因此，它是学校体育贯彻普及与提高相结合原则的重要措施。学校运动训练项目的设置，应根据学校的师资力量、体育场地设备、传统运动项目等方面的具体条件来决定。特别是我国学校在试行“建立高水平运动队”之后，又赋予学校课余运动训练以新的含义。

四、课余体育竞赛

学校体育竞赛包括校内竞赛和校外竞赛。体育竞赛具有竞争性特点，可以起到活跃课余文化生活、振奋人心、激发情感、增强人际交往等作用，并且是检查体育教学、体育锻炼及运动训练效果的一种手段，因此成了吸引广大学生参加体育活动的一种好形式。学校体育竞赛应以育人为宗旨，以校内竞赛为主，经常开展群众性比赛，并贯彻小型多样、单项分散、基层为主、勤俭节约的原则。通过体育运动竞赛，检验学校的体育工作成果，培养学生勇敢顽强、拼搏进取、开拓创新、团结协作、遵纪守法等优良品质和集体荣誉感，增强体育意识，提高运动技术水平，培养和选拔体育运动的优秀人才。通过开展各种形式的校际竞赛活动还可以扩大学生视野，提高学生的社会交际能力。

第三节　加强学校传统民族体育项目的发展研究

随着我国体育事业的发展，高校体育课程的状况逐渐开始受到全社会的关注。新一轮的课程改革对高校体育教学提出了更高的要求。反观当前的高校体育教学，体育课原本是深受学生喜爱的一门课程，却与大众的期望有很大的差距。造成这一现象的主要原因是与学生“健康第一、终生锻炼”相悖的旧的教学模式。中华人民共和国成立以来，我国的体育教学就是竞技体育教学。虽然国家课程改革已经进行了多年，但对学生的要求，在很大程度上还是按照竞技体育的标准提出来的，这使得教师往往更注重学生运动成绩的好与坏，而忽视了对学生进行最基本的“终身体育”意识的培养和锻炼。同时，由于过于刻板地追求每节课完整的教学结构（实行“三部曲”：开始部分，基本部分，结束部分）这种永恒不变的教学模式导致学生被限于条框之中，久而久之，学生便失去了对体育课的兴趣。我国幅员辽阔，有着非常丰富和深厚的非物质文化遗产，而作为少数民族传统文化之一的民族传统体育，有非常强的民族性、体育性与健身性。随着高校体育教育改革的深入，将少数民族传统体育引入体育课堂中已成为当前很多高校的教学手段，不仅丰富了体育教学，更激发了学生的兴趣，增强了学生的技能。

一、体育元素与少数民族传统体育的界定及特征

体育元素泛指一切可能在校园文化建设中载入的与体育相关的物质层面的静态实体所形成的体育氛围、体育文化、体育精神和由各种体育行为所构成的动态体育人文景观。我国少数民族传统体育文化的发展历史悠久，是中国体育元素的重要组成部分，包含着厚重的少数民族传统文化，其内容丰富多彩，项目流派繁多。少数民族传统体育大多数项目都是以有氧运动为主，能修身养性、调整心理，同时能培养人高尚的情操、愉悦身心，符合当代人的健康意识与要求。少数民族传统体育的特征包括以下几个方面。

（一）健身与娱乐是其基本特征

相关统计资料表明，中国少数民族传统体育非常重视人和自然界的和谐，众多民族传统体育活动都在自然环境中进行。其项目分为竞赛项目和表演项目，这些项目各具特色，表现形式多种多样。但不论如何，在其各自的运动方式中，都有一定的运动量，身体承受或大或小的运动负荷，因此，它能有效地提高人的体质，达到强身健体的目的。同时，少数民族传统体育的活动形式为大众所喜闻乐见，以自娱自乐、游戏、消遣、休闲为特征，吸引着广大人民群众热情参与。民族传统文化寓于体育活动，使民族体育具有鲜明的娱乐性。虽然在其发展过程中经历了种种演变，但它始终保留着鲜明的娱乐性与健身性，这也正是少数民族传统体育的生命力所在。

（二）具有鲜明的地域性和民族特色

气候、雨量、山川、河湖等自然因素构成了一个地方的地域环境，地域环境是一个民族长期繁衍生息的空间条件。各地区少数民族由于受到不同地域的影响，形成了各自不同的生产方式和生活方式，在文化氛围和价值观念的作用下，形成了多姿多彩而又各具特色的少数民族传统体育。如壮族的三人板鞋竞技、蒙古族的赛马、侗族的抢花炮、朝鲜族的荡秋千等，无一不打上不同地理环境下少数民族生产、生活方式的烙印。这些关于生产、生活方式的表演项目，充分体现了该民族传统文化的内涵和精华。

（三）具有广泛群众性和社会性

少数民族传统体育反映了各个少数民族的生活状况、生活特征，体现了当地百姓的生活水准。同时，它给人们的身体和精神带来了双重享受，是当地民族风俗习惯的最直接的体现。它常常与节庆、婚嫁、宗教等民俗活动紧紧联系在一起，所以，少数民族传统体育凝心聚力的独特作用和健身功能被越来越多的群众所认知，有广泛而深厚的群众基础。同

时，其活动方式简便易行，许多项目不受场地、器材，不受年龄、性别、体质条件的限制，技术要求不限，运动强度易于控制，广大群众可以选择适合自己的项目进行锻炼，加强了各民族间的交往，强化了民族认同感，增强了民族凝聚力，也延续了少数民族传统文化。

二、传统民族体育元素在体育教学中的意义

（一）少数民族传统体育的功能

1. 传承功能

民族体育是民族风俗文化之一，反映了民族性格与民族的喜好，广泛的群众性使其得以长久传承。蒙古族家庭，如有男孩降生，会在自家的门前悬挂小弓箭，企望孩子长大后成为优秀的射手；新疆察布查尔锡伯自治县的锡伯族家庭生男孩后，家长便把一副用红丝绳扎成的小弓箭挂在他们信仰的“喜利妈妈”身上，并在每年农历的正月焚香跪拜，求神保佑孩子长大后弓马娴熟，勇猛强壮，前程远大。民间谚语说：“不会拉弓，算不上豪杰。”正是由于锡伯族家家有弓箭，常常有训练，世代相传，因而培养了许多优秀的射箭运动员。哈萨克族、蒙古族、藏族牧区的孩子，从小就会骑马，年龄稍长，便是技艺娴熟的好骑手。生活在江边与海岛的赫哲族和京族儿童都善游泳、划船。

2. 亲和功能

共同的民族体育习俗往往把同一民族、同一地区的群众吸引到一起，自然而然地产生了一种认同感和亲和力。

3. 强身健体功能和美育功能

体育活动锻炼身体、锻炼智力、健美身体的功能是十分明显的。体育能培养人的坚强意志、顽强毅力、集体主义精神、铁的纪律（竞赛都有严格的规则）、高尚的情操。体育能给人以休闲娱乐和充满活力的美的享受，人们在心情变得愉悦的同时，还受到了美的教育。

（二）少数民族传统体育融入高校体育教学的作用分析

1. 少数民族传统体育能丰富高校体育课程，有利于学生全面发展

集休闲性、趣味性、娱乐性为一体的少数民族传统体育，满足了学生身心与情感的需求。以游戏、表演、娱乐等形式为主的少数民族传统体育，丰富了高校体育课程教学内容及课外体育活动内容。这些体育鲜明地显现出妙趣横生、风格淳朴的特点，给学生带来不一样的激情与兴奋体验，它对培养学生的锻炼习惯、意志品质、身体素质、技能水平、社会适应能力等也有积极的推动作用。

2. 少数民族传统体育有利于高校体育教学特色的形成

少数民族传统体育项目引入高校，是对高校课程的有机补充，为发展高校特色和多元化体育教学的实施提供了有力保障。它对高校校园文化建设、高校体育专业的挖掘、师资

力量的优化及科研水平的提高等，都有积极的作用。立足于本校实际，合理开发少数民族传统体育课程，能有效提高民族传统体育项目的利用意识与教学能力，对完善体育教学改革、推广和普及少数民族传统文化等也有着不可忽视的作用。

3. 少数民族传统体育为高校体育改革提供教学内容

目前，在现代西方竞技体育的影响下，高校体育课的教学模式、教学大纲基本和专业体育课程没什么区别。据调查，很多学生都是因为对体育课缺乏新鲜感和乐趣，无法享受和体会到体育活动课给他们带来的快乐而逃避体育课。这对我国学生的体质健康是不利的。调查显示，我国大学生体质近几年一直呈下滑趋势。因此，高校体育课改革迫在眉睫。少数民族传统体育具有娱乐性、健身性、集体性、运动性等特点，它来源于生活，老少皆宜，对锻炼对象的身体条件要求不高，对技术的要求也不像竞技体育那么高，有利于在学校体育课中开展，以增加学生对体育课的兴趣，培养其以终身体育、以人为本、健康第一为指导思想的体育意识。少数民族传统体育的学习和开展也可以让学生了解我国体育文化的渊源和历史，增加对各民族的理解和认识，增强学生的爱国意识和民族精神，从而实现体育改革过程中民族传统体育的广泛渗透，实现高校体育教学内容的多元化，对于高校体育教学具有十分深远的意义。

4. 少数民族传统体育符合学生的心理需求

少数民族传统体育，其娱乐性、趣味性能形成一种和谐、愉快、利于交流的文化，而对抗、接触和竞争则是一种积极的拼搏的文化。它对学生的思想、意志品质和完美人格的塑造，为学生将来成功地扮演社会角色，提供了一个与人交流、与人竞争的模拟环境，为满足学生情感需求、交往需求、自我实现需求提供了人文载体。例如，苗族的“接龙舞”，苗族、水族的“打手毽”，黎族的“跳竹竿”，既有益于人们的身心健康、陶冶情操，又有利于人们相互联络情感。活动中既有交流，又有竞争，同时还能培养学生的团队精神。

（三）少数民族传统体育融入高校体育教学的价值体现

1. 使高校体育活动突出民族性、地方性

高等院校的主要任务是培养适合社会发展需要的优秀的复合型人才。高校体育除了承担着向学生传授体育技术技能的责任外，还应培养学生体育锻炼的意识与积极性。少数民族传统体育课程的开设，为少数民族传统体育文化的推广，为学生掌握更多的体育锻炼知识与方法，创造了必要的基础条件。运用现代教育技术把少数民族传统体育更直观、更形象、更具体地展现给学生，增强公共体育教学的新颖性、多样性、趣味性，有助于激发学生的学习兴趣，提高教学效果。在高校开展少数民族传统体育，弘扬民族文化，继承和发展少数民族传统体育项目，扬地方优势、显地方特点、投学生所好，创设新的高校体育教学模式，是高校体育改革中的重要内容。在全面推广民族体育的基础上，充分挖掘少数民族优秀的传统体育文化项目，广泛推广给高校的大学生，具有良好的社会效益。

2. 使学生了解民族文化

少数民族传统体育具有丰富的文化内涵。文体交融是少数民族传统体育的一个很重要的特点，其中隐含着丰富的民族历史、民族信仰、民族伦理、民族艺术、民族情感等方面的内涵，是民族文化的重要组成部分，具有鲜明的民族文化特征。少数民族传统体育教学，要通过对其文化内涵的剖析，使学生了解民族文化、民族习惯和民族特点，使学生在轻松的气氛中接受传统人文精神的教育，增长民族文化知识，开阔视野，活跃思想，升华人格，提高人文素质，增强民族情感。人文素质的提高和民族情感的增强，反映在学生学习、竞争和就业观念的改变上，就是学生学习的积极性、自觉性大大提高，创新意识和创新能力大大增强。

3. 促进了少数民族传统体育的发展

学校是体育的摇篮，是原始、次原始体育形态走向规范化、科学化和普及化的必由之路。现代西方体育与日本的柔道、韩国的跆拳道，无不以学校教育为中介完成其改造与普及，使之便于教学、训练和比赛，而后在国内发展完善，在国际积极推广，最终得到国际社会的承认而成为世界性的体育项目。高校体育教学开设少数民族传统体育课程，打破了高校体育教学的局限性，突出了体育教育的本质——快乐体育和终身体育，优化了教学内容，提高了学生的学习兴趣，弘扬了少数民族传统体育文化，培养了学生的终身体育能力，从多方面提高了学生的实践能力，同时探索出一条符合高校体育教学改革的新路子。它对于高校体育教学内容改革具有一定的参考意义和广泛的推广价值，同时也使少数民族传统体育得到了发展。

三、当前我国高校开展少数民族传统体育教学现状

（一）体育教学缺乏时代性

就当前我国很多高校的体育教学情况来看，大多还是以体育竞技项目为教学主要内容，而竞技运动项目不仅需要很高的技术和动作，相对来说还需要很多的训练手段。很多院校的体育教学过分关注运动项目的技术与手段训练，而忽视了学生的兴趣和表现，很多学生对于运动项目并不感兴趣，这也是导致体育教学质量低下的主要原因。1992 年后，国家教委在《全国普通高校学校体育课程教学指导纲要》中指出，在选编体育课程教材时必须充分考虑汲取世界优秀的体育成果，与弘扬和继承我国民族传统体育相结合。也就是说，体育教材需要注重时代性与多样性，并结合我国民族性与特色，还需要进行进一步的整合和优化。

（二）体育教学内容过于单调

体育竞技项目的教学内容十分单调，强调的是技术与动作的训练，难度较大且缺乏锻炼性，教材也相对较为死板，无法吸引学生的注意力。大多数的体育教学都呈现出既不符

合学生兴趣，又不满足促进身心健康发展的目标。另外，在实际的体育教学过程中，体育教学内容与实际的体育活动相差太大，教材内容中民族性与生活实际性关联严重不足。新课标已经对体育教学的内容给出了建议，在实际的教学过程中，应从学生的发展需求与实际情况出发，结合学生表现出来的特点，全面地、多角度地选择多样化、个性化的体育课程内容。引进少数民族传统体育，使得教学内容更加丰富，将多样性、娱乐性以及健身性和兴趣进行统一，不断吸引学生的视线，使他们积极地投入体育教学中。

第五章　体育的基本认识

第一节　体育的概念

体育是伴随着人类社会的发展而逐步建立起来的一个专门的科学领域。体育的概念存在着广义和狭义之分。

体育的广义概念是指以身体练习为基本手段，以增强人的体质、促进人的全面发展、丰富社会文化生活和促进精神文明为目的的一种有意识、有组织的社会活动。体育是社会总文化的一部分，它的发展受到一定的社会政治和经济的制约，并为一定的社会政治和经济服务。

体育的狭义概念是指以发展体力，增强体质，传授锻炼身体的知识、技能，培养道德和意志品质的教育过程，是对人体进行培养和塑造的过程，是教育的重要组成部分，是培养全面发展人才的一个重要方面。

体育拥有悠久的历史，经历了一个漫长曲折的过程，而且还远远没有结束。伴随着人类文明的进步和社会的发展，体育本身也在不断地完善和发展。人类为了追求更加美好、舒适的生活，对体育有着不同一般的期望，期待着它能带给自己健康、力量、和谐与美，这是现代人的美好追求，同时也是当代大学生的共同心声。下面我们以体育发展的历史为基础，以体育概念的演进为线索来认识体育。

在古代的文献著作中我们可以了解到，古代的希腊和欧洲描述当时的体育活动用竞技、运动、训练、体操等，中国古代描述当时的体育用养生、导引、习武、尚武等词，这是古代描述体育相类似的词汇。到了近代，随着欧洲的工业和教育的发展，掀起了户外运动的热潮，一些学者开始整理身体活动中的术语，编制身体练习方法，进一步使用“体操”概念，形成基本的“体操”练习体系。

“体育”作为直接意义的概念，是随着教育而发展的，提倡“三育”（道德、知识、体力）并重，“体育”一词在学校教育中得以广泛使用并传播开去，并逐渐取代了其他意义相近的词语。

随着社会的发展，特别是现代社会体育现象的发展，“体育”一词有了更丰富的内涵，依据人和社会的需要，组建了非常丰富的体育类词组，形成了庞大的体育概念体系。概念是反映物质本质属性的思维形式，也就是说概念必须反映事物的本质属性，而本质属性是必须具备的，可作为该事物标志的属性。人们往往通过定义来揭示概念内容，反映对象的本质属性，由此我们来认识体育的几个基本概念。

在《现代汉语词典》中，对“体育”一词是这样解释的：①以发展体力、增强体质为主要任务的教育，通过参加各项运动来实现；②指体育运动，即锻炼身体增强体质的各种活动，包括田径、体操、球类、游泳、武术、登山、射击、滑冰、滑雪、举重、摔跤、击剑、自行车等各种项目及广播体操、散步、打太极拳等健身活动。“体育”一词虽有两种不同的解释，但由于《现代汉语词典》对“体育”这一词条多年没有修订，所以其解释并不适用于今天。事实上，随着现代社会的发展，目前体育的主要任务早已超出了仅仅是发展体力、增强体质的范畴。目前，体育的主要任务是促进身心健康全面的发展，培养终身体育能力。目前，包含身体锻炼、游戏、竞争要素的各种身体运动都是体育。总之，体育是包含身体锻炼、游戏、竞争要素的身体运动的总称。期望现代学校的体育教学能不断提高大学生对它的认识，使大学生能够主动参与，并尽情享受体育带来的无穷乐趣。

第二节　体育的组成及各部分间的关系

现代社会体育在不断地完善和发展。体育产生之初就含有丰富的内容，它的发展并不孤立的，是人类本身和社会的需要。生产力和科学技术的发展和运用，又为体育的发展提供了良好的条件，使体育从发展之初到现在形成了为大家所重视的现代体育，所以它被人们公认为文明的窗口、科学和进步的标志。

一、体育的组成

体育由学校体育、竞技体育和群众体育三部分组成。

（一）学校体育

学校体育是学校教育的重要组成部分，同时也是全民体育的基础。它作为教育和体育的交汇点，又是国家体育事业发展的战略重点。它是按照学校的育人规律，围绕增强体质这个中心，在教师的指导下，有组织、有计划地传授体育知识、技术和方法，使学生的身体素质和运动水平得到全面的提高，并与德、智、美三者相结合，培养学生的道德和意志品质，令学生成长为德、智、体、美全面发展的高素质专业人才，并能更好地适应现代社会。

中国的学校体育发展可以追溯到奴隶社会的西周时期，当时的教学内容中的“六艺”指的是礼、乐、射、御、书、数，其中就包括进行军事技能和身体训练的“射”“御”以及包含娱乐、舞蹈等内容的“礼”“乐”等，这些都是我国学校体育的雏形。欧美人在清朝末年的时候把现代体育带到我国，新中国成立后，随着社会主义建设事业的发展，学校体育出现了焕然一新的局面。伴随着改革开放，学校体育在快速发展，同时国家对学校体育也特别重视。1949—1975 年，教育部设立了体育指导处，国家体委设立了群众体育司，让学校体育的发展有了保障，这个阶段学校体育的教育思想、理论、教学内容和方法以及课程的结构都是效仿苏联的。如 1945 年 5 月 4 日指定颁布的《准备劳动与保卫祖国体育制度》（简称“劳卫制”），就是学习苏联的《劳卫制》所指定的。1958—1976 年，我国经历了“大跃进”和“三年经济困难”以及“文化大革命”，学校体育出现了停滞或倒退。1978—1991 年，我国颁布了学校体育工作的指导性、纲领性文件《学校体育工作暂行规定》，重新修订了《国家体育锻炼标准》，这些政策和措施都极大地促进了学校体育的发展，为后期的学校体育改革奠定了思想、理论、经验基础。

（二）竞技体育

竞技体育亦称竞技运动，是指在全面发展身体素质的基础上，同时深层挖掘体力、智力、运动才能，以取得优异成绩为目标而进行的科学训练和竞赛活动。其特点是技能性高，竞争性强，有严格的规则和场地要求。竞技体育是人的智能、运动才能的极限表现形式。由于竞技体育极易吸引广大群众，极富感染力又容易传播，其在活跃社会文化生活，振奋民族精神，提升国际威望，促进各国人民之间的友谊、团结和交流等方面都有着积极的作用。竞技体育包括运动训练和运动竞赛两种形式。其特点包括：积极的对抗性和竞赛性；充分调动和发挥运动员的体力、智力、心理等方面的潜力；参加者拥有充沛的体力和高超的技能；按照同一竞赛程序，规则具有国际性、权威性，而成绩也具有公认性。

（三）群众体育

群众体育亦称大众体育或社会体育，是以健身、娱乐、休闲、医疗和保健康复为目的的体育活动。由于它吸引的对象主要为一般群众，其中包括男女老幼，活动领域遍及各个家庭乃至整个社会，所以被称为活动内容最广、趣味性强、参加人数最多的一项群众体育活动。它作为学校体育的延伸，可使人们的体育生涯得以延伸。

群众体育开展的广泛性和社会化程度，在一定程度上取决于国家的经济水平、人民的生活水平的提高、人们闲暇时间的增多和社会环境的安定。从发展趋势来看，群众体育规模不亚于竞技体育，大有成为第二大国际体育力量的趋向。随着《全民健身计划纲要》的推行和落实，我国的群众体育正在蓬勃兴起和发展。当前由于国民的体育意识慢慢提高，参加身体育锻炼的人数也逐渐增多，与此同时，国家机构、企业、学校以及社会组织的不同规模的群众性体育活动十分活跃，从而带动了更多的人参加体育运动。目前，各种“康复中心”和“健身俱乐部”的兴起，也正在吸引着大批体育消费者在“花钱买健康”观念的驱动下参加到健身体育活动当中，这一切都表明群众体育活动有着广泛的群众基础和发展潜力。

二、学校体育、竞技体育、群众体育之间的联系与区别

学校体育、竞技体育、群众体育三部分之间既互相联系又互相独立。每部分有其独特的结构、功能、运行机制、运行规律和管理体制，同时也存在互相影响制约的内在联系。

（一）竞技体育、学校体育促进群众体育的发展

竞技体育通过吸纳群众体育中出现的竞技体育人才，从而推动群众体育的发展，同时以它特有的魅力对群众体育起激励、促进和示范作用，帮助人们实现由体育观赏者到体育参与者的转化。现实中有许多体育锻炼者都是竞技体育观赏者，都有从观赏者向参与者转化的经历。

学校体育为群众体育提供坚实的基础，其影响作用更直接明显。学校体育质量的好坏直接影响体育人口的数量与质量。良好的学校体育教学，使学生在校期间建立了正确的体育观念，形成了终身体育意识、兴趣、习惯与能力，进入社会后就能主动积极融入群众体育，成为稳定的体育人口，有利于群众体育的发展。

（二）群众体育对竞技体育与学校体育的积极影响

1. 群众体育对竞技体育的影响

良好的群众体育可以给竞技体育的发展创造良好的社会文化环境，为数众多的体育爱好者和支持者观赏比赛时给予的热烈的掌声和助威呐喊，都给运动员强烈的感染与震撼，激励鞭策他们刻苦训练、顽强拼搏、勇攀体育竞技高峰，促进竞技体育向更高的方向发展。离开广大体育爱好者的支持与关心，竞技体育也将失去发展的动力。

群众体育又是挖掘优秀竞技体育人才的源泉，群众体育开展得好，就能够发现更多更优秀的体育人才，避免人才浪费。

2. 群众体育对学校体育的影响

群众体育包括社区体育、家庭体育。丰富多彩的社区体育活动，良好的家庭体育氛围，对青少年体育意识、兴趣、爱好的培养有着潜移默化的影响。群众体育发展得好，能为孩子们提供体育活动的时间、空间与条件，从而促进学校体育的发展。因此，群众体育是学校体育发展依赖的必要环境条件。

群众体育不仅为学校体育发展提供必要的环境条件，同时，也为学校体育改革提供指导。传统体育是一种封闭式体育教育，只注重技术传授和体质增强，不能与群众体育沟通、联系，导致学生毕业后不再参与体育活动。而群众体育的发展要求是人人参与体育，并提倡终身参与，形成一种新的体育生活方式。因此，群众体育的发展必然对学校体育提出更高的要求。群众体育的发展既为学校体育发展提供了良好的外部环境与发展契机，也对学校体育寄予厚望，学校体育要实现与社会体育的接轨，必须加大改革力度。

第三节　体育自身的功能及其社会功能

就其本质属性来说，体育有它自身的功能。它的功能与社会的政治、经济、教育相结合，产生功能更大的社会功能，为社会所用，为社会谋利益做贡献。随着科学的发展，各相关学科对体育的渗透及在体育领域中的运用，使体育不仅在改造人类自身体质方面的功能日趋科学化，而且使体育与政治、经济、文化、教育、军事等方面的关系日益密切。社会的发展，人类的需求，体育交往的频繁，使体育的社会功能发挥出更为巨大的作用。

体育的本质是促进人的身体向健壮的方向变化，因此，体育自身的功能主要表现在健身、医疗保健、娱乐等几个方面。体育的社会功能可以归纳成 5 个方面，即教育功能、社会感情功能、竞争意识功能、政治功能、经济功能。

一、体育自身的功能

（一）健身功能

体育是通过身体运动的方式进行的，这是体育最本质的特点，它决定了体育具有健身功能。人体机能适应变化的原理、遗传与变异的关系，从不同的角度科学论证了体育对强身健体、增强体质、增进健康、延年益寿的特殊功效。“生命在于运动”是一条已被证明的法则。

（二）医疗保健功能

我国古代有不少关于锻炼理论的论述。如《吕氏春秋·尽数》中提出“流水不腐，户枢不蠹，动也。形气亦然，形不动则精不流，精不流则气郁”；东汉末年的华佗也提出了“动摇则谷气得消，血脉流通，病不得生，譬如户枢不朽是也”，他总结继承了当时“导引”方面的经验，以虎、鹿、熊、猿、鸟 5 种禽兽的动作创编了一套保健体操“五禽戏”用来防病治病。宋代的健身操“八段锦”、明清时代的“太极拳”以及后来的“保健功”“大雁功”等都是在对体育的医疗保健功能有了深刻认识的基础上发展起来的。随着科学技术和经济的发展，人类的体力劳动随之减少，用机械取代，而脑力劳动相应增加。现代化生活的膳食结构中肉类食品增多，对人的身体健康带来了严重的威胁。由于运动不足和其他原因而造成的“神经衰弱”“肥胖症”“高血压”“心脏病”等现代文明病的发病率显著上升，这使人们深感忧虑，于是纷纷从事跑步、步行、舞蹈、武术等体育活动来锻炼身体，提高健康水平。在现代社会中体育的医疗保健功能已日趋突出和重要。

（三）娱乐功能

体育运动娱乐功能的客观依据是为了满足人们的精神需要。根据马克思关于人的需要的理论，把人的需要分成生存需要、享受需要和发展需要三个方面。体育以它特有的娱乐性，吸引着越来越多的人，成为人们一个必不可少而饶有兴趣的活动。现代体育，特别是竞技运动，其技艺日益向难、新、尖、高的方向发展，使健、力、美高度地统一起来，产生一种赏心悦目的体育运动之美。人们在紧张的工作和劳动之余，通过观看体育比赛，可以松懈神经、调节心理，这不仅有助于疲劳的恢复，而且可以减少精神上的压力，也是一种享受。现代奥运会的创始人顾拜旦在他的《体育颂》中，满腔热情地歌颂了体育的娱乐功能："啊，体育，你就是乐趣！想起你，内心充满欢喜，血液循环加速，思想更加开阔，条理更加清晰。你可使忧伤的人散心解闷，你可使快乐的人生活更加甜蜜！"的确，体育是一种最积极、最健康的娱乐方式，它能满足男女老幼的精神需要。

二、体育的社会功能

（一）教育功能

体育是社会文化教育的内容。体育的教育功能主要表现在它已被世界各国纳入教育体系之中。古今中外的学者都认为，各种身体活动的游戏是教育的重要内容，可以促进孩子的生长和发育，增长知识、陶冶情操、培养优良品德。青少年正处于长身体、长知识的阶段，也是人生观、世界观形成的关键时期，体育独具一格的教育功能，表现在培养他们掌握科学锻炼身体的知识与方法，促进身心全面发展方面，在培养他们的道德和意志品质、行为道德准则与规范以及爱国、爱集体的优良品质方面都具有极其深远的影响。

（二）社会感情功能

体育的社会感情功能与人的社会心理稳定性密切相关。所谓心理稳定性，是指人的心理与社会的一致。在一般情况下，由于传统教育、宣传、习惯等各方面的社会影响，人们总会产生和形成与社会一致的心理，反映为个体的需要与社会的需要基本一致，以这些需要为原动力，可以使人们努力工作，遵守社会原则，为社会做出贡献。但是，有时因种种原因不可避免地会导致某些人心理的失调，而产生一种变态的心理。由于体育有竞赛性，竞争有对抗性，对抗的结果有不确定性，因此，它能引起社会的广泛关注和吸引人们的兴趣，引起人们在感情上的共鸣，从而使人的某些心理不平衡状态得到调整。体育运动既是一种物质力量，又是一种精神力量，它能促进民族团结，振奋民族精神，增强爱国精神，在促进社会主义两个文明建设方面有着重大作用。

（三）竞争意识功能

竞技体育的一个突出的特点是激烈的竞争，这种竞争登上世界性的舞台上，就具有广泛的国际性。国际性的比赛关系着一个国家的荣辱和民族形象，在人们的思想感情上会产生强烈的反响。人类的生活如同竞技场上的比赛，从自然环境到人与人的竞争，无一不是在竞争中不断完美和超越自我。无论是欣赏还是参赛，运动场无疑是为人们在生活中即将发生的竞争提供的预演场所。许多哲学家早就把运动场当作社会的一个缩影，运动场本身就是一个特殊的社会环境。

（四）政治功能

体育作为上层建筑的一部分，与政治关系密切，被政治指导，为政治服务，主要表现在以下几点。

1. 振奋民族精神，为祖国争取荣誉

体育运动竞赛的胜负直接关系到国家的荣辱，因此，重大的国际比赛往往举世瞩目，各国人民都像关注自己国家的前途和命运那样关注着比赛的胜负，从而使比赛带有政治意义，富有民族色彩。

2. 发展国际交往，增进各国人民之间的友谊

通过国际体育交往，可以加深各民族之间的了解，加强国际合作和文化交流，增进各国的团结。体育比赛把不同政治观点、不同肤色人种、不同民族的人民聚集在一起，通过比赛来发展国际友好关系。所以，运动员被誉为“穿运动衣的外交家”，由此可见，体育在沟通国际关系、打开外交通道方面具有积极的作用。

3. 体育可作为外交斗争的一种政治手段

古代奥林匹克运动会的精神是和平与友谊，所以在奥运会期间停止战争。在现代国际体育比赛中，体育经常被用来作为反对或抵制某一国家、某一项活动的政治手段。1980 年，美国等西方国家以抗议苏联入侵阿富汗为由抵制莫斯科奥运会。1984 年，苏联、民主德国等国家以安全问题为由宣布不参加洛杉矶奥运会，这些事件都有着明显的政治背景，都是出于外交斗争的需要，运用体育手段采取的制裁措施。

4. 体育有加强民族和睦、人民团结的政治功能

体育运动具有群众性的特点，它能增加群众聚会的机会，使人们在这些活动中加强人际交往，促进人民之间、家庭邻里之间、集体之间、民族之间的了解，共叙情谊，加强团结，同心协力共建国家，全国性的运动会是各族人民大聚会大团结的象征。在一个多民族的社会主义国家中，各民族一律平等，在全国运动会上，各省、市、自治区都派出自己的代表团来参加，各民族运动员欢聚一堂观赏各种表演，接受这民族大团结的生动教育。

在促进祖国统一大业方面，台湾以中国台北名义参加各项国际体育组织，为海峡两岸运动员接触提供了条件。在大型体育比赛中，海峡两岸的运动员同台竞争，表演技艺，共叙情谊，交流经验，互相鼓励，消除隔阂和误解，增进了解。在完成祖国统一的神圣使命中，我国体育将会做出更多的贡献。

（五）经济功能

现代生产结构的改变也引起人们生活结构的改变，人们的物质生活富足了，闲暇时间

增加了，对文化生活的追求也就强烈了。因此，体育活动成为人们生活内容的一部分，成为强身健体、丰富文化生活的一种手段。除了传统运动项目外，旅游体育、娱乐体育蓬勃兴起，更多的体育项目应运而生，竞赛活动日益频繁，促使体育在人们消费结构中占有一定的位置，使体育适用于价值规律，获取经济收入，开拓经济功能成为可能。第三产业的兴起，使体育也可开辟服务项目，开展技术辅导，组织生产体育器材、运动服装，举办旅游体育、娱乐体育活动，并与饮食、交通、旅游等业务结合起来，开展综合经营、综合性服务，获取经济利益。

例如，比赛具有聚集亿万观众的吸引力，运用这个特点，可以广开渠道，如收取电视转播费、商业广告宣传费、商品出售专利费、发行纪念品……获取巨额经济收入。奥运会组织者利用这个特点，不仅成功地举办了耗资数亿元的奥运会，而且还有盈余，这是奥运会史上的一个创举，开创了民办世界奥运会的先例，为开发体育的经济功能做出了榜样，被各界称颂。

人类社会文明程度的提高也诱发了现代文明病。同时，工业化程度进一步提高导致环境污染加剧。这些由于社会发展所带来的不良结果，已在某种程度上对人类的健康与正常的生活构成潜在危害。为此，时代赋予体育教育以新的历史使命，并产生许多新的要求，在客观上要求我们必须突破传统体育教育价值观，从更加丰富的层面看待体育教育与人的发展以及社会发展之间关系，理应把“促进学生身体健康”的传统体育价值观同“学会生存的必要知识和技能”这一新的教育价值观有机地结合起来，建立一种符合新时代要求和现代社会发展形势的全新体育教育价值观。

体育教育和学校教育应该相互配合与合作，致力于实现让人类更好地生存这一新诉求，使体育更好地为满足人类生存的多重需要和改善人类生存状态服务。

第六章　中外体育教学理论的发展与比较

第一节　国外体育教学理论的发展

近代是国外教学理论的形成时期。从 14 世纪开始到 17 世纪初期的文艺复兴时期，资产阶级革命和工业革命的发生是这一时期教学理论发展的社会背景。17 世纪欧洲从封建社会向资本主义社会过渡过程中，捷克著名教育家夸美纽斯出版了教学论史上划时代的著作《大教学论》，它是近代西方第一部独立的教学理论著作。夸美纽斯认为："身体是灵魂的住所，一旦住所坏了，灵魂便立刻离开了这个世界。身体患病了，精神也会患病，所以，身体要免于疾病和死亡，就得尽量注意身体，以使健全的精神寓于健全的身体。"他还提出了养生之道的若干原则，这就是有规律地节制生活，尤其是适量的饮食、体育运动，必要的睡眠与休息。法国著名启蒙思想家、教育家卢梭强调身体锻炼对以后的体育教学理论与实践的发展产生深远的影响。他于 1762 年出版的《爱弥尔》揭开了西方教学思想中个人主义价值取向的序幕。卢梭之所以强调锻炼身体，首先是因为他认为锻炼身体、强健体魄是他的教育目标——"自由、独立的人格——所不可缺少的素质；其次他认为身体是精神陶冶的基础，身体强健，精神也健康。卢梭主张教育应"回归自然"，顺应人的本性，按客观自然规律进行教育，按兴趣爱好组织运动，使身心得到自由发展。他重视利用自然条件来锻炼人的肢体和感觉，培养其意志，使之学会各种生活技能和适应各种变化。瑞士教育家裴斯泰洛齐进一步发展了几代教学论思想，他主张教育的目标是要造就具体化的有自力更生能力的人、具有独立自主能力的人，他主张根据自然的法则去开发这种人类本性的力量，提出体育手段的多样化以达到使青少年身体全面发展的思想。他指出："有人主张单独教授单项技术，也有人充任舞蹈、击剑和骑术的教师。可见，就连体操专家也竟然多半在教授单一动作，而不改善人的整个身体发展状况。由于这个原因，这些人的活动不能认为是真正的体育，而只是舞蹈、击剑或骑马的传授……"德国教育家古茨牟斯一生的职业是教师，他为人类的体育教育的形成与发展做出了很大的贡献。当时在德国只是把体育当作维持健康的一种措施，体育在人体发展上的教育作用常常被忽视。当时的体育主要是从卫生的角度来考虑的饮食、衣着、空气、日光、散步和旅行等养生之道，不包括当前这样多的身体运动技术的内容。古茨牟斯认为，体育以保养为目标是不充分的，更重要的是增强体力，提高运动技能，培养良好的性格，从这里可以看出现在我们通常所说的体育教学的三项任务，这个思想体系大概是古茨牟斯在 18 世纪后期提出的。古茨牟斯主要的贡献是对身体教育提出了一系列运动教学的内容和方法。他在《少年体操》中系统地阐述了体操理论与方法，论述了身体训练和体操的意义、重要性、目的、效果等，并试图将体育教学理论及其实际问题同生理学、解剖学理论结合起来。把体操列入学校正规课程的一部分、获得社会承认的是施皮斯，其终身职业是体育教师，因为他的主要贡献是在学校体育方面，所以被称为“德意志学校体育之父”。他继承和发扬了古茨牟斯的运动教育的思想，他将多年的中小学体育实践经验进行了理论加工，形成了一整套体育教师必备的著作。施皮斯的体育著作《体育论》共分四卷：徒手体操、引体向上运动体操、支撑运动体操、集体运动体操。他最重要的贡献是根据男女性别和年龄造成的能力差异，选择和安排适当的运动，并把体操列入所有年级的体育课。施皮斯从 1833 年开始确立了运动规格和体系，即把身体运动动作规格化和系统化。施皮斯的体育教育理论在西方应用了一个世纪，即从 19 世纪 30 年代到 20 世纪 30 年代。到 19 世纪中期，近代体育教育有了较大的发展，丹麦政府于 1809 年规定中等学校设置体操学科，对各国体育教育都有很大影响。这一时期体育教学理论迅猛发展，但尚不完备，逐渐从其他学科吸取新的研究成果，为体育教学理论研究开辟了新的道路。

随着科学技术的发展和提高，心理学、生理学、社会学、法律学等经验学科逐渐兴起，这些学科的知识和研究方法，对体育教学理论的发展起了巨大的作用。第一，随着生理学的发展，人们逐渐意识到应不断对身体练习重新检查和加以发展。第二，体育是早期协调发展人的重要手段，只有协调发展的人才能以最少的经历并在最短的时间内达到最高的生产率。第三，协调发展的基础是人的体力和智力的统一，这种发展是受意识的主导作用而实现的。第四，体育教学的实质是部分的传授历史过程中积累的教育素材。第五，“体育教养”制度只有建立在科学的基础条件下，身体才能获得正常发展。第六，从“体育教养”科学制度中吸取的教学素材并不包括知识宝库的全部内容，而仅仅包括易于在学龄期掌握的动作形式，并适合于学生运动与发展的项目，如步行、跑步、跳跃、投掷、摔跤、自由体操、游泳和旅行活动。第七，体育发挥的是教育规律的功能，在教学过程中应当极其注意循序渐进、持之以恒、年龄特点和顺序原则。

高尔霍费尔，奥地利人，他的主要著作有《奥地利学校体育概要》《自然体育》《新学校体育》《少年体育》等。他主张体育活动应注意儿童的生理、性别特征及儿童锻炼的限度，强调儿童要进行自然的运动。此外，还要注意儿童、少年在心理和审美方面的要求。他将身体锻炼、卫生教育、娱乐教育都容纳在自己的身体教育体系之内，形成了当时最为完善的身体教育体系。

进入 20 世纪以来，由于世界范围内的生产力水平的不断提高，文化教育与科学技术的发展向传统教育提出了挑战，促使教育家去探索新的教育与教学理论，开展新的教育与教学变革。于是，欧美等国开始创办新型的学校，改变传统的教育与教学模式，重视实用知识的传授和实际技能的训练，在教育领域进行教学改革。最早提出体育教学法的是瑞典体育教师斯卡斯特罗姆，他在1914年出版了《体育教学法》。美国哥伦比亚大学威廉姆斯博士1927年的著作《体育原理》是这一时期体育教学理论的代表，其主要论点基于当时美国杜威的实用主义教育哲学的“自然体育”的思想和方法。“自然体育”特别强调：体育即生活，体育即教育，体育要适应人的生理及心理特征等，使学生生活丰富、满足。自然体育所形成的一整套概念、理论和方法，成为19世纪20—40年代体育教学理论的主导思想。20世纪40年代，马克思主义教学论诞生，这是教学论发展史上一次革命性的飞跃，是在苏联十月革命后社会主义条件下形成的。教育学家凯洛夫在1939年出版了《教育学》，其理论建立在马克思主义哲学的基础上，以培养全面发展的新人的学说为基本原理，逐步形成了苏联教育教学理论体系。凯洛夫在《教育学》中对教学的基本理论进行了全面阐述，从教学的指导思想到对教学原则、教学过程的剖析都在很大程度上影响着体育教学体系的构成。

第二节　中国体育教学理论的发展

一、中国古代体育教学理论的产生

知识的增长和研究方法的更新使近代每一门学科的研究逐步深化，出现了新的研究领域，从而诞生了新学科。在我国，体育教学理论研究大致可追溯到20世纪初期，而我国对体育理论进行系统化研究并作为一门真正的学科出现，开始于20世纪70年代。科学技术的迅猛发展，对培养人才提出了更高的要求。体育教学理论的研究非常活跃，从研究方法到研究内容都有许多创新。在国外，教学流派林立，体育教学理论的研究已达到了一个新的水平。我国自改革开放以来，体育教学改革试验和教学理论的研究也非常活跃，开始形成了具有中国特色的体育教学理论。历史学家与考古学家的研究资料表明，人类最少有两三百万年以上的历史。体育作为获取生存所必需的物质财富活动之外的一个社会活动特殊范畴，产生于原始社会的晚期，其训练的内容是多方面的，其中包括许多身体运动能力等方面的训练。例如，从事畜牧业的民族，骑马和骑马围猎是人们主要的谋生本领，因此青年们必须接受这方面的训练；在农业村庄，人们感兴趣的是摔跤、举重、舞蹈和养生术等，青少年则以学习这些内容为主。当时体育教育的最初内容就是通过成人接纳仪式而进行学习和训练。当然，不同的地域、不同的历史时代，体育教学的内容、形式都各有差异。孔子的教育过程理论是中国古代传统的教学过程理论的开始。他的某些教育思想对体育教学也有着巨大的影响和指导作用。在孔子的教育理论体系中，教学过程是学与习的结合、学与行的结合。循循善诱，因材施教，在体育教学中充分体现出了这个特点。《论语》开卷的一句话说：“学而时习之，不亦乐乎？”这段话从方法指出，学必须“时习”，学而时习，才能对所学有所体会，感到无穷乐趣。孔子所推崇的“六艺”，也非常重视人的身体发展，为中国的体育教学做出应有的贡献。

二、中国近代体育教学理论的发展

近代中国体育教学理论是指 1840 年到 1949 年在中国流行和实施的体育教学理论。1840 年鸦片战争以后，中国逐渐由独立自主的封建专制国家演变为半封建半殖民地国家，中国的教育也进入了近现代时期。在体育教学思想领域中，各种教学思想、理论经过冲突、融合，出现了新的特点。

1. 资产阶级改良派的体育教学思想

康有为是近代资产阶级改良主义教育家，他的体育教学思想集中反映在《大同书》中。他主张：第一，各级学校都要注意卫生、体育设备及环境布置，即在各级学校都应当实施近代体育并为其创造物质条件。第二，要特别重视少年儿童的体育。他认为少年儿童的身体强弱关系到终身健康，儿童阶段应把体育放在第一位。在实施儿童教育的过程中，他主张对儿童不要完全放纵。

梁启超由于接受了西方的学术思想和教育思想，他提出：“德育、智育、体育三者，为教育上缺一不可之物。”他特别赞赏古希腊斯巴达人的军国民体育，在其《论教育当定宗旨》中指出：“其宗旨在使斯巴达为全希腊最强治国，故先使全国人为军国民，……惟其以尚武为精神也，故专务操练躯体，使之强壮。”他可能是最先向中国介绍西方的军国民体育思想的人。

严复是近代资产阶级启蒙思想家，他在 1895 年所写的《原强》中根据进化论原理，以及“体”“用”统一的思想，积极主张运动强身，强调力、智、德三育为强国之本。

在这一时期，资产阶级启蒙思想家比较系统地介绍西方文明到中国来，因而第一次从全国教育角度把西方体育教育引入中国，并且有了初步的实践。

2. 新文化运动中先进人物的体育教育思想

五四运动期间，中国兴起了反封建主义，宣传民主与科学，提倡文学革命的新文化运动。一些进步的体育思想理论对我国体育教育产生了深刻的影响。

蔡元培在 1912 年发表了《对教育方针之意见》一文，提出应实行五种教育，即军国民教育、实利主义教育、公民道德教育、世界观教育和美感教育。1920 年 12 月，在《普通教育和职业教育——在新加坡南阳华侨中学等校欢迎会的演说词》中，他强调：“所谓健全的人格，内分四育，即体育、智育、德育、美育。这四育同样重要，不可放松一项。先讲体育，在西洋有一句成语，叫作健全的精神，宿于健全的身体。足见体育的不可轻视。”他强调了体育的重要，并精辟分析了运动竞赛和体育健身二者的关系，指出：“体育要发达学生的身体，振作学生的精神……其实体育最要紧的，是合乎生理。”从蔡元培的体育教育思想可以看出，蔡元培接受了西方全面教育思想，把体育作为其中一个重要内容，并针对中国当时的形势，提倡军国民教育，试图用教育救国，用体育强国。

1917 年 4 月，毛泽东以“二十八画生”的笔名发表了《体育之研究》，针对当时中华民族体质衰弱，而提倡体育者多不知“体育之真意”的情况，运用近代科学知识，对体育的各项基本问题进行了精辟的分析和研究。文章强调指出：体育的目的，不仅在于养生，还在于卫国，体育的效用在于强身健体、增知识、调感情、壮意志。文章正确地阐述了体育与智育、德育的辩证关系，指出：“德智皆寄于体，无体是无德智也”，对少年儿童应特别“注意于身体之发育”，学校“宜三育并重”。同时，还以古今中外丰富的典籍和人物当作例证，科学地阐述了体育运动的原则、方法及注意事项，论述了身体与精神、体强与体弱、锻炼与养护、客观不利条件与主观努力之间的辩证关系。《体育之研究》发展和丰富了我国体育教育理论，代表了当时先进的体育思想及主张。

第三节　国外与中国体育教学理论的比较

一、中西体育文化历史根源的相似性

1. 中西方体育都曾是依附宗教文化的体育

在中国农业社会里，宗教思想禁锢着人们的思维，人们的价值选择和价值判断也依附于宗教且根深蒂固。中国很多的民族传统体育活动，如“摆手舞”“茅古斯舞”“划龙舟”“东巴跳”“绕三灵”等，在远古时期只是作为该民族图腾崇拜、祭奠祖先时进行宗教祭祀活动的一种仪式。而作为西方体育发源地的古希腊，在克里特时期出现的体育活动，如角斗、掷石饼、赛跑、跳跃、拳击、赛车和舞蹈等，也同样是宗教祭祀、国家庆典中的一种活动形式。因此，中西方体育在远古都是依附于宗教的一种祭祀礼仪和活动形式。

2. 中西方体育都曾是强调群体本位的体育

中国自古以来的文化传统就是主张群体本位。在这种哲学理念和社会关系中，个人不能作为一个独立的实体存在，个人依附于群体，群体主宰着个人。儒家伦理对人生的目的和任务提出“修身、齐家、治国、平天下”的要求，个人的修身只是作为手段而存在，个体只是作为群体的附属物而存在，国家的治理和天下的太平才是最终的目的。

古希腊生活中的一个基本原则就是国家优先于个人，个人从属于国家。亚里士多德根据希腊城邦生活的经验指出：“城邦，在本性上则先于个人和家庭。”这种城邦（即国家或社会）至上的集体主义原则在柏拉图的《理想国》中体现得更为淋漓尽致。因此，现在既具有独立文化形态，又作为社会文化重要组成部分的中西方体育，在远古都是强调群体本位的体育。

3. 中西方体育都曾是内敛的体育

中世纪以前的西方体育文化和中国传统体育文化极其相似，都是一种内敛的体育文化。中国传统体育文化从文化结构上理解，应该是依附于宗教、感性至上、强调群体，隶属于中国传统文化的体育文化。而古希腊克里特时期的体育活动，虽然在活动形式上具有多样性，甚至出现初期的竞技性倾向，但是基本浸渍在宗教文化之中。此时的体育活动以游戏、风俗习惯、宗教为主题，表现出明显的娱乐性、传承性、神秘性、神圣性等。而初期的竞技性倾向也由于四次大地震和火山爆发等自然灾难及社会的变迁，发展得十分缓慢。因此，现在既具有独立文化形态，又作为社会文化重要组成部分的中西方体育，在远古都是特性内敛的体育。

二、社会演变过程中中西体育文化的差异性

在漫长的历史长河中，由于中国大部分时间处于一种闭关自守的封建状态，这就决定了中国体育文化依然以农业文化形态为主体。相比之下，西方自文艺复兴、宗教改革和思想启蒙运动以来，社会发生了重大变革，商品经济成为社会的经济基础。与之相适应，西方体育开始逐渐摆脱落后状态，进入工业文化形态，并正在向后工业文化形态过渡。在这两种截然不同的社会背景下，中西体育文化的核心理念和价值取向也具有显著的差异性。

1. 中西体育文化核心理念的差异性

中国体育文化的核心概念表现在“利他”性。“仁、义、礼、智、信”的对象都是他人，不是自己，这是一种纯粹的以他人为中心的做人做事原则，突显了中国人自身更注重和谐的人际关系。而西方体育文化核心内容则表现了“利我”性。“勇敢、竞争、自由、平等、节制、谨慎”的对象都是自己，没有他人的位置，是一种典型的以自我发展为中心的做人做事原则，突显了西方人同样重视处理自己与整个社会的秩序问题。西方在竞争为贵、物竞天择、适者生存的传统价值观影响下诞生了以个体为本位的体育思想。因此，西方人在从事体育活动时坚持个人主义，提倡个性解放，尊重个人权利，重视契约关系。

2. 中西体育文化教化原则选择的差异性

中国体育文化价值选择以“乐行而礼成”和“经世致用”为教化原则。这表明中国古代体育文化主张利用体育活动修身养性，将体育活动纳入治心、修身、为国、观人的教化过程中。正是基于这种认识，具有实用价值和有利于完成个人道德修养构成了中国古代选择个人体育活动的两个基本原则。

西方体育文化价值选择以充分尊重人的自由意志、张扬个性为基本原则。西方文化强调激发和释放人类的创造潜能，这种追求个体美、个体自由意志的思想境界和尊重人性与人的自由意志也成为西方社会选择体育手段的重要原则。可见，无论是古希腊和罗马的竞技运动，还是发展到近代的户外运动乃至现代运动，西方体育运动始终强调了人的自我价值的实现，追求个体自由意志，注重竞争而不是伦理。

3. 中西体育文化参赛原则选择的差异性

在以儒家思想为思想主流的古代中国，重视的是仁、义、礼、乐而非身体运动本身，倡导的是人（君子）之间以礼相待的规范而非突出个体力量的竞争精神。在这种重道德轻肉体的观念主导之下，中国古代体育形成了“射不主皮，力不同科”的参赛原则。这说明了以孔子为代表的儒家思想重视使体育尤其是古代军事体育为仁、义、礼、乐服务。

而与此相反，西方体育文化所彰显的则是自由竞争的参赛原则。古希腊思想传统主张人可以认识自然，征服自然，向大自然挑战。那个时候的人们清楚地意识到自身与自然的差异、对立和矛盾，并力求克服这种矛盾。

4. 中西体育文化竞技观的差异性

从审美情趣来看，中国人崇尚超人的智慧和完美的贤德，中国人讲的形体美，首先是“生而长大”，即父母给定的而不是后天练就的；其次是讲貌美与神韵。而在希腊人眼中，理想的人物不是善于思索的头脑或一个感觉敏锐的心灵，而是血统优良、发育健全、肢体匀称、身手矫捷、擅长各种运动的竞技家。古希腊对力的崇拜与对肉体的赞美构成了西方体育文化竞技观的基础。

中西体育文化中不同的价值理解影响着体育活动中的竞技观，不同的竞技观影响着人们对活动方式的选择，从而形成不同类型的基本运动模式。西方重视体格，赞颂力量，其主要运动竞赛大都属角力、跳跃、拳击、赛跑、掷铁饼等力量型的运动，其竞赛以展示体能的高低为特征。而中国运动方式大多呈技术型，就是在力量型的竞赛中也崇尚“四两拨千斤”的技巧，以展示技法技巧之优劣为其竞赛特征。

第七章　学校体育教学意义的探寻

第一节　体育教学的生命蕴含

21 世纪是知识推动经济发展的时代，科技快速发展，世界竞争日趋激烈。生存问题也不再仅仅是个人问题，而是民族问题、国家问题、世界问题。历史和现实告诉我们：一个生存生活意识淡薄的人必然是一个失败的人，一个生存生活传统凋谢的家族必然是一个衰败的家族，一个生存生活能力低下的民族必然是一个没有希望的民族。青少年是祖国的未来和希望，中华民族要在激烈的国际竞争中生存和发展，就必须从现在起培养一代能适应未来世界的新人。生存教育迫在眉睫，所谓“生存教育”就是指面对人类与自身的矛盾，教育学生如何善待自己，并学会获取个体生存与发展的能力，它包括教会学生生活自理能力、生存自主能力、自控能力、自救能力、自我防范能力等。体育作为教育的重要组成部分，它那独特的课程特点对提高生存能力起着不可替代的作用。

一、在体育教学中培养学生的生存意识

人类生存在世界上，一切活动都离不开生存，只有活着的人才能成为一切的可能。一切意识活动都离不开生存，只有存在的人才有人类应具有的意识，即只有满足了生存，才可能有意识及在意识指导下进行一切活动。人类生存意识是人类其他意识及生产活动的前提。生存意识，即保存生命的一种意念，人类之所以繁衍不绝、昌盛兴旺，便是因为其生存意识强烈、生存手段多样。但是时间推移到现在，我们不少孩子的生存意识淡薄，他们犹如温室里的花朵，备受家长和老师的溺爱，因而在生活自理、生存自主、自控、自救、自我防范等方面就显得极端无能，所以才屡屡发生交通事故、溺水事件等。因此，作为体育教师首先要在体育教学中帮助学生树立生存意识。例如，在“走跑交替”教学中，体育教师可设计一个“过马路”情境，适时灌输“一慢、二看、三通过”的交通规则，让学生在潜移默化中增强安全意识。这样，不仅使枯燥单调的体育单项练习增加了趣味性，还帮助学生树立了生存意识。

二、在体育教学中积累学生的生存条件

人类赖以生存的条件有很多，如氧气、水、食物等。体育课中能帮助学生积累的生存条件主要是学生的各项身体素质，包括健康的身体、健全的机能、灵敏的反应、开朗的性格、乐于交往的态度等。学生的身体素质与生存能力的高低是密不可分的。试想如果在相同的环境条件下，身体素质优越的个体必定比身体素质差的个体生存能力相对强些。因此，在体育实践课中加强学生的身体素质锻炼，切实提高学生的身体机能，就等于帮学生积累了生存的一个条件。如在体育课中进行“接力跑”“绕障碍物跑”等体育比赛可以潜移默化地发展学生思维的灵敏性与应变能力，“跳长绳”“拔河”等小组活动可以培养学生团结友爱的精神和活泼的天性。总之，在体育活动课中引导学生进行科学的锻炼，培养他们在日常生活中积极锻炼的良好习惯，使之身体素质不断提高，他们的生存能力也就会不断提高了。

三、在体育教学中让学生掌握生存技能

德拉克曾指出：“在知识社会，知识只有在应用中才能生存。”生存能力是一个人在社会中能够正常生活的最基本的能力。人的生命是宝贵的，在生存过程中，我们往往会遇到各种始料不及的考验，当意外伤害来临之时，自我救助是生存下去最后的希望，所以说给孩子自我生存的能力，要比给他一笔钱更能使他适应社会的发展。孩子生存适应能力的强弱，虽然有先天遗传的影响，但后天的锻炼则显得更为重要。在我国，到目前为止，有效的生存训练机制尚未建立，学生对生存训练内容的掌握更是微乎其微。因此，体育教师将生存技能的培训融入我们的体育教学，不仅可以弥补国内生存教育的空白，更是对新时期素质教育中体育教学的全新诠释。体育教育是生存技能训练最基本的教育形式，跑得快、跳得高、投得远是我们赖以生存的必要条件，体育老师要正确指导“跑、跳、投、爬”等基本动作，并加强训练，有条件的学校，还可以进行游泳教学，进行简单的溺水施救教学，提高学生水中的生存技能。体育教学可以室内和室外相结合，可以向学生讲授生存技能中的理论知识，如运动损伤、运动休克、晕厥、中暑等情况的处理和护理方法，如使学生意识到团结合作的重要性，学会尊重人、理解人、关心人，能以良好的心态主动与他人、与社会沟通和交往。这样学生的自我保护意识得到了提高，应急状况下能自我保护，逆境下能自我心理调节。体育教学还可以从课内教学向课外教学延伸，如组织“野外生存挑战赛”，这是体育课程进行社会适应能力、生存技能培养的一项活动，这项活动涉及安全、急救、包扎、攀爬等一些生存技能。学生在轻松愉快的野外生存挑战中，学到生存技能，并使学生的个性得到充分发挥，生存的技能得到了培养，学生的合作意识、沟通能力得到了增强。

四、在体育教学中培养学生顽强的意志品质

良好的意志品质是学生社会适应目标培养的关键，坚定顽强的意志品质可以使学生在困难面前不会因轻易放弃而丧失生存的机会。现在的学生在家长的“关注”下往往缺乏实践锻炼的机会，很多家长对子女的过分溺爱和万事包办剥夺了孩子们接受社会适应锻炼的机会，学生的自理能力非常差，意志品质相对薄弱。体育教学为学生提供了自主运动的时间和空间，使他们可以最大限度地发挥自己的主观能动性，并在无拘无束的自主环境中磨炼意志。在体育课教学过程中，多让学生参加体育活动，让他们吃点苦，受点累，受点难，有利于顽强意志的培养。很多体育项目是可以培养学生坚定顽强的意志品质的。如耐力跑教学，不仅可以提高耐力跑成绩，发展心肺功能和耐力素质，而且可以帮助学生形成和发展坚忍不拔、吃苦耐劳的意志品质，实现了学校体育进行生存教育的必要性。当然在教学过程中片面地强调意志是行不通的，只有在教学实践中增加孩子们生活体验的机会，让意志在克服困难中逐步形成和发展。这就要我们在教学中设计一些有一定难度的实践活动让学生去体验，从中磨炼意志，提高毅力。

体育教学作为基础教育的重要组成部分，不仅仅是运动的教育，而是把运动作为一种载体，其教导生活的承受力、其对生存教育的意义将是其他任何教育所无法比拟的。我们必须深入理解与把握体育课程目标体系，结合平时教学实践，加强探索，使其不断完善，把“生存教育”作为一个重要教学内容进行研究，让体育的原野上绽放生命的花蕾。

第二节　体育教学与人格的塑造

体育教学是塑造学生健康人格的核心。以前，学校体育教育通常是将知识、生活、价值分离开来，成了可有可无的科目。其实，体育教育是素质教育的重要组成部分，一个人没有健康的人格和体魄，文化和知识学得再好，也同样是综合素质有缺陷的。如今社会，现代文明的飞速发展，整个社会呈现快节奏、高时效、高技术密集型的生活方式，使人们心理紧张加剧，体力耗能降低，所以，人们对体育教育的要求提高了，不仅要求体育教育能锻炼身体肌肉，更希望体育能增强心理承受能力，培养良好的人格。因此，对学生进行健康人格的培养，是体育学科教育的核心。

健全的人格即人格健康，其表现为以下基本特征：人格结构中的各个方面得到协调充分的发展，能有效适应变化着的社会环境，并且自主性和创造性得到充分的发挥；对身心健康、潜能发挥以及社会生活诸多方面产生积极有效的影响，体现了人性与社会性的协调，并代表着人类社会发展的积极方面。

一、高校体育教育对培养健全人格的作用

体育人格是指人格主体在体育运动中言语、行为、态度、仪表、爱好方面自然表现出来的常态，是人格主体的尊严、价值、思维、道德品质的综合反映，表现的是个体的道德形象。体育运动是人们有目的、有组织、有计划地促进身体全面发展，增强体质，提高运动技术水平，丰富社会文化娱乐生活的一种社会活动，人们的社会活动必然产生体育道德关系，如何确定活动目的，采取何种活动形式，怎样对待活动结果等都是行为人道德状况的表现。如体育竞赛，它既是体力、体质、体能和技艺的较量，同时又是毅力、意志、决心等以思想和道德为核心内容的精神较量，较量结果必有胜负，胜不骄败不馁，总结经验，继续学习，刻苦训练，学习别人的长处克服自己的弱点，奋发进取，在竞赛中自觉坚持公正比赛的道德原则，尊重他人，兢兢业业，敢打敢拼，意志顽强，争取胜利，即使在拼搏中输了，也是落落大方，这就是体育人格的表现。从体育的本质来说，体育是作用于自然力的身体活动，人体本身就是完美协调的有机体，人一旦投入体育活动中，便会产生体育道德关系，体育人格是在参加体育活动过程中逐步形成的，体育人格要求物质因素和精神因素的完美统一，要求个人行为和社会道德要求协调一致，这种完美统一和协调一致能够转化为巨大的物质力量，即人格力量。

体育具有促进学生个性全面发展的功能。瑞士著名心理学家认为影响人格发展的首先是人的个性化程度，其次是环境，在人格形成发展的过程中，内外不良因素的作用会不同程度地影响人格的健康发展，从而导致人格发展缺陷，严重的还会引起人格障碍。体育不像其他学科那样，体育运动一般在户外进行，气氛活泼轻松，容易保持和激发学生的兴趣和激情，使每个学生能控制自己的身心，每个学生根据自己的生理机能、身体素质、兴趣爱好、需要、天赋等选择自己所喜爱的运动。体育教育本身就是强调发展学生个体潜能的优势，认为每一个学生内在应该具有亮点，运动实践可以帮助他们在人生道路上找到一条最能鲜明地发挥个人创造性和个性才能的地方，帮助他们找到如何发挥自己价值的途径、方法，在体育运动中体现自我价值感和满足感。

体育文化本身具有教育功能。体育文化是由体育知识、体育的价值观和体育的物质发展水平决定的，也深受我国现代社会发展需要和高等教育发展水平等诸多因素的影响。体育教育的过程是一种人格内化的过程，当一个人依照一定的体育价值去评价事物时，总会形成与之相应的体育价值观。

现代社会的发展，对学生的教育提出了新的要求，对学生的身体与精神、知识与能力、道德与行为都有了不同于以往的新的教育手段和方法。适应社会的发展，培养现代社会所需人才，是当前教育的主要任务和目标。作为教育的重要组成部分，体育教学也同样存在着这样一个重要课题。在多年的教学实践中，笔者深深感到我国的体育教学，始终在单纯传授体育知识技能或单纯的身体锻炼的低层次上止步不前。普遍忽视对学生体育精神要素

的挖掘，忽视对学生进行体育精神的启迪和教育。当然，体育教学离不开传授体育的技能知识，离不开身体锻炼，这毋庸置疑，问题是我们应该把追求的目标定在何处，这一点应当引起重视，在体育教学中通过体育精神的教育，潜移默化地熏陶和影响学生的人格形成，为全面地发展学生的人格精神起到重要作用。这应是我们体育教师思考的重点，是体育教学追求的高层次目标。

二、用体育精神进行人格教育

体育精神对学生的全面教育、全面发展，对学生人格精神的价值在于：培养学生愉快的生活态度，较强的身心适应能力，个性的发展，个人行为的规范化，责任感，与同伴的合作精神，竞争、拼搏、信心、荣誉的信念，公正地看待问题，遵守规则和规定，遵从社会法规。在丰富多彩的体育运动中尽管其技术手段、比赛方法、胜负的形式各不相同，但其基本的体育精神是相通的。学生投入到体育运动中就已经开始接受体育精神的影响和教育，受到体育精神的熏陶，改变和塑造着自己的人格精神。体育教学的改革和深化是一个高层次的战略目标，我们应当在体育精神的挖掘、提炼上，在体育精神教育的内容、方法和手段上狠下一番功夫。

人格教育是一种着眼于发展受教育者心理品质的培养过程。人格教育是使人的知、情、意、行统一协调发展日趋健全、完善人的心理品质的培养过程。体育教学中通过体育精神对中学生进行人格教育，一般应着重在以下几个方面。

（1）发展社会认知，在体育的社会交往中培养学生健康积极的生活态度和集体主义荣誉感。人是社会的细胞，人需要在社会实践中去认识社会、理解社会。体育是一种社会现象，也是一种较为独特的社会交往活动，是人生社会的一个缩影。让中学生在体育活动中去认识体育的实质，进而认识人生、认识社会。在体育活动中让学生学会竞争，培养学生拼搏进取的意识。在体育的相互交往中学会尊重，学会合作，培养学生的集体主义精神和集体荣誉感。这是一种健康的人格品质，将会成为一个人的永不衰竭的生活动力。

（2）自尊、自爱、自强不息，培养积极参与意识，发挥人的自主精神。体育活动中无论是个人项目或是集体项目，都要让学生学会尊重自己和尊重别人，讲究个人行为的规范性和道德性，培养学生良好的个人行为和道德风尚。鼓励学生积极投入，增强参与意识。在运动实践中让学生学会独立观察判断，独立应付突如其来的赛场变化，充分发挥学生的个人特点、特长，发展个性，培养自主精神和独立人格。

（3）培养学生的是非感、正义感。体育运动是在严格规则约束下进行的健康文明的活动，教育学生遵从规则与规定，按规则允许的精神去认识问题，辨别是非，不斤斤计较，不小肚鸡肠，不投机取巧，尊重事实，弘扬正义。对的就支持赞扬，错的就批评改正，培养学生爱憎分明、态度明朗的人格精神。

（4）注重学生的价值观、人生观教育。价值观、人生观是一个人看待、了解自然和社会现象的基本观点，是调节和控制个体行为的高层次的参照系。体育运动是一种对抗游戏，是人的身体、意识、心理和智慧的对抗，也是技术、战术的技巧对抗。要让学生学会辩证地、客观地观察问题、分析问题，实事求是，遵从事物的客观规律，趋近事物的本质；学会靠真才实学，靠真正实力，靠智慧技巧，靠人格精神去战胜对手，取得胜利。

（5）培养学生吃苦耐劳、不怕困难、不怕失败的顽强意志。体育运动的教学训练和比赛，都要求参加者付出极大的身体和心理能量，需要接受艰苦的磨炼。要让学生学会在运动中吃苦耐劳，疲劳时学会咬紧牙关坚持到底，困难时学会坚韧不拔持之以恒，失败时学会决不气馁再拼再搏，胜利时学会冷静处之决不得意忘形。坚强意志是人格精神中不可缺少的重要素质之一。体育运动是培养坚强意志的一片沃土，有待我们中学体育教师的深耕细作。

体育教学以体育精神进入人格教育，关键在于体育教师自己的观念和认识，理性认识上升到这个高度，行动才能产生飞跃。另外，体育教师还应注重自身的人格精神对学生的示范作用，严格要求自己，完善自身的人格精神。挖掘体育精神的要素，丰富和发展体育精神的教育方法手段，使我国的体育教学迈上一个新阶段，是我们体育教师义不容辞的职责。

教育的本质是塑造健全的人格，教育的真正目的就是帮助生命的正常发展，教育就是助长生命的一切作为。只有形成独立人格，人的发展才具有取之不竭的源泉。这就要求我们必须树立以人为本的教育观，重视学生的人生价值及其实现，帮助学生成为充分成型和完善发展的人。

人格是指人的性情、气质、能力等特征的总和。蔡元培的观点“所谓健全的人格，内分四育，即体育、智育、德育、美育”道出了体育在塑造学生健全人格中所占的重要地位。体育教学中存在着异常丰富的非智力因素即情商，在塑造学生健全人格方面是一座其他学科所无法比拟的富矿。在教学实践中，我们只有努力挖掘教材的思想内涵，立足于体育文化和体育精神，把技术、体能、人格三位一体统一于学生的全面发展中，才能真正地使体育教学的技术性功能和育人功能得以充分发挥。

1. 激发情感，培养意志型人格

未来的教育是充满激情的教育。激情是太阳，生命需要激情飞跃，没有激情飞跃的生活，就不可能使学生愉快地发展。教育的责任就在于激发和激励。在教学实践中，我们要激励学生以奥运健儿为榜样，发扬奥运精神，激发爱国情感，树立为建设祖国而努力锻炼身体的远大目标。教师在讲授和指导学生练习时，要讲究科学性、层次性和艺术性，借助教学图片、影视资料及网络等手段来满足学生的好奇心和求知欲，让学生掌握自我培养体育情感的方法，帮助学生形成深刻而持久的学习动力，进而产生强大的意志力，促进意志型人格的形成。

2. 展示自我，培养主动型人格

主动型人格主要表现为有自己独到的见解，喜欢主动、独立地去学习体育知识，自觉参加锻炼，不易被困难吓倒，勇于质疑，勤于思考，善于张扬个性等。这是一种可贵的人格品质。

3. 合作训练，培养容纳型人格

容纳型人格主要指学生的合作品质，是其社会适应能力的重要体现。其表现为学生具有一种兼容并蓄、宽容大度的态度，相互信任，互相配合，对事不存偏见，能接受不同的意见，懂得尊重他人的劳动成果，懂得团队精神的重要性。这是适应纷繁复杂、竞争激烈的未来社会必不可少的一种人格品质。

在“以人为本”教育理念的指导下，现代体育教学强调学生的主体人格，使学生在体育学习中得到全面和谐的发展。体育教师要转变观念，尊重学生的人格和尊严，解放和发展学生的主体力量，运用体育教学的特点，培养学生的合作品质和社会适应能力，促进学生容纳型人格的形成。

呼唤人性的回归，关注人文精神的培养，注重人格的完善与发展，教育学生热爱生命，指导学生光大生命，发挥学生潜在优势，提高学生生命质量，成为当今教育的主题。我们要发挥学科优势，促进体育教学与人格教育的和谐发展，提高学生的自我认识、自我评价、自我监督、自我追求、自我控制和自我教育的能力。让学生带着对生命的认识、洞察和至爱，带着人格的魅力和灵性，去发现和唤醒生命的潜能，淋漓地展示人性的魅力。

第三节　体育教学的文化本质

一、加强体育文化理念传播的普适意义

体育文化既是指体育运动本身所蕴含的、围绕体育运动所形成的一切物质文明与精神文明的总和，又可指体育运动某一方面的文明因素。体育文化是人类本身需求的特殊反映，它是人类在体育生活和体育实践中创造出来的，并通过有形的身体形态、动作技能、运动器材、物质以及无形的与社会属性相关的意志、观念、时代精神反映出来，显现了各具特色的存在方式。体育文化和其他文化一样反映了一个时代、一个国家或民族的特征，并规范着人们的体育行为，也影响着人们的价值观念。

体育文化是民族的血脉，是人民的精神家园。我党历来高度重视文化建设，高度重视发挥先进文化引领前进方向、凝聚奋斗力量、推动事业发展的重大作用。在革命、建设、改革各个历史时期，我党都结合时代条件，围绕党的中心任务，提出自己的体育文化纲领、体育文化目标、体育文化政策，大力推进体育文化建设，有力促进了党和人民事业的发展。在新的国内外形势下，党的十七届六中全会研究部署深化文化体制改革、推动社会主义文化大发展大繁荣，进一步兴起社会主义体育文化建设新高潮，对夺取全面建设小康社会新

胜利、开创中国特色社会主义事业新局面、实现中华民族伟大复兴具有重大而深远的意义。深化体育文化体制改革、推动社会主义体育文化大发展大繁荣是全面贯彻落实党的十七大精神的需要；深化体育文化体制改革、推动社会主义体育文化大发展大繁荣是顺利实现“十二五”时期发展目标的需要。“十二五”规划提出了以科学发展为主题、以转变经济发展方式为主线、深化改革开放、保障和改善民生、为全面建成小康社会打下具有决定性意义的基础的总要求，并对大力发展体育文化事业、加快发展体育文化产业做出了部署。做大做强我国体育文化产业，推动体育文化产业实现跨越式发展，使之成为新的经济增长点、经济结构战略性调整的重要支点、转变经济发展方式的重要着力点，符合科学发展理念，有利于促进中国特色社会主义事业全面协调可持续发展。

体育是文化的重要组成部分，也是社会事业的重要组成部分。推动社会主义文化大发展大繁荣，也包含着推动体育大发展大繁荣的内容。贯彻落实全会精神，要紧密联系体育工作实际，以改革为动力，进一步激发体育事业发展的内在活力。体育是人类文化与文明的产物，体育和其他的文明、文化现象相伴而生、同步发展。体育的发展与经济的发展相辅相成。我国体育事业所取得的巨大成就与我国经济社会的快速发展密切相关。体育对推动经济社会发展发挥着重要作用。体育不仅是一种身体运动，也是一种教育手段、生活方式，是生产力的重要构成。许多地方积极申办、承办大型体育赛事，直接推动了当地经济社会的发展；体育是一个国家或地区综合实力的重要体现，尤其是文化软实力的重要体现。

二、高校体育文化的内质与价值

体育与人类的生存、发展紧密相连，人类创造了体育，也创造了体育文化。体育文化是一种竞技运动文化。正是人类对这一种竞技运动文化进行了改造，经济、文化才不断地获得创新与发展。

然而这些创新与发展，是在众人不断的实践中完成的，并经历了与西方学者的社会变革的历史里程相对应的三个阶段，即宗教体育文化阶段、科学体育文化阶段和正在进行中的艺术体育文化阶段。艺术体育摆脱了人类求生存的宗教体育文化和强身健体适应环境的科学化和功利性体育文化的特征之后，向着竞技与艺术相结合、形体美与心灵美相结合的形态发展。高校对于人的培养是多元化的，是达到心智高层次发展的综合体现。艺术体育文化形态对大学生的影响恰好满足了大学生心智全方位形成的终极目标。

校园体育文化作为学校教育的重要组成部分，在德、智、体、美、劳全面发展的教育方针中，在培养身心健康和具有创新精神和实践能力的社会主义现代化合格人才中具有十分重要的作用。校园体育文化的演进与发展如同其他意识形态一样经历着历史的变迁。

古代体育尚处在原始教育阶段，因此，还谈不上具有规模性的学校体育，当然也就谈不上校园体育文化了，但它也表现了不同时代的体育文化现象。我国学校体育从孕育到诞生经历了一段漫长的历史过程。

从1840年开始，帝国主义用炮艇轰开了我国闭关自守的大门。随着军事侵略，国外传教士纷纷来到中国，建立教会、兴办学堂、进行体育文化渗透，并在校园里积极开展了各种西方体育活动。

新文化运动对学校体育的贡献在于对军民主义体育和国粹体育给以强烈的批评。与此同时，剔除了兵操内容，将体操课改为体育课，并引进西方体育。这虽然是文化流动的结果，但也引起了与传统体育文化的冲突。然而由于文化的融合性，矛盾逐渐缓和。尽管如此，学校体育还是在封建道德观的束缚下举步维艰。直到新中国成立，学校体育才确立了以增强体质为目标，并为学校体育的发展开辟了广阔的前景。

当代校园体育文化在坚持具有中国特色的社会主义体育教育方向的同时，既要发展中华民族传统的体育文化，又要引进国际先进的体育文化。为完成未来体育教育的使命，我国当代校园体育肩负着以下历史使命：树立健康第一的教育指导思想，要树立在生理、心理上和社会相适应的全面性健康要求，并明确要求加强学生的心理健康教育和对社会的责任感，培养坚忍不拔的意志和艰苦奋斗的精神；为推行素质教育服务，在体育教学中推行素质教育要更多地关注学生的个性发展，提高人文体育的素养，培养健全人格和合作精神，增强健身意识和品德修养，协调人际关系。

三、高校体育教育的发展

目前，在我国大学校园有“三人制”篮球联赛、“五人制”足球联赛、体育摄影展、体育知识竞赛、阳光体育操、校园健身舞等各种形式的体育文化节活动，这些丰富多彩的体育活动项目，让每位学生参与其中，让学生在运动中得到快乐，在快乐中获得知识。

体育运动为大学校园带来了非同一般的活力，不仅让学生陶冶情操、净化心灵、享受乐趣，更使学生的身心和谐健康发展。“我们要将运动进行到底，我运动，我快乐”成为大学校园时尚的流行语。通过体育活动本身也能积极营造良好的校园体育文化氛围。与此同时，国内外高水平的体育赛事常常落户于体育场馆设施先进的高校，比如在2009年，第11届全运会在山东省主办，全运会中的拳击项目比赛在山东交通学院体育馆进行。在此基础上，试办高水平运动队的院校奠定和巩固学校体育项目优势地位，建立校园体育网站，宣传体育和文化相关的内容。在实地调查中我们发现，为培养学生的终身体育意识，东北财经大学在教育教学质量不断提升的基础上，遵循健康体育、个性体育、快乐体育的工作思路，积极开展形式多样的群众性体育活动，取得显著成效。该校每天都安排课外体育活动时间，体育教学部和学生会根据学生具体情况设置必要的素质练习项目，同时还开展院系内的小组竞赛，校内的院系友谊赛、挑战赛、擂台赛等。为培养学生的组织领导能力，有的高校还组建学生体育协会，如足球协会、篮球协会、田径协会、乒乓球协会和校园吉尼斯纪录委员会等，各协会组织的职位全都由学生担任，教师担当顾问。学校各小型比赛全都由学生体育协会来组织，包括裁判工作，这样既可培养学生的组织领导能力，又可锻炼、展示自我，为步入社会打下扎实的基础。

多年来，我国高校积极探索特色教育发展的新途径，培育出一流的体育特色文化，学校培育出的竞技体育队伍在国内具备一流水准，形成了竞技体育项目发展的“体教结合模式”。北京理工大学足球队成立于2000年9月，这支队伍的前身是人大附中BTV三高足球俱乐部一队。1997年他们作为继健力宝之后，中国第二支出国留学的少年球队远赴墨西哥进行为期两年的足球训练，回国后，参加了中国足协举办的1999年的“全国足球乙级联赛”，与职业队进行了正式的对话。2003年6月，教育部、中国足协正式授权北京理工大学足球队代表中国参加在韩国举行的第22届世界大学生运动会，聘请金志杨担任中国大学生足球队主教练，获得第7名的好成绩。同时，北京理工大学足球队向甲A的职业足球队输送了多名队员（如杨思源、张树等）。在足球项目的率先带动下，北京理工大学形成了具有足球特色的校园体育文化氛围，这种特色鲜明的体育文化氛围为提升高校在国内外的知名度发挥着重要的作用。此外，世界知名大学如牛津、剑桥以及我国的清华、北大、浙大、武大等名校都在利用举办高水平体育赛事来宣传或者说是包装大学，比如牛津与剑桥每年一度的赛艇比赛，两校间每年一度的牛津剑桥赛艇对抗赛正是他们证明各自强弱高低的最好写照。比赛从1829年开始至今，除了战争期间，从未间断。随着历史的推移，牛津剑桥赛艇对抗赛的规模和影响力越来越大。每年比赛期间，泰晤士河两岸都会会聚25万以上的观众，更多的观众通过电视收看直播，据说有600万人收看。如今，这项学子之间进行的最能体现团队精神的体育项目已经推广开来，美国的哈佛大学和耶鲁大学每年也效仿进行赛艇对抗赛，1999年，清华大学和北京大学在美丽的北京昆玉河上举行了第一次对抗赛。这样的比赛不仅可以提升大学自身的知名度，而且还可以形成大学传统特色的风格，以此来加重文化的氛围。

第四节　体育教学与人的发展

人“都是文化的造物”。蜜蜂筑巢、河狸建坝、猩猩群居都是动物在遗传的基础上适应环境的结果。人则不同，除了具有动物本能，还有观念、价值、感情等，这些都是文化的产物。人们养成某种运动习惯的能力是由机体决定的，但特殊的形式却是由习惯性行动而形成的。人都有利用自然肢体进行运动、作用于外部世界的本能，但是生活在世界各地的人的行为和作用于外部世界的方式不一样。因此，人类“行为的特殊形式是由文化决定的”。文化由人创造，反过来又作用于人，决定着人的行为。怀特认为，文化创造他自身，文化所具有的每一特质，都是从早先的文化情境中成长起来的，文化必须依赖文化而加以解释。“文化已经存在，人不能摆脱文化，除了按其自身条件对它做出反应而外，人是无能为力的。”体育与文化之间本身就有着天然的、紧密的联系。在欧洲，最初出现过一个身体文化（physical culture）的概念，但是这个概念中的“文化”一词主要解释为“培养”“教养”。应当说这是最典型的体育本义。但一直以来，人们总是把“身体文化”看成“有关身体系统的保养”（《韦氏国际大辞典》）。在人类文化史中有很长一段时间将体育排斥在文化之外，甚至将体育与文化对立起来，只注重了体育的生物属性。这种认为体育没有价值或只有低层次的价值的偏见，是由人们对体育文化的狭隘认识造成的。

第二次世界大战后，苏联和东欧各国把“身体文化”作为关于体育的最广义概念来使用，认为它是整个文化的组成部分。在英文里，physical education（身体教育）、physical culture（身体文化）、physical train（身体锻炼）三位一体，三者都以身体为对象。就其原始意义而言，三个词都包含了通过外力作用，引导出个人能力并使其充分发挥的含义。广义的体育是“以身体活动为媒介，以谋求个体身心健康、全面发展为直接目的，并以培养完善的社会公民为活动目的的一种社会文化现象或教育过程”。然而，人的体质固然有其遥远的自然物种的本原基础，但我们同时也必须承认，人的体质的“文化”是同人的文化意识和富有文化性的人的活动密切相关的。因此，也可以说，体质状况在一定意义上也是文化的现实表现。“当然，体育作为文化的现实性，在较早的时代是人的身体活动的‘顺便’结果或曰‘副产业’，只有人的意识发展到了一定水平，人才把自己身体的健康、强壮和优美作为文化目的，从而产生体育。”这也许是为什么人类有了学校那么久远以后，才在18世纪开设体育课的原因。

体育作为一种人的文化实践，关注的是人的全面和谐发展，学校体育关注的是促进学生身心和谐发展。“人不能只关心自然、只关心社会，而忘记了人本身。”现代西方哲学家，以叔本华和尼采为代表，将哲学研究的领域和对象由自然转向了人，在现代西方哲学史上掀起了一股人本主义或非理性主义的狂飙。在中国，改革开放以来所取得的巨大社会经济成就以及全球经济、文化一体化的国际化大环境，已使我国的社会发展观念，发展目标，人的观念、意识、心态、需要等都发生了重大的变化，形成了一种关注人、尊重人和塑造人的人学思潮，促使人们树立“人”的观念，自觉把握人自身的命运，促进人的解放、人的发展和塑造。人已成为社会发展理论的一个核心概念，人已成为时代的主题。

马克思说：“全部人类历史的第一个前提无疑是有生命的个人存在。因此，第一个需要确认的事实就是这些个人的肉体组织以及由此产生的个人对其他自然的关系。”可见马克思本人是非常重视人的生命本体价值的。刘德华在《让教育焕发生命的价值》一书中详尽列举了由教育管理中对学生生命的漠视而导致的一幕幕真实悲剧，他感叹说：“一种不懂得保护学生生命的教育，无论在其他方面怎样取得成功，也绝不是成功的教育。”读后令人警醒和深思。体育作为完善人、促进人的身心和谐发展的教育活动，理应以尊重生命、珍惜生命的价值为底线，注重对人的本体价值的开发。所有体育的其他价值都是奠基于这一点之上，认识不到这一点乃至舍弃这一点，就抽去了体育的根基，实际也就等于放弃了体育。而实际上，成功的体育肯定是以对人的尊重为前提的，体育的目的必须要以人为本、以人为目的。体育作为一种社会文化现象，其本质必须要奠基于对“人”的本质理解之上才能得到说明。庞朴教授在谈到文化的本质时说:“文化是人的本质的展现和形成的原因。”后来又明确地提出“文化就是人化”,人化的过程也就是人的发展过程。人是一个历史性的存在,人的本质就在于人的存在性、生成性。只有基于存在论的立场,我们才有可能全面把握人。站在存在论的立场上,体育就是“人”引出的。

无论是文化活动、教育活动还是体育活动,它们的核心都在于对人的关注,在本质上都可以归结为体育与文化的关系。因为文化源于人的存在,故此,体育最根本的原点只在于人的本身。学校体育以具体的、现实的人为对象,就是要以人为本,直面人的生命,关怀人的生命,提高人的生命质量。任何偏离人的体育都不是真正的体育。文化视点是我们研究学校体育本质、理解教育的真谛的“阿基米德支点”。文化的特征就在于它对人本身的关注,对人尊严的强调,对人价值的肯定。正是由于文化和体育都把人作为核心,都关注人,使得文化与体育间的联系的建立有了共同的基础,成为解构学校体育的依据。

学校体育的完整功能应当是生、德、真、善、美的统一。学校体育研究的重要任务就是否定业已存在的对人的生命活动的文化意向已经成为阻碍和束缚的特例、教条与框框,凸显以人为本、以人为中心、以人为目的的人本主义理论,注重对人性的认知与掌握人性特点,尊重人权、崇尚人权(其中包括生命权、身体权、健康权、休息权、工作权等)、坚持人道。学校体育只有忠实于人的生命存在,只有从人类的这种本性出发,才会是健全的、进步的和生机勃勃的。因此,可以说文化与体育赖以建立的基础是人,无论是文化,还是体育,它们的核心都在于对人的关注。

从学校的角度看,学校体育的本质是一种培养人的活动,学校体育的价值和意义是要靠人来“填充”的。丧失了人,学校体育就丧失了自己的根基,也就必然导致体育本质的遮蔽。因此,学校体育领域一切行动的展开,其依据、标准和最终要达到的目标都是人,人于是顺理成章地成了学校体育的核心。学校体育的文化视野更有助于整体性体育探索,从而促使人的全面和谐发展,促进人的潜能发挥。这正是体育教育的意义所在。

体育对人的发展特别是身体的发育具有特殊意义。尤特纳在其著作《古代身体文化》中指出,身体文化包括从身体涂油剂、颜料、摄取的营养和入浴设施以及运动用具到身体训练为止的,关系身体的各种文化现象的总体。可以看出,在尤特纳那里,不仅体育锻炼、营养等属于身体文化,而且,描眉、涂口红、发型等都是身体文化现象。这里应当指出的是,我们通常所使用的文化概念是与身体文化有所区别的。通常的文化概念偏重于物质—精神层面,而身体文化概念则是以身体为中心的,它凸显了身体在这种文化中的地位。这与中国古代百家争鸣时期,“杨朱贵体”的观念似乎相通的。从这里我们看出,“身体文化”概念大于“身体教育(体育)”概念,而“身体教育(体育)”又大于“身体练习”。身体文化自觉地影响着身体,而体育则自觉地积极主动地影响着身体的正常发育和健康成长。

《奥林匹克宪章》明确指出:“奥林匹克主义是增强体质、意志和精神并使之全面发展的一种人生哲学。它谋求把体育运动与文化和教育融为一体。”顾拜旦指出:“奥林匹克理想在我们的心目中是一种强烈的身体文化概念,它一部分建立于绅士精神——你们喜欢称之为‘费厄泼赖’，另一部分建立于优美和文雅的美学概念。我不认为古代（奥运）就缺乏这种理想。”1929年，顾拜旦曾在批判禁欲主义时说，奥林匹克主义是肉体与灵魂兄弟关系的学说，而禁欲主义是肉体与灵魂敌对关系的学说。他早在1894年巴黎国际体育代表大会上就说过：“人毕竟不是两个部分——肉体和灵魂，而是三个部分——肉体、精神和品质，品质主要不是由精神而主要是由肉体形成的。”这和古希腊哲学家提倡的“德智皆寓于体”的教育原则是一致的。可见作为“伟大的人文主义者”的顾拜旦主要是主张奥林匹克教育应教导人们通过心理、身体及精神的锻炼达到个人的最佳效果。

近年来在学校体育中出现的“技术教学观”“竞技体育观”“增强体质观”，都是机械论在学校教育中的反映。他们从根本上把文化当成一种死物而非一种“超机体”——一种静态的、客观实体的存在，他们将课程作为文化传承的工具，把课程置于“文化筐”的地位，造成了课程自身的文化性缺失，使学校体育失去了应有的文化底蕴和丰富的主体意义，这是十分片面且有害的。因此，在谈论体育的价值问题时人们首先应该想到的是体育的目的，尤其是学校体育的本质，而不应将体育的价值等同于体育的功能。而学校体育的目的应是把培养什么样的人作为自己的理想追求，它是对所培养的人的质量规格的总要求，也代表着各级各类学校具备培养目标的总体方向。马克思主义认为，教育就是人的再生产以达到人的本质的复归。教育的独特性就在于它的本质特征——育人性；而教育的独立性是指教育作为一个独特的文化活动，它对文化的保存与发展是一个积极主动与更新创造的过程。学校体育作为一种有目的的培养人的活动，总是有一定的基本追求的。文化视野下的学校体育必须建立在对人性的深刻理解和对人的需要的充分尊重上，必须尊重人的本性，尊重人的需要，并应当对人的正当合理的需要产生积极的回应。

体育教育的本质就在于它的根本特征，即它是一种培养人的活动。体育价值就体现在体育作为一种特殊的人类活动，它所培养的人首先应该是现实的人，这是体育价值的基本意义。体育的文化价值是指体育作为教育的重要组成部分，是一种培养人的专门活动，它必须通过文化促使人的身心和谐发展，通过文化进一步挖掘人的知识及技能的潜力，陶冶人的情操，增强人的道德自律性、身心健康性，从而提高人的总体素质，达到人的全面和谐与充分自由的发展，即马克思所言的对人的本质的全面占有或本质回归。在确定学校体育的价值过程中，我们既不能将价值功能化，也不可将文化与体育分割开来、对立起来。体育的文化价值能丰富人的境界，陶冶人的心灵，净化并激发人的精神，以促进主体的人的知、情、意的全面发展和主体人格的形成、稳定与提升。只有注重对体育本体和内在价值及其文化价值的研究，体育教育才会具有生机和活力。

人首先是一种理性的动物，理性是人们的精神的最高层次，“求知”是理性的根本属性。正因为这样，亚里士多德在其哲学名著《形而上学》中头一句话就写道：“求知是人类的本性。”所谓“求知”乃人对世界的知识性与理性的追求，它与认知内涵是统一的；人也是一种感情的动物，情感是人们心理因素的核心部分。所谓情感需要，就是人对积极、愉悦情感的渴望和追求以及对忧郁情感的克服和消解，是指“人们在社会实践和社会交往过程中对客观对象产生的强烈的心理反应和要求，如爱、憎、喜、怒、哀、乐等。情感对象可以是人，也可以是物（各种自然景观、动植物，以及人所创造的一切事物），但主要是人。”情感需要同生存需要一样，是每个人都始终不可缺少的基本需要。一旦失去感情交流，不能满足情感需要，人就会感到心理上的孤独和痛苦。体育运动是一种极富感情色彩的活动，它是人们高级情感的产物，是人类高级情感的发生器。通过体育活动能丰富充实人的情感生活，使人们在活动中产生积极、愉悦的情感。人还是一种有意志的动物，意志是人们所特有的心理现象。所谓意志就是人们追求某种目的和理想时所表现出来的果断、勇敢、自制和不屈不挠等精神。意志需要就是人对良好品质的需要。鲁迅先生在《最先与最后》一文中说过：“我每看运动会时，常常这样想：优胜者固然可敬，但那些虽然落后而仍非跑至终点不止的竞技者，和见了这样竞技者而肃然不笑的看客，乃正是中国将来的脊梁。”这种竞技者最重要的品质就是意志品质。积极健康的意志品质有如下特点，即自觉性、果断性、坚韧性、自制性。显而易见，体育作为一种强有力的运动，需要参与者具有这些优秀的意志品质。而恰恰因为体育是一种强力的运动，又会对个体意志品质的培养起到独特的作用。体育的魅力之一就在于它体现了人类意志力的能量。体育教育必须承担起磨炼学生意志的使命与责任。桑新民等在其《教学哲学的对话》中讲述现代体育的有关问题时说：现代教育很需要一点斯巴达教育的精神，就是强调体育训练，加强身心磨炼……因此，唯有进行强有力的体育运动，让学生心智“苦”，筋骨“苦”，不断体验欢乐与痛苦、成功与失败，其坚忍不拔的意志和信念才会得以养成，也才能承担起“天降大任”。

总之，人是自然、社会、精神三位一体的存在，因而时时具有自然、社会、精神的三种不同的需要，体育要真正全面地实现它在满足人的需要上的全部价值，就必须不断满足人们在自然、社会、精神等方面的需要。

第八章　“健康中国 2030”背景下学校体育的现代使命

第一节　学校体育教学与创新教育

当前，教学改革已经渗透到了各学科的各环节中，就体育课而言，同样也在探索教法的创新。所谓创新教育，就是根据有关创造性发展的原理，运用科学性、艺术性的教学方法，培养学生的创造意识、创造能力和健康个性，造就创造性人才的一种新型教学方法。实践表明，一节体育课，从准备、实施到课后小结等环节都可以体现创新改革。

改革开放以来，随着体育机制的不断健全和完善，体育教育迅速发展，体育改革方兴未艾，但体育理论和实践还不尽如人意。最近一些监测结果表明：①我国青少年耐力素质和肺活量指标下降；② 7 ～ 22 岁年龄组男生的平均身高均低于日本男生，平均低 1.96 厘米，其中 7 ～ 14 岁低 2.28 厘米；③ 13 ～ 18 岁青少年随着年龄的增大，运动时间不断减少，运动量严重不足，一些常见疾病如近视眼、沙眼和肥胖症，不但发病率居高不下，而且仍在上升，甚至出现身体畸形、成人病儿童化等现象；④中学生中大多数体育知识贫乏，75% 的学生没有体育特长，90% 的学生没有自觉锻炼身体的习惯。因此，改革体育课堂，实现素质教育是时代赋予体育教学的重任。

进行创新教育，主要培养学生的创新意识、创造精神，逐步培养学生的创造力，其核心是培养学生的创新精神。那么怎样才能让创新精神走进体育课堂呢？

一、以转变观念为先导

教育的改革先是教育思想和教育观念的改变。思想是行动的先导，教育观念支配着教师的教育行为。要在体育课中开展创新教育，必须牢固树立素质教育的质量观，从转变观念入手，以培养学生的创新精神和实践能力为重点，摒弃机械重复、单调的教学方式，代之以充满情趣的创造性学习，把它作为开发人的创造潜能的重要课程。因此，体育教育工作者要紧跟形势，转变旧的教育观，改变多年习以为常的、陈旧的教学思想、方法和习惯，接受新的思想，勇于实践，开拓新的教学教育思路，努力实现“三个转变”和“四个转向”。“三个转变”：①教师要转变角色，改“一言堂”为“群言堂”，变只管传递知识为更多地激励学生思考的教学；②变教师以我为主的“权威型”为“民主型”的教学，树立师生平等、民主观念，使学生从“学会”变为“会学”；③变教师“讲解型”教学为“情感型”教学，使体育课由原来的学生认为“要我学”变为“我要学”。“四个转向”：①由“教”转向“导”，突出教师主导作用和学生主体作用下的双边协调活动，帮助学生发现健身运动的机理和探讨适合本人体质的锻炼方法；②由单纯追求升学、达标率和为比赛服务转向引导学生树立健康第一的思想及增强体质的意识和能力；③教学着眼点由“少数”转向“多数”，由过去乐于培养少数体育尖子的教学转向提高全体学生的身心素质水平的教学；④评价学生的依据由“运动技术水平”转向学生身心素质发展水平和综合运动能力的评价。

二、加强心理素质培养，鼓励创新

1. 培养学生的自信心

有些学生胆子小，做事怕风险，遇事爱靠后，还有些学生体育水平与其他学生有所差异，这些学生常常瞻前顾后、优柔寡断、容易紧张，甚至不敢练习，常常敷衍了事。针对这种情况，教师应采取相应的心理教育方法和教学手段。如在教学中经常向他们提一些简单的问题让他们解答，以锻炼其勇气；在练习时尽量把他们排在靠前一些，且降低动作难度，加强个别辅导，促使他们先做、敢做，锻炼胆量，获得成功体验，培养勇敢、果断的心理品质。

2. 培养学生的想象能力

创新离不开想象。要培养学生的创新能力，就必须重视学生想象能力的培养。培养学生的想象能力可以采取以下几种形式。

（1）用准确优美的动作示范、生动形象的语言描述，引导学生想象。如在教学“投掷小沙包”时，用“投时身体似弯弓，沙包空中如彩虹”的形象语言描述，再用优美的动作示范，使学生初步感知动作表象，建立理念与实践之间的联系。由于直观感知、记忆，头脑中储存有多种多样的表象，便于展开联想和想象。

（2）利用原型启发，诱导思考，促进学生想象。原型启发是指从事物的相似和类比中看到或发现解决问题的途径。人类科学技术发展历史证明：应用原型启发解决问题，是引发创造、发明的主要思维方法。原型启发能让学生从事物的相似属性中悟出动作的本质，探求动作的科学规律，深入浅出地发展想象能力。

3. 培养学生的意志力

现在的孩子在家中是整个家庭的中心，吃得好，穿得好，吃不了苦，受不了累，意志品质薄弱。对于这类学生，首先要加强思想教育，其次开展勤苦锻炼，利用气候条件、地理环境，增加练习的数量和强度等因素，培养学生在条件艰苦的环境里勇于拼搏、积极进取的精神和坚强的意志品质。

4. 培养学生的竞争意识

学生普遍喜爱体育活动，更喜欢体育比赛。在体育课上学生一听说要比赛，马上就摩拳擦掌，跃跃欲试，兴奋无比。在体育教学中，教师要组织好多种形式和类型的竞赛活动，根据学生的实际情况采用多种比赛方式，做好赛前动员鼓动工作，使学生树立敢拼的决心和信心，让学生体验胜利与失败的情感，激发学生树立无高不可攀、无坚不可摧的进取精神，培养学生的竞争意识。

三、创新教学的多样性

1. 精选教材

体育教材是体育教学的中心，我们需要的是适应学生和社会发展的教材，而不是只在理论与逻辑上讲得通的教材，而我们现在所使用的教材有许多是从体育院校教材中简化而来的。体育课为了配合“达标”测验和升学考试，只能围绕这些相对单调、乏味的项目进行日复一日的练习、测验，但学生不是专业运动员，这些枯燥乏味的项目训练，肯定会使学生感受不到上体育课及从事体育活动的快乐。运动学专家也认为，不同年龄的孩子选择不同强度的锻炼项目，才能在运动中较好地完成心理锻炼。因此，要从培养学生创新精神和实践能力出发，精选一些适应学生主体条件和各地方特点的教材，降低体育教材的难度，使不同层次的学生对体育运动都充满信心。

2. 改变教学模式

多年以来，体育学科教学无论是在制定教学目标、设计教学方法，还是在课堂上进行教学活动，都自觉不自觉地把注意力集中在课的知识教学目标上，而忽视培养能力、态度和创新精神。在体育课上往往是学生在教师的“指挥”下，整齐划一地被动表演，几乎成了跟练的练习机器或动作演员，形成了千篇一律的体育课堂教学模式。学生处于被动状态，与当前的素质教育不相适应，不利于培养学生的创新精神，所以要真正使体育课堂教学培养学生的创新能力，必须立足于素质教育，构成一套思维活跃、具有创新功能的体育教学模式，鼓励学生在学习实践中“发现”“超越”，注重在实践中探索创新。

3. 采用多种教学方法和教学手段

随着改革的不断深入，学生的社会需求以及教师的教学方法也应追求多样化。在教学中，教师应灵活运用多种教学方法，如采用情景教学、游戏教学、音乐舞蹈等贯穿整个教学过程，同时渗透环境教育及其他各学科内容，就会取得意想不到的教学效果。

教师还可以运用现代化的教学手段，如电化理论教学，组织学生看有关录像、电影、体育比赛，学习体育明星，回顾我国体育发展史等，这对陶冶学生的性情、激发学生的情感都有好处。

总之，学生创新能力的培养并不是一朝一夕的事情，它需要一个长期的过程。学生的创新不论怎样描述它，不论在多大程度上把它看成一种内在、常规的活动结果，它都带有不确定的属性。不同的学生的创新过程是不同的、多样性的，我们需要突破传统教学模式，解放思想，拓宽思路，让创新精神走进体育课堂，走进新课程。

第二节　学校体育教学培养德才兼备人才的途径

体育教学作为素质教育的重要组成部分，越来越受到人们的认可和重视，提高学生身体的素质，促进学生全面发展是社会、学校、家长和教师的共同愿望。作为一名体育教师，要贯彻落实新课程改革精神，在体育教学中用高尚的情操、渊博的知识、健美的体魄、标准的运作、优美的示范，务实的作风、敬业的精神，影响和带动学生积极主动地参与各种体育运动，增强运动信心，锤炼强健体魄，使他们成为德才兼备的人才。

教师要创新教学策略，改进教学方法，在引导学生积极参加体育运动，培养积极心态的同时，更要注重对学生的言行举止进行规范，让学生养成遵守校纪校规、队列纪律的习惯，在参与体育运动时做到令行禁止，在参与集体运动时树立团队精神，在体育比赛中培养顽强意志，促进学生成长成才，推进素质教育的进程。在体育教学中渗透思想品德教育，可通过以下两种方式进行。

一、以生为本，关爱备至，在亲师信道中培养学生的体育情结

教学是一个活动，更是一种艺术。在体育教学中，教师要走进学生中间，俯下身子与学生进行交流，了解掌握学生的体育情感、体育基础和运动能力，对学生进行有针对性的引导和指导，梳理、整合学生对体育运动的意见和建议，对一些有益于体育运动开展、促进学生成长进步的意见和建议在教学中加以利用，使体育教学更能切合学生的身心发展实际，更能满足于学生的运动实际，营造亲师信道的教学氛围，调动和激发学生参与体育运动的热情，让学生积极主动地参与各种体育活动，锻炼身体、磨砺意志。体育教学在风、雪、雨天时不便在课外进行，教师可以运用多媒体为学生播放一些有关体育运动和爱国、英模、科技等方面的影片，将女排精神、奥运会的盛况展示在学生面前，用运动员刻苦训练、努力拼搏的精神，激发学生的自信心和自豪感，引导学生在进行体育锻炼时也要向运动员们学习，勇敢顽强，认真锻炼，不畏艰苦，将来也要为校争誉，为国争光；在此基础上，为学生播放《开国大典》《飞船升空》《安全讲座》等影视资料，对学生进行爱科学、爱社会、爱祖国的教育，增强学生的遵章守纪观念和道路交通安全意识；引导学生尊重父母、尊重老师、尊重身边所有的人，要团结同学，互敬互爱，互帮互助。实践证明，在体育教学中渗透思想品德教育，可以培养学生热爱祖国、遵守纪律、团结奋进的集体主义精神，养成尊重他人、诚实谦虚、文明有礼的道德品质。

教师要从学生的成长进步、终身发展出发，注重创新教学策略，更新教学理念，把德

育渗透到体育教学的全过程，利用体育教学丰富的教育因素，加强对学生的德育，让学生在学到体育知识、掌握基本技能的同时受到思想品德教育，积极主动地参与到体育教学与活动之中，全力开创出体育教学的新局面。如教师在组织学生进行垒球投掷训练时，在讲清投掷方法并示范后，组织学生进行练习，让学生掌握原地投掷垒球的基本动作，发展学生的投掷能力及跳跃能力，培养他们良好的合作精神与创新意识。如果单一地组织学生练习投掷，学生兴致不高、兴趣不浓，教师可以将训练设计成“投弹炸敌人”的游戏，在投掷区前画一条及格线，在远处多个标志物上画敌人头像，看谁投掷得又准又远，学生们兴趣盎然，积极参与训练，奋力投向敌人，通过这样的方法，不仅增强了学生的体育兴趣，而且增强了学生的爱国主义情感，取得了较好的教学效果。在体育教学中，球类、田径、游戏等教学过程中都蕴含着集体主义教育内容，教师在组织教学时，要有机地对学生进行集体观念教育，让学生在参与运动过程中树立团队意识，维护集体荣誉，培养学生团结友爱、互相帮助、热爱集体、机智果断、遵守规则等良好的道德品质，增强学生的团队认同感、集体荣誉感、社会责任感。笔者在队列、队形教学中，注意观察每一位学生的行为，对在队列、队形中表现不好的同学进行批评教育，指出他们不良的表现会造成整个队形不整齐，影响全局，并教育学生要刻苦练习，遵守纪律，要有集体观念，动作迅速准确、协调一致，帮助他们养成严格的组织纪律性。

二、整合资源，灵活施教，在参与竞争中磨砺学生的意志品质

教师要整合利用教学资源，拓宽体育教学渠道，拓展体育教学空间，抓住一切有利时机培养学生的竞争意识，磨砺学生的意志品质。如在组织学生进行球类项目训练中，教师可以根据学生的身体素质、运动能力的不同，把学生分成几个组，兼顾每个小组的实力均衡，组织学生轮流、淘汰比赛，让学生在比赛中尽全力战胜对手，培养学生参与竞争、积极向上的意志品质。在组织学生进行仰卧起坐、跳短绳等比赛时，让学生互相数数，教育学生要诚实做人，不说谎话；在田径教学中，教师要为学生阐述“极点”这一生理现象，在他们练习出现“极点”现象时，鼓励他们以顽强意志去战胜“极点”，培养学生坚韧不拔、勇于接受挑战、吃苦耐劳的精神，不断开发学生的潜能和智力。在教学中，教师要从学生的健康成长、身心发展出发，为学生创造一种能“展示自我，发挥才能”的良好环境，让学生以自己的方式自由发挥，尝试成功或失败的滋味。当学生取得成功时，教师要及时地给予鼓励，投去赞赏的目光，并提出更高、更严、更难的目标，让他们迎接新的挑战，使他们在练习中更加刻苦、认真。体育教学主要以操场为课堂，有时要准备大量的器材，教师要对学生进行热爱劳动、爱护公物的教育，引导学生自觉搬运器材，爱护公共财物，不断提升学生的集体主义观念。

综上所述，教师要发挥自身的主导作用，在教学中有机渗透思想品德教育，以自身高尚的道德情操影响和带动学生全身心地参与体育运动，在激烈的训练、比赛和对抗中形成积极向上、顽强拼搏的意志品质，实现体育教学的功能和效用。

第三节　现代社会发展对学校体育教学的期望和要求

21世纪是知识经济占国际经济主导地位的世纪，为此，世界各国都在调整和改革自己的教育，以培养更适应知识经济时代社会发展需要的人才。学校体育作为学校建议的重要组成部分，也肩负着培养各领域专门人才身体素质的历史重任。当今社会发展呈现出的经济发展可持续化、资产投入无形化、信息传递网络化、学习化社会和教育终身化以及生活休闲化等基本特征对学校的教育改革和发展、对人才的培养的方针和途径，以及如何适应未来社会发展与社会生活需要等提出新的要求，这些恰恰也是我们学校体育所面临的新的、重要的迫切需要解决的问题。现代社会发展对学校体育的要求体现在以下几个方面。

一、提高学生的身体素质

现代社会由于生产方式的改变，从事脑力劳动的人将会日益增多，从事体力劳动的人将日益减少，高度的精神紧张取代了高度的肌肉紧张，构成了现代社会生产的新特点。学生由于长期负担过重造成的精神紧张对心脏的损害较成年人更为严重。另外，现代生活方式的改变，使人们在日常生活中的体力活动大大减少，加之城市交通和通信设备的现代化，减少了人们走路的机会。随着生活的富裕，食物中的高脂肪、高蛋白成分的增加使人们每天从食物中摄取的热量越来越多，肥胖人越来越多，尤其是中小学生肥胖率近几年呈现增长的趋势，这已经成为大、中城市学校卫生保健的重要问题之一。这说明，现代社会的发展既给人们带来了美好和幸福，也给人们带来了负面的影响，体力活动减少，缺乏运动，营养过剩，使现代文明病急剧增加。教育部在落实《中共中央国务院关于深化教育改革全面推进素质教育的决定》中指出，“健康体魄是青少年为祖国和人民服务的基本前提，是中华民族旺盛生命力的体现。学校教育要树立健康第一的指导思想，切实加强体育工作，使学生掌握基本的运动技能，养成坚持锻炼身体的良好习惯”。学校体育是增进健康、增强体质的积极手段，也是防治现代社会文明病的最积极、最有效的方法之一。学校体育应为提高学生的身体素质服务，以适应现代社会对人的身体所提出的越来越高的要求。

二、提高学生的心理素质和抗挫折能力

随着现代社会工作、生活节奏的加快，人际间的竞争日趋增强，人们的精神、生活压力越来越大，心理疾病发生的可能性在不断增加。据世界卫生组织的专家呼吁：从疾病的发病史看，人类已经从传染病时代、躯体疾病时代进入了精神疾病时代。当今，我国的青少年多是独生子女，心理素质和抗挫折能力较差，提高青少年一代的心理素质，是学校教育各个方面、各个学科都应完成的共同任务。学校体育队在培养青少年的心理素质和抗挫

折能力方面有着重要作用。过去，由于认识上的不足，人们只看到体育运动的健身作用，却忽略了体育运动对人的心理健康所起的作用。我国学校体育也在传统观念的影响下，过分强调生物学指标，而忽视或压抑了学生个性心理品质的培养和发展。《中共中央国务院关于加强青少年体育增强青少年体质的意见》中明确指出：“体育锻炼和体育运动，是加强爱国主义和集体主义教育、磨炼坚强意志、培养良好品德的重要途径，是促进青少年全面发展的重要方式。”因此，我们应该充分利用体育学科所具有的独特的方式教会学生如何对待困难和挫折，如何调整自己的心态努力完成既定的目标，发挥体育学科独特的培养人心理品质的特殊作用。人是社会动物，必须在群体中体现自身价值，而且只有将个体的力量联合起来才能实现工作目标，也才能最大限度地发挥个体的潜能。体育竞赛对培养学生的竞争意识和合作精神的作用是显而易见的，因为体育竞赛是最直接、最不掩饰的竞赛方式，呼唤着人的本质力量。在体育竞赛中，可以酝酿一种紧张的精神氛围，激发学生对抗的热忱，充分调动和发挥学生的潜力，并在机会均等的条件下遵守规则，对学生个体的心理产生积极的影响，进而对培养学生的竞争意识产生潜移默化的巨大影响。另外，体育运动中人与人之间还会经常发生频繁的合作，一场球赛、一个游戏、一次接力跑，如果同伴之间没有合作意识，团队就很难取得胜利。因此，学校体育要充分利用体育教学的这一特殊形式来提高学生的竞争意识和合作精神，以便让学生能在未来激烈的社会竞争中立于不败之地。

三、提高学生的社会适应能力

在现代社会中，人的社会适应能力越来越受到教育者的关注，因为适应能力高低对于个人的生活和工作的影响，丝毫不逊于身体健康状况和知识掌握状况的影响。现实生活中，学生在社会适应方面出现的问题相当多。先进的社会生活、紧张的节奏和残酷的竞争要求人们对身处的环境要有高度的适应性，“物竞天择，适者生存”是自然界的法则，同样也适用于我们人类。学生的社会适应能力可以通过多种手段发展，但学校体育是其中重要的途径之一。这是因为大多数体育项目只能在社会环境即与他人发生联系的条件下才能进行。在学校体育教学活动中，参加者往往又要根据运动需要担任某种角色，并按照一定的体育规则和体育道德标准进行体育活动，在这种体育活动环境中，学生可以用更直接、主动和集中的方式接触、体验近似于社会上所能遭遇到的各种情景，如竞争、冲突、分享、合作、共处、避让、包容、角色和角色转换、批评、赞扬、成功、失败等，而这实际上是一种社会活动的缩影，是学生最早接触的社交场所，这对学生尽早地接触社会，提高学生的社交能力、独立工作的能力，有着积极的作用，对提高学生的社会适应能力具有不可替代的特殊功能。

第四节　人文与科学融合的学校体育教学思想

体育活动是人类活动中非常重要的一部分，可以促进人的身体全面健康发展，可以满足人们强大的精神追求，进而推动社会的全面发展和进步。随着社会的大幅度进步和发展，人们生活水平的大幅度提升以及人们对健康认识水平的进一步提高，信息和知识经济时代的到来，致使整个社会对学校体育教育提出更高、更新的要求。现代大学体育教学持续健康发展的核心就是体育人文精神。在大学体育教育中融入以人为本的教育理念，即基于大学生的实际客观情况，制订科学的体育教学计划，将大学生作为教学的主体，促进大学生的主观能动性完全充分发挥，使大学生的求知欲得到充分激发，使大学生的身体素质得到大幅度的提高，促进大学生掌握进行日常身体锻炼的基本体育技能和技术，使他们能够有效地形成优良的体育锻炼习惯，使得体育课堂教学能够真正地服务于大学生健康成长和发展。以前的学校体育教育对人文体育价值的重视程度远远不足，在体育实践中也缺乏对大学生进行人文体育价值方面的培养，导致了学校体育健康教育出现了很大程度上的偏差，也忽视了引导大学生对人文体育精神进行深入的理解和领会，这显然对大学生培养和保持体育健身习惯是十分不利的。

一、在大学体育教育中对大学生进行人文体育精神培育的必要性

目前，大学生一般都存在终身体育意识不强，还不能充分认识到参与体育活动所承载的社会意义等问题，具体来说，其实质就是人文体育精神的缺失问题。多年来，大学体育教学深受陈旧体育教学观念的负面影响，在陈旧的大学体育教学活动中，体育老师被作为教学的中心，单方面强调老师的主导地位，忽视了学生的主体作用，体育教学模式十分单一，仅是课堂教学。利用这种教学模式的教学是向学生灌输运动技能技术的过程，而测试则是检测学生掌握运动技能技术水平的手段，学生对体育的认识理解是十分狭隘的，只能成为掌握体育技能技术的机器而已。由于以前的体育教学模式忽视了对大学生进行主体体育意识的培养和发展，大部分学生的体育文化素养往往是散乱的，很多学生根本就没有思考如何利用广泛的体育学习，力求自己发展、完善自己，培训和提升自己的社会适应能力和水平，致使大学体育教学几乎将人文精神完全抛弃了，淡化了人本身对体育精神世界的追求，忽视了对大学生进行精神培养以及完善人格方面的培养。为了提高大学生的身体基本素质，促使大学生的身心都健康全面地发展，促进大学体育教学朝着健康和谐的方向发展，培育大学生的人文精神和人文素质成为大的时代趋势。体育教学要充分体现以人为本的思想，只有帮助大学生深刻了解参加体育活动的最高价值所在，大学生才能主动积极地参与到体育活动中去，并给他们今后的工作、学习带来无穷的益处。

二、注重在大学体育教育中融入人文体育精神

在目前的大学体育老师当中，还有部分体育老师在人文素养上存在着一些问题。究其原因，很大程度就在于我国的大学体育教育课程主要以技艺性、技术性为主，几乎都是在技术层面上确立教学任务，侧重于运动的结果和成绩，在设置课程方面，人文知识所占的比重极小。因此，为适应素质教育和健康教育的实际需要，大学体育老师的人文素养的有效提升是十分迫切和重要的。

课程的设置关系到体育教学目标和教学内容的确立，是老师和学生之间联系的纽带。大学体育教育的课程设置要充分体现多样化和个性化。体育是学校教育中非常重要的组成之一，设置体育课程是大学教育中针对学生实施体育教育的重要方式，也是培养和提高大学生身心素质必不可少的基础课程。早在2002年我国发布了《全国普通高等学校体育课程教学指导纲要》，其中虽然提出了全新的课程理念、课程目标，但对于运动项目的分类和课程模式的建设方面并没有做出具体的规定，因此，各个大学都可以视本校的具体校情而自主设置体育课程，在本项工作中努力将本校的特色和风格充分展现出来，建构出适合本校校情的独特的体育课程模式。在人文体育理念指导下设置大学体育课程，首先必须要将有利于大学生身心发展作为课程设置的根本，要满足所有大学生的不尽相同的需求，力求尊重学生的差异，培养和提高大学生的社会生存能力，力求促使所有大学生都能在原本的基础之上获得自由、充分、和谐、健康的全面发展，力求设置的课程能够反映出鲜明的个性培养特色。随着经济的进一步发展，国家对大学体育教育的投入也随之加大，大学体育需要的硬件设施水平也得到了大幅度的提升，大学体育教育的主要教学模式就开始向满足不同学生的需求，让学生根据各自感兴趣的体育项目开展学习的方向发展了。这种开放式的教学模式，既给大学生提供了开放的学习环境，使他们的学习空间得到优化，使他们学习的主动性和自主性得到了充分发挥，而且学生还可以按照个人喜好、专业特点、课程的内容以及个人的实际需求来选择体育项目，使其更能有效地全身心地投入到体育学习当中去。其次，在实施多样化设置体育课程时，还要使之遵循大学生的身心发展规律。在满足学校教育的整体要求以及体育课程本身规律的前提下，可以面向所有大学生设置各个体育项目的低级班和提高班，使体育课程在整体上有一定程度的灵活性和弹性，以期能够使不同水平、不同层次、不同兴趣的大学生都能得到相应的满足。在具体的教学活动中，将体育、保健、安全的技能和知识传授给学生，使他们的个性得到充分的发展，最终促成学生的身心都能得到健康发展。设置多样化的体育课程能使大学生的体育主观能动性得到充分的激发和调动，使之能够在快乐中进行学习，也可以在其中不自觉地形成自己的体育价值观。

在大学体育教育中，针对大学生进行人文体育精神方面的培养，不是简单的教与学的问题，而是在实施教学过程中进行相应环境和气氛的营造。在很大程度上，大学生形成人

文体育精神并不是都是靠课堂教学或考试的实施，而很多都是靠学生本人在大量的课外体育活动中对体育本身产生感悟和体验。这就需要学校具备必要的体育教育基础设备设施，可以开展大量的不同形式的体育运动，满足大量的需求又不一样的大学生，以保证对大学生进行有针对性的人文体育精神的培养。大学体育课程改革的最大变化是逐步从生物体育转到了人文体育，面向所有学生，大力彰显大学体育的休闲娱乐性和健身性，进一步培养和提高大学生的体育理念和体育能力，也进一步培养大学生的自主创新精神，使大学生的人格更加完善，使大学生的身心全面健康发展，为他们能在未来很好地适应全球化、多样化的社会生活打下坚实基础。

第九章 学校体育教学目标

第一节 体育教学目标的概念

体育教学目标是体育课程的亚目标，它是体育教学中师生预期达到的教学结果和标准，我国通常称为教学任务。在西方，一般把教学目标分为终极目标、行为目标和作业目标。教学终极目标是一种计划目标，具有假设性；行为目标和作业目标是一种度量目标，具有实践性，因而表述得当的教学目标应具有两个特征：它必须详细说明目标内容，即说明做什么和如何做（知识、方法等）；它应当用特定的术语描述教学后学生应能做（或产生）以前所不能做的事，即教学后所要达到的结果的详细规格。

在这里需要说明的是，我国通常所说的教学任务与现在所说的教学目标虽然都是同一个范畴，但是又有某些差别。

（1）教学任务是以教师为主体的，而教学目标则是在一定教学时间内各种教学活动行为要达到的标准和境界，它是以学生为主体的。

（2）教学任务是比较笼统的，分不出阶段和层次。而教学目标的描述由于采取了具体的行为动词，因而对教学过程的阶段、深度、层次有明显的限定。

（3）由于教学任务是教师对教学的期望，缺乏量和质的规定性，难以观察和测量，其结果难以评价。教学目标则将教学任务具体化和量化，可观察、可测量，可作为评价的依据。

（4）教学任务一般为教师所掌握，而教学目标是师生都要明确和掌握的，学生可以根据教学目标进行自我学习和自我检测，有利于提高学生的学习主动性和学习兴趣。

因此，笔者认为采用教学目标这个概念比采用教学任务这个概念更具有实践意义。

第二节　体育教学目标的特点

体育教学目标的特点主要包括以下几个方面。

一、体育教学目标的导向性

体育教学目标是体育教学活动重要的参照标准，从某种意义上来说，它是体育教学的方向，教学设计、教学过程的组织与实施、教学评价等都要受到它的制约。当教学目标的定位合理、教学活动与教学目标趋于一致时，教学就易于收到良好的效果。当教学目标不符合客观实际的时候，以此为指向的教学活动所产生的结果就会出现偏差。体育教学目标的导向性是我们必须高度重视的一个显著特点。

二、体育教学目标的层次性

体育教学目标的层次性主要体现在两个方面：一是体育教学目标是渐进式的，较低层次的目标可能是较高层次目标的分解或是具体化，也可以是较高层次目标的阶段目标，且较高层次的目标往往是以较低层次的目标作为基础或手段的。如终身体育能力，它就是以体育知识、运动技能、锻炼习惯、健身方法等为基础的。二是教学目标是与学段密切相关的，体育教学贯穿学校教育的始终，它所面对的是多个学生，显然，教学对象不同，具体的教学目标就肯定会有差异。在大学阶段，需要注重满足学生个体对体育的需求，进一步提高学生素质和终身体育能力，将个体需求和社会需求相结合。因此，体育教学目标是有层次的，它是由低级向高级呈梯级发展的。

三、体育教学目标的系统性

体育教学目标是由认知目标、技能目标、情意目标、品格目标和方法目标等构成的整体，它们既相互联系，又各自拥有自己的地位和功能。虽然各目标实现的时间和程度不一致，但它们总是直接或间接地，即时或过后影响体育教学目标的达成，它们有机联系和相互促进，便能产生“整体大于各个部分总和”的效果，这是促进学生全面发展、构建良好素质的需求，也是素质教育的必然要求。

四、体育教学目标的灵活性

体育教学目标的灵活性是指体育教学目标的达成可以有一个适宜的调整空间。它有利于教师根据学生的身心发展水平、体育能力现状和体育教学及锻炼的相关条件等因素来开展教学工作，提出与学生基础和教学条件相适应的分类目标，体现出对现实情况的重视和对学生的尊重，从而充分调动学生的主观能动性，发挥他们的主体作用，使他们的发展更加符合客观实际，使他们健康个性的形成具有一个良好的外部环境，体现出以人为本的基本思想。

五、体育教学目标的检测性

体育教学目标即教学活动追求的标准，也是衡量教学活动的效果的标尺。运用教学目标的要求对学生认知、技能、情意、品格和方法等进行评价和比较，可以检测教学内容、教学方法、教学手段及教学环境等的选择与运用的效果，及时将这些检测信息反馈到教学活动中去，便可有效地优化教学过程，使教学效果不断得到优化。

第三节　体育教学目标的功能

教学目标具有多方面的功能，概括起来主要有三个功能，即激励功能、导向功能、标准功能。在体育教学中为使学生在不同的方向达到不同的目标，需要我们确立明确、具体、合理的教学目标。美国学者麦克唐纳曾指出，教育目标具有以下五项功能：一是明示教育进展的方向；二是选择理想的学习经验；三是界定教育计划的范围；四是提示教育计划的重点；五是作为教育评价的重要基础。体育教学目标的主要功能表现在以下几个方面。

一、对体育教学实践活动具有导向功能

教学目标用来指导特定时间内的教学实践活动，通常被教育理论家称为“教育活动的第一要素”。根据所要完成的教学任务来确定合理的教学目标是教学计划的首要环节。在体育教学活动中，如果有明确的教学目标，那么教学内容的选择和组织、教学方法的选择与运用，乃至整个教学工作的开展，都可以围绕着预定好的教学目标进行。体育教学目标的导向作用具体表现为：体育教学目标能使体育教学活动避免陷入盲目的状态，从而有助于体育教学活动有序进行；体育教学目标能够使体育教学活动集中于有意义的方面，从而有助于积极结果的达成；体育教学目标能够提高体育教学活动的效率，使教学活动事半功倍。

二、激发学生的运动兴趣和学习兴趣

在体育教学过程中，体育教学目标的制定可以激发学生的学习动机和学生的运动兴趣，使其努力达成目标，特别表现在以下三种情况中：首先，当学生对体育运动技能和运动知识学习的需要与体育教学目标相互吻合时，潜在学生内心的驱动力就会使学生产生极大的

学习兴趣，投入到学习之中；其次，当体育教学目标与学生的兴趣一致时，这种目标将较明显地激发学生的学习热情；最后，当体育教学目标的难度适中时，就会发挥较大的激励作用。如果体育教学目标的难度太大，会使学生知难而退；如果难度太低，则缺少体育竞争带来的乐趣；难易适中最能激励学生学习的积极性。所以教师在制定教学目标之前要对学生的基本情况做充分的了解，才能使教学目标与学生的实际情况相吻合。

三、为评价教学质量提供评价标准

在体育教学过程中通常要对教学情况做出评价。教学目标为教学评价活动提供了准确的衡量标准。首先，在体育教学效果评价中，最重要的就是要评判体育教学活动在多大程度上达到了预期的教学目标。其次，在对体育教师授课质量评价和体育课程评价中，教学目标可作为评价标准。由于教学目标在教学评价中具有标准功能，所以人们往往为了更好地进行教学评价而精心研究教学目标，如布卢姆的教育目标分类学主要是为进行教学评价而做出的教学目标分类。以往的教学评价以终结性评价为主，这种评价方法忽略了教学过程中的质量评价，在今后的教学评价和教学目标的制定中要使教学评价和教学目标的制定相结合，并且注重过程性评价，这样学生的学习成果在每一个评价过程中都会有所体现。

第四节　体育教学目标的分类

教学目标的分类及其内容从来就是见仁见智的问题，不同时期、不同国家、不同学者都有对体育教学目标分类的不同认识。

一、体育教学目标分类概述

1. 三项基本任务

新中国成立以后直到2000年，我国中小学体育教学大纲中一直沿用“目的任务”的说法，直到2000年修订的过渡性《体育与健康教学大纲》中才开始使用“教学目标”一词。我国使用时间最长的说法当属体育教学的三项基本任务，即“全面锻炼学生的身体，掌握体育基础知识、基本技能和基本技术，向学生进行思想品德教育”。2000年修订的普通高中体育教学大纲把这三项基本任务正式改为三项教学总目标，和以前的三项基本任务相比，虽用词和表述不同，但基本含义和分类大体一致。

2. 五个学习领域与四个学习方面

2001年开始的基础教育课程改革中，新制定的《体育课程标准》把课程内容划分为五个学习领域，即运动参与、运动技能、身体健康、心理健康、社会适应，并制定了一套从课程、领域到不同水平的详尽的目标体系。目标侧重于从学生行为取向的角度加以表述，更加强调从社会需求向学生需求的重心偏移，突出了对学生情感、态度、价值观的高度关注。2011 年新修订的《体育与健康课程标准》把五个领域中的心理健康和社会适应合并，修改为运动参与、运动技能、身体健康、心理健康与社会适应四个学习方面，更加突出强调体育课程的核心价值。

3. 认知、技能、情意

1956 年，美国学者布卢姆出版了《教育目标分类学：认知领域》，将教育目标分为认知、技能和情意三个大的领域。这一观点刚开始并没有引起人们的太大注意。直到 20 世纪 60 年代初期，随着美国政府和公众对教育目标关注程度的提高，特别是克拉斯沃尔在 1964 年出版了《教育目标分类学：情意领域》之后，教育目标分类学才开始受到重视，认知、技能和情意领域的划分方法在美国教育界被广泛了解，并逐渐在全世界教育界传播开来。课改以来，我国的中小学教师也开始了解并广泛接受了这种分类方法。据笔者对体育教师说课稿、优秀教案评选参选教案和各级体育教学观摩课教案的考察，超过半数的教师采用了"认知、技能、情意"这种目标分类方法。

4. 认知、情意、运动技能、增强体质

美国的海德洛特在布卢姆"认知、技能、情意"的分类基础上，把体育课程的学习目标明确划分为认知、情意、运动技能和增强体质四个方面。这一分类突出了体育课程的基本功能，强调了体育课程与其他课程的根本区别，得到更多学者的赞同。可惜我们很多体育教师只知布卢姆，不知海德洛特，人云亦云，照本宣科，教学目标制定中往往缺失促进身体发展这个体育课程最基本的功能和目标取向。

5. 知识与技能、体能、情意

体育课改中，许多体育教师勇于创新，大胆实践，在教学目标制定中采用"知识与技能、体能、情意"的分类方式。陈明祥老师在"中小学体育课时教学目标撰写格式的思考"一文中对这一目标分类表示高度认同，认为这种分法内容全面，归类明确，符合体育学科的特点和教学规律。并认为每节体育实践课都要有发展体能的目标，这是由体育课程性质所决定的。

二、体育教学目标分类之我见

1."认知、技能、情意"的目标分类不适用于体育教学

体育课程之所以能在学校教育中存在至今是基于它是学校课程体系中唯一具有促进学生身体发展功能的课程，它承载着全面发展教育方针中"体育"的重任。这里的"体育"说白了，就是促进学生身体发展的教育。在某种意义上说，缺失了促进学生身体发展目标的体育课程，将失去在学校教育中存在的价值和意义。

2011 年版《体育与健康课程标准》在第二部分"课程目标"中明确指出："通过课程学习，学生将掌握体育与健康的基础知识、基本技能与方法，增强体能。"增强体能被明确列入课程总目标，身体健康被视为重要的学习方面和重要的预期结果，因此，任何缺失了发展身体预期的教学目标分类都不适用于体育与健康课程的教学。“认知、技能、情意”的目标分类虽然在我国中小学被广泛使用，但我们必须清楚，这种目标分类并非针对体育课程所提出，它不符合我国体育课程的基本性质与价值。因此，这种缺失了促进学生身体发展的目标分类显然不适用于体育教学的目标制定。

毋庸置疑，缺失体能目标现象的发生与“认知、技能、情意”目标分类的影响有较大关系，对此我们必须保持高度清醒，绝不能人云亦云，自我舍弃体育课程的基本性质和核心价值。试想，如果学校教育中唯一担负促进学生身体发展重任的体育课程不能把增强体能作为目标去努力，体育教师不能在时间、师资、场地、器材等资源条件最有保证的体育课上分解落实课程目标，中国学生体能持续下降的趋势恐怕还会继续下去。

另外，虽然有的教师在教案中并不缺失体能目标，但却把体能目标写到技能目标甚至情意目标名下，这种分类上的混淆则是不能容许的低级逻辑错误。

2.“认知、情意、运动技能、增强体质”的目标分类更符合体育课程的性质与特点

传统教学论认为教学活动具有教养、教育、发展等方面的职能。“教养”指的是使学生获得深刻而牢固的知识技能体系，是一个提高人的文化素养的概念。而“教育”指的是培养学生的品德，相当于过去体育教学大纲上所说的思想品德教育，从宏观教育的角度说是在各学科教学中都应该渗透的德育，按现在的理念更偏重于情意领域，或者是分布在“运动参与、心理健康与社会适应”等领域的那些情意、态度、价值观方面的内容。“发展”指的是促进学生智力和体力等方面的不断提升与成熟，具体到体育课程上讲，主要是促进学生身体的发展，即促进学生形态、机能的正常生长发育和体能的增强。

笔者认为，海德洛特关于认知、情意、运动技能和增强体质的分法，更加符合体育教学的性质、特点和教学的一般职能。但我们还可以把这种目标分类方法做进一步的归纳与修正。

首先，可以把认知与运动技能归为一类，因为它们同属于学习掌握知识技能这一“教养”的教学职能范畴。从心理学角度看，知识包括陈述性（事实性、描述性）知识和程序性（功能性、实践性）知识，有关动作技能的知识（动作方法、要点等）是关于“怎么做”的程序性知识，具有可意会却难以言传的隐性特点，学习动作技能的过程是一种通过身体运动适应内外环境的特殊认知过程。体育学习过程是一个通过身体练习掌握动作技能和增强体能的过程，而不是识记、背诵、复述等心智活动过程。因此，体育实践课的目标制定中可以把“认知与运动技能”目标简化为“技能”目标，而在教授理论知识的室内课的目标制定中，可以把其简略为“知识”或“认知”目标。

其次，考虑到“增强体质”目标的概念过于笼统和庞大，我们可以将它修正为更加具体的“体能”目标。现代“体能”的概念包括了与健康有关和与运动有关的体能，基本涵盖了人的形态、机能、素质等体质概念中的生理要素。体育教师应该根据教材的特点与价值，有针对性地制定促进学生形态、机能和身体素质发展的目标。

最后，情意目标较为复杂。北师大的赵德成老师认为，“情意”本身是一个十分复杂的新概念，难以精确界定。他认为情意领域主要涉及一个人的情感、态度、兴趣和价值观等，我国基础教育课程改革中提出的“情感、态度与价值观”刚好与情意领域相对应。王沂等人在“我国体育课程标准中‘情意’目标历史演化之管窥”一文中干脆就把现在的“情感、态度、价值观”和过去体育教学大纲中那些有关品德、观念、兴趣、态度、精神的目标内容统统归结到“情意”目标名下进行讨论。笔者认为，我们不妨把“情意”领域看作一个反映学生智力和体力因素以外的诸多精神、道德因素，涉及人格完善和价值观形成的教育领域。这样，我们可以把一些心理健康、社会适应、思想品德等方面的内容，如情感、兴趣、意志、态度、意识、习惯、交往等都纳入情意领域来制定目标。虽然略显繁杂，但却方便易行。

现在，我们已经归纳出了一个明晰的体育实践课教学目标的分类体系。

3.“知识与技能、体能、情意”目标的统一性

知识与“技能、体能、情意”目标在每一节体育实践课上都是不可或缺的，因为它们具有高度的统一性并互为依存。

第一，学习技能和增强体能具有高度的统一性，二者相互联系，互为依存。体育课程以身体练习为主要手段，而身体练习则是一个“掌握各种基本活动技能和提高身体素质的过程”。20世纪80年代，国内曾有过关于学习技能和增强体能以谁为主的争论，其实，这一争论的出现是把学习技能与锻炼身体对立起来的结果。如果我们从技能与体能具有统一性的角度看待这个问题，讨论将更具有意义。首先，虽然运动技能可以成为一种职业技能或谋生本领，可以被用来休闲、娱乐、交往等，但学校体育课程学习运动技能主要是为了锻炼身体，增强体能。而增强体能又离不开具体运动技能的支持，学习技能和锻炼身体互为存在的条件。其次，学习技能和增强体能具有共同的特征，那就是重复性和负荷性。不管是学技能还是强身体，都必须通过足够数量的反复练习才能达到目的，而反复练习过程中身体都要承受一定的运动负荷。在重复中形成技能，在重复中承受负荷，在重复中增强体能，重复性和负荷性的共同特征把技能与体能紧密联系在一起，使二者形影不离，互为依存。20世纪50年代苏联学者研究发现，通过一次或一天时间的训练，人体机能能力就有可能得到提高，其机制是“由于改善了协调而大大增长了力量”，所以，只要体育教学目标中出现学习技能和促进动作发展的目标，课中有习得技能的身体练习过程，这节课就必然具有促进身体发展的价值，相应就应该出现锻炼身体的目标。只不过在不同的学习阶段和学习内容上，学习技能和锻炼身体的侧重有所不同，不同技能对发展身体的指向有所不同而已。

第二，情意目标的实现不能脱离学习技能和锻炼身体的实践载体。促进学生情意发展是每个学科都要贯穿渗透在教学过程中的重要目标，但这一目标的实现不是凭空说教，也不是纸上谈兵，而是依赖学科特点和教材特点，融会贯通在教学活动之中的一种润物无声的潜移默化。促进学生情意发展的教育不能时有时无，不能断断续续，必须贯穿在学技能和练身体这一综合实践过程的始终。因此，每节体育课都应渗透和贯穿促进学生情意发展的目标。

情意目标的制定绝不能脱离教材价值和学科教学的特点，而必须依据教材价值和学科教学特点有针对性地设计和实施达成情意目标的内容。情意目标在很大程度上具有生成性，需要教师抓住时机，结合情景，因势利导地促使学生在情感、态度、价值观上产生体验、反应、接受、感动、变化。不考虑教材价值与特点，把心理健康和社会适应领域的某些目标随意地放在某节体育课上，甚至脱离学技能与强身体的教学主线与载体，脱离教学实际情景，单独和专门设计促进学生情意发展的教学目标与教学活动，只是背离体育课程性质和体育教学实际的一厢情愿。

布卢姆“认知、技能、情意”的目标分类对体育教学目标的分类及制定影响广泛，但这种分类缺失促进学生身体发展的目标，不符合我国体育课程的基本性质与价值，因此不适用于体育教学目标的制定。技能、体能和情意目标的分类更符合体育课程的性质与特点。这三类目标在教学活动中高度统一，相互联系，互为依存，缺一不可，是制定课时教学目标时全面具体、重点突出、方便可行的目标分类。

第五节　体育教学目标与体育教学目的的协同

体育教学目的与体育教学目标是很容易混淆的概念，在我们的教育学和很多的教育著作中，对此也是不做区分的。其实，两者既有联系，也有很大的区别。

根据培养目标、体育教学目的，首先要使学生明确增强体质的意义，形成对体育的正确认识，养成经常锻炼的习惯和树立终身健身的思想，其次要使学生掌握健身的方法和知识，形成一定的运动技能，并能合理地运用多种运动技能和方法进行锻炼，最后要发挥体育的多功能特点，促进学生身心全面发展。应该说，体育教学目的的确立是大家所认同的，但在转化成具体的教学目标时，由于多种因素的影响，目的和目标相混淆，目标和手段不一致的偏差是客观存在的。

在现行的体育教学大纲中，有相当一部分学校的重点在于各种竞技运动技术的传授和运动能力的提高。在课堂教学目标上侧重于掌握体育基本知识、基本技术和基本技能，并自觉或不自觉地以公认的优秀运动员的运动技术作为规格加以追求，因而教学过程必然依照动作技术的内在联系和运动技能形成的规律来组织，成绩考核也以技能的掌握和成绩的高低作为主要的标准。这固然有利于技术技能的掌握，也能在一定程度上提高身体素质和运动能力，但它往往忽略了教学目标的其他方面，导致了学校体育的多功能特点的弱化，难以正确地培养学生的兴趣。能力、健康意识以及应具备的个性品质等要求，也不可能较好地对应于教学目标相关标准，因而除了在运动技术技能和体育的基本知识等方面外，教学目标的其他所要求的多元目标，导致教学目标和教学目的的不一致。

教学目的确定以后，教学目标即应以教学目的为归属，将教学目的分解、渗透、内化在教学目标中，使之协调一致，共同发挥作用，从不同层次、不同角度组合到教学过程，通过各个教学目标的实现来达到教学目的。

（1）树立正确的体育教育思想。体育教育思想是体育教学的先导，科学的体育教育思想就是符合社会和体育发展规律、符合体育认识规律、对体育教育具有指导意义的一种社会意识形态。根据体育的本质功能，增强体质和提高健康水平是体育的目标。随着社会的发展、生活质量的提高，人们将体育作为娱乐和消遣活动的愿望日趋明显，终身锻炼的要求日趋强烈，终身体育将成为人的基本需要。运用科学的方法，采取多种手段进行锻炼是有效增强体质的必然要求。因此，体育教学目标就是要定位在落实增强学生体质、培养他们的体育意识、养成自觉锻炼的习惯，掌握科学锻炼的手段和方法、树立终身体育思想、促进他们身心全面发展这一根本目的上，这也是我们应该贯穿在教学过程始终的体育教学观念。

（2）选择正确的教学内容与教学方法，强化体育的多功能目标。教学内容和教学方法是实现教学目标、达到教学目的的两个重要因素。教材内容的选择，既要考虑其生物性价值，也要考虑其教育性价值，又要注意科学性和实效性相结合。要将身体锻炼知识、运动技能和手段的掌握、健康水平评价与运动技术原理等合理贯穿于教学过程中，使之有机结合，适应体育与健康相结合的发展趋势。在教学方法上，要突破传统教学模式的束缚，善于运用多种方法发挥学生的主体作用，既要运用“快乐体育”方法使学生领悟体育的乐趣，在愉快的气氛中增强体质，也要运用“磨难体育”手段使学生接受苦难的挑战，在艰苦的磨炼中锻炼意志。还要注意课内课外结合，课内注重传授知识，掌握技能，培养健身意识，介绍自我锻炼的方法。课外则侧重自主或有组织地进行锻炼，终身锻炼，以解决教学时数不足而影响教学目标实现的矛盾，从而保证健身意识、锻炼手段和方法分类目标的实现，这样学生的创新意识和个性才能得到锻炼和发挥。

（3）建立科学的体育教学评价体系。评价对科学具有导向作用，科学的体育教学评价方法对提高体育教学目的和教学目标的协同作用具有重要意义。它必须既要客观地评价体育教学的结果，更要重视体育教学过程，尤其要反映提高的幅度和可能产生的深远影响，纠正以体能来反映体质状况、以技能反映教学效果的以偏概全的评价方法，将体育教学的结果评价和过程评价有机结合起来，着眼于明天，侧重于发展，有利于改进评价体系，有利于树立正确的教学目标，实现体育教学目的。体育教学目的是服从于体育教学目标的，它是确定而不容许随意更改的；而体育教学目标则是一种策略，它是灵活的，是因对象和发展水平不同而有差异的，它总是以实现教学目的为出发点，它既要考虑增强体质这个本质特点，又要考虑包含心理的、非智力的、人文目标的、社会的等多种要求，使学生具备可持续发展能力，只有当这些因素都有机结合在一起，并在教学过程中科学分步实施和实现的时候，我们才能说教学目标和教学目的是协同一致的。

第十章　体育运动与大学生心理健康

第一节　大学生心理发展特点

从年龄上看，大学生正处于青年中期，个体的生理发展已接近完成，已具备了成年人的体格及种种生理功能。在我国，大学生是经过严格考试，从各地选拔出来的学业成绩优秀的人才。从中学到大学，生活环境发生了巨大改变，而大学生所处的年龄阶段又决定了他们的心理尚未完全成熟。以这种尚未完全成熟的心理状态来面对环境的巨大变化，其心理发展之路必定是坎坷不平、动荡不安的。可以说，大学生的心理问题更复杂、更多变，更具有独特性。大学校园不同于任何一种别的社会生活环境，它在社会中处于一个特定的层次，因此，大学生的心理发展有着十分明显的特点，他们面临着独特的心理冲突。

一、大学生心理发展特点

（一）自我意识增强，但发展不成熟

自我意识是指人对于自己和自己与他人及社会的关系的认识，它包括自我观察、自我评价、自我检验、自我监督、自我教育、自我完善等。独立自主、富有个人魅力是当代大学生喜欢追求的个性形象。大学生是同龄青年中的佼佼者，一般都具有较强的自信心、自尊心。他们希望自己的聪明才智能够得到社会的承认和关注，他们不喜欢别人指手画脚、干涉指责，或者继续把他们当未成年人看待，期待社会把他们看作成熟的一员，希望得到他人的尊重，这种表现是大学生自我意识进一步增强、个体进一步成熟的反映。大学生自我意识的增强还显著地表现在以下几个方面。

（1）迫切要求深入了解自己和发展自己。他们经常把自己分为现实的“自我”和理想的“自我”，力图从现实与理想的关系中把握自己、认识自己、要求自己，以追求完善的自我。

（2）自我评价能力增强。大学生既能借助一定的社会评价认识自己，但又不完全依赖别人的评价，表现出较明显的独立性、自主性和自信心。他们相信自己的知识和能力水平，十分重视维护自己的名誉，更希望得到别人的尊重和理解。

（3）自我教育能力增强。大学生大多数都能够根据所学专业和以后将从事的工作要求来规划自己的学习生活、确立自己的奋斗目标，不断加强自我修养、自我锻炼。不同年级的大学生在自我的发展方面存在明显差异。有趣的是，大学生自我意识发展的趋势与其心理障碍的表现趋势似乎存在某种对应关系。大学一年级学生的自我意识最高，其次是三、四年级学生，二年级学生的自我意识最低。这一结果一方面反映了大学生自我意识发展的趋势，即走向成熟和独立，同时也反映出他们所处环境的影响作用。由于自身社会生活的知识、能力和经验等的不足，大学生中的相当一部分人还不善于正确处理自我完善与社会发展需要的关系，还没有确立立足现实、做长期艰苦奋斗的心理准备。他们往往对自己估计过高，还不善于倾听不同的意见，难以理解人、尊重人，常常表现出自命不凡、刚愎自用；有少数人难以充分了解和正确认识自己，不能坦然承认和欣然接受自己，常因缺乏自信而妄自菲薄。他们一旦遇到自己无力解决的困难或遇到某种挫折时，容易产生对现实不满的过激行为或强烈的自卑感，甚至导致行为失控和做出不理智的事情来。心理健康的大学生不仅其自我结构相对稳定，而且能够在新环境或新经验基础上，对自我进行适当的调整。相反，有心理障碍者则往往不能及时协调自我结构，从而对其行为和心理健康产生不利的影响。正因如此，大学生自我意识的发展状况充分反映出他们正处于迅速走向成熟但未真正完全成熟的心理特点。

（二）抽象思维迅速发展，但思维易带主观片面性

由于学习的知识越来越多，受到的思维训练越来越复杂，因而大学生的抽象思维获得了迅速发展，并逐渐在思维活动中占据主导地位。他们在思考问题时，不再满足于一般的现象罗列和获得现成的答案，而力求自己探索事物的本质和规律。他们思维的独立性、批判性和创造性有所增强，主张独立发现问题和解决自己认为需要解决的问题，喜欢用批判的眼光对待周围的一切，不愿意沿着别人提供的方法去思考和解决问题，其思维的辩证性、发展性都有所提高。但是，他们的抽象思维水平并没有达到完全成熟的程度，主要表现在思维品质发展不平衡，思维的广阔性、深刻性和敏感性发展比较慢。由于个人阅历浅、社会经验不足，看问题时容易过分地钻“牛角尖”，并且掺杂了个人的感情色彩，缺乏深思熟虑，往往有偏激、过分自信和固执己见的倾向，尤其是他们还不大善于运用唯物辩证法观点和理论联系实际的观点指导自己的认识活动和观察社会现象。从思维的发展来说，大学生的“理论型”抽象思维居于主导地位，因而，他们常常把社会问题看得过于简单而陷入主观、片面和“想当然”的境地。难怪有的心理学家在揭示大学生这种思维特点时发出这样的感慨：“连当代最伟大的政治家都感到棘手的社会问题，在大学生看来却易如反掌！”这说明大学生的思维往往缺乏客观性。

（三）情感丰富，但情绪波动较大

大学生充满青春活力，随着校园生活的深入展开，社会性需要增多，其情感也日益强

烈、日益发展完善。这种强烈的情感不仅仅表现在学习和工作中，体现在对待家长、同学和教师的态度等方面，更重要的是这种情感还明显地具有时代性、社会性和政治性。他们热爱社会、富有理想，关心国家的命运和前途，对于走有中国特色的社会主义道路、实现中华民族全面振兴充满了希望和激情。他们的爱国主义情感、集体主义情感、社会责任感和义务感、道德感、友谊感、美感和荣誉感、理智感等迅速向广度和深度发展，逐步成为其情感世界的本质和主流。爱情的出现是大学生情感世界的一大突变，对其心理发展发生着巨大影响。大学生控制情绪的能力也在不断由弱变强，大多数人的内心体验逐渐趋于平稳。但是，如果受到内心需要和外界环境影响的强烈刺激，他们的情绪又容易产生较大波动而表现出两极性，既可能在短时间内从高度的振奋变得十分消沉，又可能从冷漠突然转变为狂热，乃至造成消极的后果，这种情况常使一些大学生陷入理智与情感的矛盾和冲突之中。大学生的情绪还存在着外显性与内隐性的矛盾，这种矛盾冲突也带来了大学生中较多的情绪适应问题。生活经验的匮乏，使大学生又常常体验到挫折与焦虑。

（四）意志水平明显提高，但发展不平衡、不稳定

大学生多数已能逐步自觉地确定自己的奋斗目标，并根据目标制订实施计划，排除内外障碍和困难去努力实现奋斗目标，其意志的自觉性、坚韧性、自制性和果断性都有了较大发展。但是处于意志形成时期的大学生，其意志水平发展又是不平衡和不稳定的。大学生意志的自觉性和坚韧性品质已达到较高水平，但意志的果断性和自制性品质的发展却相对缓慢一些。这主要表现在，大学生能独立迅速地处理好一般学习、生活问题，但在处理关键性问题或采取重大行动时往往表现出优柔寡断、动摇不定或草率武断、盲目从众的心态。在不同的活动中，大学生意志水平的表现也不一样，如在专业学习活动中，往往意志水平高，而在思想品德的修养活动中意志水平就相对比较低。在同一种活动中，大学生的意志水平表现也有较大差异，心境好时意志水平较高，心境差时则显得意志水平较低。情绪波动对于他们意志活动水平的影响是显而易见的。

意气风发、勇往直前、敢想敢说，是当代大学生思想解放、朝气蓬勃的表现，是大学生思维的独立性、批判性进一步增强，意志和情感得到进一步发展的反映。但是，由于大学生的思维发展还不够深刻、全面和辩证，辨别是非的能力还不够强，情感仍存在不稳定的一面，自我约束、自我控制能力尚有待继续培养和发展，因而大学生在社会适应和生活适应上常常会遇到挫折与冲突。俗话说，温室里的花朵经不住风吹雨打，现实生活中再好的理想如果没有经过社会、生活的锻炼，也是脆弱不堪的。

（五）智力发展水平达到高峰，加入社会的需求迫切

大学生一般思维敏捷，接受力强，通过专业训练，系统学习，其抽象逻辑思维能力得到充分的发展，智力水平大大提高，分析问题、解决问题的能力增强，其智力层次含有较多的社会性和理论色彩。

大学生在校园里的生活期限比社会上的同龄人长，这使得他们与社会有一定的距离。也正因为如此，他们渴望加入社会的愿望更为迫切。在校园里，他们关注着社会，评判着各种社会现象，并希望自己能加入进去，按照自己的想法去改变各种令人不满的现象，用自己的专业知识服务于社会，体现自己的力量，实现自身的价值。这种迫切加入社会的需求与大学生正在形成的价值观相互作用，是将来他们走向社会的重要心理依据。这一心理特点支配、指导着大学生的学习态度，从而对大学时代的生活质量产生重要的影响。

二、大学生心理发展阶段

为了更深入地了解大学生的心理发展历程，我们可以将大学生的心理发展分为以下三个阶段：适应准备阶段、稳定发展阶段、趋于成熟阶段。

（一）适应准备阶段

新生步入大学，从高考成功的喜悦中冷静下来，先要面临的就是从中学生活到大学生活的急剧转折。生活环境的改变，人际关系的变化，学习方式的变更，凡此种种，都可能使他们感到很不适应，整个身心处于动荡不安之中，原有的、习惯化了的心理结构一下被破坏，心理平衡被搅乱，周围全是陌生的面孔、陌生的事物。在一片陌生之中，他们需要逐步开始新的生活；在克服各种不适应的同时，他们力图建立新的心理结构，以达到新的心理平衡，从而开始真正的大学生活。大学新生对大学生活从不适应到适应的过程，称为适应准备阶段。

（二）稳定发展阶段

这一阶段是大学生活全面深化和发展时期。入学时的不适应已基本消除，新的心理平衡已初步建立起来，各方面的关系已趋于熟悉、稳定，新的生活秩序开始良好地实施，大学生活进入相对稳定的阶段。这一阶段是大学生活最主要、最持久的阶段，将一直延续到大学毕业前夕，一般有三年左右时间。

大学生极强的可塑性在这一阶段得到充分展示，每个人都按自身独特的方式塑造着自己。他们可能会遇到许多锻炼、提高的机遇，可能会有克服困难、取得成功的欣喜，也可能会遇到困惑、苦恼，这正是大学生的成长过程，大学教育的主要目标将在此期间完成。

（三）趋于成熟阶段

这个阶段是大学生从学生生活向职业生活过渡的阶段。面对又一次环境改变、角色变化，大学生心理将又起波澜。不过，此时的大学生已接受了严格的专业训练和独特的校园生活的陶冶，自主感较强，自我意识也有了很大的提高，对未来的生活道路也有种种设想，这些设想多数可能与现实有一定距离。大学生在此阶段必须开始做走向社会的心理准备。进一步深入地了解社会，把握好自己在生活中的位置，是所有大学生面临的任务。要决定毕业后的去向，要做毕业设计以证明自己大学时代的专业收获，有的还要处理与恋人的关系等，每个大学生的心理负担、心理冲突是不会少的。这个阶段往往是对大学生各方面素质进行综合考验的阶段，同时又是进一步促进大学生心理成熟的阶段。

第二节　大学生心理健康标准

一、心理健康的基本含义与标准

（一）心理健康的基本含义

1946 年第三届国际心理卫生大会曾为心理健康下过这样的定义：“所谓心理健康，是指在身体、智能以及情感上与他人的心理健康不相矛盾的范围内，将个人心境发展成最佳的状态。”

虽然人们所站的角度不同，对心理健康的理解有一定的差异，但都存在一些共同之处，即心理健康是指在正常发展的智能基础上所形成的一种表现出良好个性、良好处世能力和良好人际关系的心理特质结构。

（二）心理健康的标准

1. 世界心理卫生联合会提出的心理健康具体标准

（1）身体、智力、情绪十分调和。

（2）适应环境，在人际关系中能彼此谦让。

（3）有幸福感。

（4）在工作和职业中能充分发挥自己的能力，过有效率的生活。

1948 年，世界卫生组织还明确提出：“健康”，不仅是没有身体缺陷与疾病，还要有完整的生理、心理状态和社会适应能力。这里的心理健康至少包含两层含义：其一是无心理疾病；其二是具有一种积极发展的心理状态。没有“积极发展的心理状态”，人们不能对自己的心理健康进行保护和促进，不能消除不健康的心理倾向，也容易出现轻度的心理问题或障碍。

2. 美国心理专家马斯洛提出的心理健康 14 条标准

（1）现实知觉良好，即能如实看待世界，而不是按自己的欲望和需求来看待世界。

（2）接纳自然、他人与自己，即能接受自然、他人及自身的不足与缺憾，不会为这些缺憾所困扰。

（3）自然、坦率、真实，即行为坦诚、自然，没有隐藏或伪装自己的企图，除非这样一种直率的表现会伤害别人。

（4）以自身热爱的工作为中心，即热爱自己所从事的工作，工作起来刻苦、专注。

（5）有自立和独处的需要，即不靠别人来求得安全和满足，遇到问题时喜欢冷静、独立地思考，把解决问题的希望寄托在自己身上。

（6）在自然与社会文化环境中能保持相对的独立性，即无论在什么样的环境中都能独立地发挥思考的功能，并具有自制的能力，即使在碰到挫折、受到打击的情况下，也是这样。

（7）有持久的欣赏力，即对于某些经验，特别是审美体验，有着奇特而经久不衰的欣赏力，不会因事物的重复出现而为之烦恼，相反，却为能保留和享受这些美好回忆而欣慰不已。

（8）具有难以形容的高峰体验，人生中存在这样的体验：感受到强烈的醉心、狂喜和敬畏情绪，感觉到极大的力量、自信和决断指向，甚至连平凡的日常活动，也被他们夸大为压倒一切、无限美好、不可言喻。

（9）关注社会道德，即把帮助穷困受苦的人视为自己的天职，具有同世间所有的人同甘苦、共患难的强烈意识，能够千方百计为他人利益着想。

（10）人际关系深刻，即注重友谊和爱心，但交友的数目一般不多，同伴圈子较小。

（11）具有民主的性格结构，即谦虚待人，不存偏见，尊重别人的权利和个性，善于倾听不同意见。

（12）富于创造性，即具有同儿童天真的想象相类似的倾向，具有独创、发明和追求革新的特点。

（13）处世幽默、风趣，即善于观察人世间的荒诞和不协调现象，并能以一种诙谐、风趣的方式将其恰当地表现出来，但绝不会把这种本领用于有缺陷的人身上，对不幸者总是给予同情。

（14）反对盲目遵从，即对随意附和他人的观点和行为的人或事十分反感，有自己的主见，认定的事情就坚持去做，而不顾及传统的力量或舆论的压力。

关于心理健康所包含的具体内容和标准，不少国内外专家学者都有过研究和论述，以上仅为代表。

心理健康与生理健康一样，都是健康的不可分割的部分，但是，心理健康的标准并不像生理健康的标准那样具体、精确和绝对。对心理健康状况的划分，一般常用“常态”和“变态”或者“正常”和“异常”来表示。然而心理健康与否、正常与否的界限是相对的，很难有绝对、客观的划分标准，正常和异常是一个连续体的两端，中间没有绝对的分界线。

二、大学生心理健康的标准

大学生的普遍年龄一般为 18 ~ 25 岁，从心理学的观点看，正处于青年中期。大学生的心理具有青年中期的许多特点，但作为一个特殊群体，大学生又不能完全等同于社会上的青年人，主要原因在于：第一，政治上，大学生更加敏感；第二，经济上，大学生尚不能独立；第三，人际关系方面，大学生大多数远离家乡，缺乏家庭的温暖，校园生活使大学生比较脱离社会，集体生活又使他们缺乏个人空间；第四，书本知识比较丰富，而社会经验却相对贫乏，思想活跃，但脱离实际。

因此，大学生除了可能产生一般的心理问题外，学校这个特殊处境还会使他们产生一些特殊的心理问题。

心理是否健康是可以测量的，但测量心理健康的工具却不是像测长度、高度的尺子那样具体和客观。测量心理健康一般采用量表测量，其标准不是固定不变的。心理健康水平随着时代的变迁、文化背景的变化、对象的不同等有着不同的评价标准。根据我国大学生的实际情况，评判大学生的心理健康水平应从以下几个标准给予着重考虑。

（一）自我评价正确

一个心理健康的人，能体验到自己的价值，既能了解自己，也能接受自己。对自己的能力、性格和优缺点都能做出恰当客观的评价。不会高估自己，不会对自己具有的一些长处和优势沾沾自喜，提出不切实际的生活目标和理想；同时，也不会贬低自己，不会为自己在某些方面存在的不足而自责、自怒、自卑。心理健康的人能接受自己，对别人的评价能做出客观的反应，自我认识稳定，并保持积极的生活态度，努力发展自己的潜能。反之，一个心理不健康的人，不能恰当地认识自己，总存在强烈的心理矛盾冲突，对自己总是不满意，缺乏积极的自我态度，总是要求十全十美，而总是无法达到，因此无法保持平衡的心理状态。

正确的自我评价是大学生心理健康的重要条件。大学生是在与现实环境和与他人的相互关系中，在自己的实践活动中认识自己的。一个心理健康的大学生，对于自己的认识应当比较接近现实，尽力做到有自知之明；对于自己的优点感到欣慰，但又不至于狂妄自大；对于自己的弱点和错误既不回避也不自暴自弃，而是善于正确地自我接受。

（二）适应能力强

较强的适应能力是心理健康的重要特征，而一个人不能有效地处理与周围现实环境的关系则是导致心理障碍的重要原因。心理健康的大学生，应能和社会保持良好的接触，对于社会现状有清晰正确的认识，其思想和行动都能跟得上时代的发展步伐，与社会的要求相符合；而当发现自己的需求和愿望与社会需求发生矛盾时，能够迅速进行自我调节，以求与社会协调一致，而不是逃避现实，更不是妄自尊大和一意孤行，与社会需要背道而驰。

（三）满意的心境

心理健康的大学生，对自己的学习、生活和人际关系总是有一定程度的满意感，并自感有较强适应周围环境的能力，从而获得自尊和自信。虽然他们的聪慧程度不尽相同，但由于没有心理障碍，其聪明才智都能得以充分发挥，从而取得一定的成就，赢得成功的喜悦。这种满意的心境主要来源于较高的精神修养，因而他们无论是出于顺境或逆境，都能积极进取，在拼搏中找到乐趣，发掘出生活光明的一面。

（四）乐观的生活态度

心理健康的人能珍惜和热爱生活，积极投身于生活，并在生活中尽情享受人生的乐趣，有积极的人生体验。心理健康的人不在乎生活事件的大小，总能从其中体验到生命的意义，不管是一次朋友聚会，还是独自漫步街头。在工作和学习中，他们尽可能发挥自己的聪明才智，并从学习与工作的成果中获得满足和激励，把学习与工作看成乐趣，而不是负担。心理健康的大学生能正确地对待学习压力、择业竞争、情感纠葛等，以积极乐观的生活态度对待周围发生的事情，以平常心坦然处之，而不是悲观、抱怨、自暴自弃。心理健康的大学生把一切当作人生的阅历，当作迎接未来艰巨挑战的心理准备。

（五）智力正常

智力是指一个人的认识能力和活动能力所能达到的水平。它是人的观察力、注意力、记忆力、想象力、思维力、创造力及实践活动能力等的综合，包括在经验中学习或理解的能力，获得和保持知识的能力，迅速而成功地对新情境做出反应的能力，运用推理有效地解决问题的能力等。智力正常是大学生学习、生活和工作的最基本的心理条件，是大学生胜任学习任务、适应周围环境变化所需要的心理保证。因此，智力正常是衡量大学生心理健康的首要标准。一般来说，大学生的智力都是正常的，与同龄人相比较而言，其智力总体水平是比较高的，因而衡量大学生的智力是否正常，关键是看大学生的智力是否正常和充分地发挥了效能。大学生智力正常且充分发挥效能的标准是：有强烈的求知欲和浓厚的探索兴趣；智力结构中各要素在其认识活动和实践活动中都能积极、协调地参与并正常地发挥作用；乐于学习。

（六）情绪健康

情绪健康的主要标志是情绪稳定和心情愉快。情绪健康是大学生心理健康的一个重要指标，这是因为情绪在心理变化中起着核心的作用，情绪异常往往是心理疾病的先兆。大学生的情绪健康内容主要包括以下几个方面。

（1）愉快情绪多于不愉快情绪，一般表现为乐观开朗、充满热情、富有朝气、满怀自信、善于自得其乐和对生活充满希望。

（2）情绪稳定性好，善于控制和调节自己的情绪，既能克制、约束，又能适度宣泄而不过分压抑，情绪的表达既符合社会的要求，又符合自身的需要，在不同的时间和场合有恰如其分的情绪表达。

（3）情绪反应是由适当的原因引起的，反应的强度与引起这种反应的情境相符合。

（七）意志健全

意志是指人在完成一种有目标的活动时进行选择、决定和执行的心理过程。意志健全者在行动的自觉性、果断性、顽强性和自制能力等方面都表现出较高的水平。意志健全的大学生在各种活动中都有自觉的目的性，能及时做出决定并运用切实有效的方法解决所遇到的各种困难，在困难和挫折面前能够采取合理的反应方式，能在行动中控制自己的情绪和言行，而不是行动盲目、优柔寡断、轻率鲁莽、害怕困难、意志薄弱、顽固执拗、言行冲动。

（八）人格完整

人格在心理学上是指个体比较稳定的心理特征的总和。人格完整是指有健全、统一的人格，即个人的所思、所说、所做都是协调一致的。大学生人格特征的主要标志包括以下几个方面。

（1）人格结构的各要素完整统一。

（2）具有正常的自我意识，不产生自我同一性混乱。

（3）以积极进取的人生观作为人格的核心，并以此为中心把自己的需要、愿望、目标和行为统一起来。

（九）人际关系和谐

社会上的人总是处在一定的社会关系之中的，大学生同样也是离不开与人交往的。和谐的人际关系既是大学生心理健康不可缺少的条件，也是大学生获得心理健康的重要途径。大学生人际关系和谐的主要表现在以下几个方面。

（1）乐于与人交往，既有稳定而广泛的人际关系，又有知心朋友。

（2）在交往中保持独立而完整的人格，有自知之明，不卑不亢。

（3）能客观评价别人和自己，善于取人之长、补己之短。

（4）宽以待人，乐于助人。

（5）积极的交往态度多于消极态度。

（6）交往的动机端正。

（十）心理行为符合大学生的年龄特征

大学生是一个处于特定年龄阶段的社会特殊群体，他们应当具有与其年龄和角色相应的心理行为特征。如果一个大学生经常严重偏离这些心理行为特征，那么他可能是发生了心理异常。

除此之外，还有一些学者根据处于青年中期的大学生的心理发展特征和大学生特定社会角色的要求以及心理健康学说的基本理论，将大学生心理健康的标准简略地概括为以下七条。

1. 能保持对学习有较浓厚的兴趣和求知的欲望

智力正常是人一切活动的最基本的心理条件。学习是大学生的主要生活内容，心理健康的学生懂得珍惜学习机会，求知欲望强烈，能克服学习中的困难，学习成绩稳定，能够保持一定的学习效率，可以从学习中体验到满足和快乐。

2. 能保持正确的自我意识，接纳自我

自我意识是人格的核心，它是指人对自己、对周围世界关系的认识和体验。人贵有自知之明。心理健康的学生能够了解自己、接受自己，自我评价比较客观，既不因妄自尊大而去做力所不能及的工作，也不因妄自菲薄而甘愿放弃可以发展的机会。

3. 能协调和控制自己的情绪，保持良好的心境

情绪可以影响人的健康，影响人的工作效率，影响人际关系。心理健康的学生能够经常保持愉快、开朗、乐观的心境，对于生活和未来充满希望，虽然也会有悲、忧、哀、愁等消极体验，但他们能够主动调节。同时，他们也能适度表达和控制情绪，能够做到喜不狂、忧不绝、胜不骄、败不馁。

4. 能保持和谐的人际关系，乐于交往

人际关系最能体现和反映人的心理健康状况。心理健康的学生乐于与他人交往，能够以尊重、信任、友爱、宽容、理解的态度与他人相处，能够分享、接受和给予爱和友谊，能够与集体保持协调的关系，可与他人同心协力，合作共事，并乐于助人。

5. 能够保持完整、统一的人格品质

人格是指人的整体精神面貌；人格完整是指人格构成诸要素——气质、能力、性格和理想、信念、人生观等各方面平衡发展。心理健康的学生所思、所做、所言能够协调，具有积极进取的人生观，并能够把自己的需要、愿望、目标和行动有机地统一起来。

6. 能保持良好的环境适应能力

环境适应能力包括正确认识环境的能力和正确处理个人与环境的关系的能力。心理健康的学生在环境改变时能够面对现实，对环境做出客观的认识和评价，使个人行为符合新环境的要求。他们能和社会保持良好的接触，对社会现状有清晰的认识，能够抵制环境中的消极影响，并及时修正自己的需求和愿望，而使自己的思想、行为与社会协调一致。

7. 心理行为符合年龄特征

在人的生命发展的不同年龄阶段均应有相应的心理行为表现。心理健康的人的认识、情感、言行、举止都应符合其所处年龄段的要求。心理健康的学生应表现为精力充沛、勤学好问、反应敏捷、喜欢探索，而过于老成、过于幼稚、过于依赖都是其心理不健康的表现。

总而言之，人的心理健康是指一种持续的、积极的心理状态。个体在这种状态下，能够与环境有良好的适应，其生命具有活力，能充分发挥其身心潜能，就可被视为心理健康。据此，人的心理健康水平大体可分为三个等级：一是一般常态心理，表现为心情经常愉快，适应能力强，善于与别人相处，能较好地完成与同龄人发展水平相适应的活动，具有调节情绪的能力；二是轻度失调心理，表现出不具有同龄人所应有的愉快，与他人相处略感困难，生活自理能力较差，经主动调节或通过专业人员帮助后可恢复常态；三是严重病态心理，表现为严重的适应失调，不能维持正常的生活和工作，若不及时治疗可能恶化成为精神病患者。

第三节　体育运动对大学生心理发展的影响

一、体育运动对大学生认知能力发展的影响

科学研究表明，正在青年中期的大学生是认知能力发展的高峰时期。认知能力包括人的感觉、知觉、表象、思维、记忆、想象、注意等认知过程的全部心理现象在反映客观事物时的能力。

（一）体育运动对感知觉的影响

人的认知过程由简单到复杂可分为几个部分。

感觉是认知过程的最初阶段，是人脑对客观事物个别属性的反映。它包括：接受外部刺激，反映外界事物特性的外部感觉，如视觉、听觉、嗅觉、味觉和皮肤感觉；接受肌体内部刺激，反映内脏器官状态的内部感觉，如渴、饥饿等感觉；反映身体各部分的运动和位置情况的本体感觉，如运动觉、平衡觉等。

知觉是人对当前事物整体的直接反映，包括事物的各种属性、各个部分以及它们的关系。因此，知觉往往是各种感觉协调活动的结果。

体育运动以身体活动为主要手段。身体活动是人支配自身所进行的运动，对自身运动的感知是完成身体运动的前提。体育运动中感知觉无处不在。准确、明晰的空间、时间和运动知觉对田径、球类、体操和武术等项目是十分重要的，这些项目要求运动员能通过观察空间大小、方位距离和目标的速度来调整自己。经常参加体育运动能发展和提高感知能力。

（二）体育运动对表象、记忆、思维的影响

1. 体育运动能促进思维能力的发展

在运动操作活动中，操作活动往往不是思考好了再做，而是一边思考一边做，一边做一边思考，因此思维和操作密不可分。在体育运动中，要不停地做出判断和预测，如球的落点、方向和反弹高度，对手的意图和可能采取的行动及与同伴的配合，都需要思维来完成。在体育训练时，一个动作的实现，除了依靠自己过去的经验和模仿别人的动作外，更重要的是在积极思维的作用下进行反复练习。若不动脑筋，只是被动地、简单地、机械地重复模仿，就难以提高动作的质量。当动作达到“自动化”程度时，这时的思维活动便从

指导练习转移到选择更有效的方法，发挥更高的效率，创造性地完成动作。这种“思维—检验—思维”式的活动，促进了思维能力的发展和思维速度的提高。

2. 体育运动能增强记忆力

记忆是人脑对经历过的事物的反映。正确记忆各种动作及各动作间的结构原理，形成正确完整的动作表象，是掌握任何动作所必备的能力。体育运动中各个动作的形成和提高都必须在记忆表象和想象表象支持下实现。另外，体育运动通常在高速度中进行，往往是一个动作接连一个动作，需要操作者在短时间内完成一连串的动作，稍有停顿，就破坏了动作的流畅自如。这就要求操作者不仅要了解和学会动作，而且要通过反复多次的练习，达到高度自动化的程度，使之完全成为自身所拥有的熟练技巧，达到动力定型形式的记忆。所以，通过体育教学和训练，能促进人们直观形象记忆能力的发展。

（三）体育运动对想象力、注意力的影响

1. 体育运动能丰富想象力

想象力是在过去知觉的基础上产生新的形象的能力。大学生的想象力表现出充满理想和幻想，乐于憧憬未来，刻意追求新的思想和生活的特点。想象在体育运动中具有十分重要的意义。丰富的想象能使人摆脱对动作的机械模仿，并进行创造性的探索。在体育运动中，任何创造性活动都离不开想象，如运动战术的制定、高难度动作的设想、体操的编排等。丰富的想象力在体育运动中是实现创造新颖动作、形成独特风格的前提。同时，体育运动也促进了想象力的发展。

2. 体育运动能培养人的注意力

体育运动是一种身体操作活动，虽然项目各式各样，但有一些共同的特点和要求，即不是要求快速，就是要求准确，或是要求完美的表现。这些活动对人的注意力都有超常的要求。例如，我国奥运会冠军、飞碟射击运动员张山曾说过：“一上场，对我来说，世界上只有碟靶、枪和我自己的动作，其他一切全无。”这就是注意力高度集中的表现。田径、体操、武术等项目要求运动员既要注意自己动作的准确及用力程度，又要注意其他人的动作，以便调整自己的战术。

体育运动对参加者的注意力要求较高。无论是径赛的起跑时，还是球类运动身体起动前，都要求将全部注意力集中在即将进行的动作上。在球类运动中，运动员不仅要注意球的运动，同时也要注意本队与对方队员的活动，以便随机应变，及时做出判断、反应。因此，注意力的集中与分配、注意力的广度与转移等能力，都能在体育活动中得到培养和锻炼。

（四）体育运动为认知能力的发展创造了良好的生理条件

（1）体育运动可以促进人体的正常发育，当然也可以促进大脑的发育。发育健全的大脑是人们学习和思维的物质基础。

（2）人体在运动时，血液循环加快，每分钟比正常人多 2 ~ 3 次，这样，大脑供氧

量就会逐渐增加。因此，运动能增加氧的供应，使血液畅通，改善神经细胞的营养和功能。

（3）可以开发右脑功能，激发人的创造潜能。因为右脑与人的空间定位、直觉、想象和各种操作性的逻辑思维和非逻辑思维有关，因而体育运动是开发右脑的极好手段。体育运动是大学生乐于从事的活动，在运动中假如有意识地使用左手、左脚，则更能促进右脑的开发。

二、体育运动对大学生情绪、情感及意志品质发展的影响

大学生情感和意志品质已具有较高的发展水平，但还存在着未完全成熟的一面。体育运动能促进大学生情感、意志品质的发展，改善他们的意志品质，具体主要有以下几个方面。

（一）体育运动对大学生情绪、情感发展的影响

情绪和情感为人们的非理性因素，是人对客观事物的态度，是人的需要是否获得满足的一种反映。例如，因成功而体验到欣慰和愉快，因失败而感到悲哀。大学生的情绪、情感具有以下几方面的特点。

1. 稳定性和波动性并存

大学生对情绪的自我控制和调节能力的提高以及认知能力的发展使情感比较持久，不易转换。同时，大学生社会适应能力比较差，神经的兴奋和抑制过程还很不平衡，自控力弱，情绪容易波动。

2. 强烈性和细腻性并存

富有激情是当代大学生的一个突出的情感特点，同时在其情绪体验上还存在细腻的一面，这两种行为在现实中有趣地对立统一于一身。

3. 直露性与内隐性并存

直率与热情是公认的青年的特点，但大学生有时会有意抑制自己的情感，认为直露感情是幼稚举动，这种情感的内隐性又使青年的情绪表现出间接、曲折的特点。体育运动本身蕴藏着很多对人的各种刺激，如克服困难、竞争、冒险、把握机会、追求不确定结果、达到目标、控制、成功、挫折等，使人产生丰富的情绪体验。经常参加体育活动，能调节人的情绪，并使人始终保持乐观愉快的情绪。因为体育活动通常在清静、幽雅、宽阔的操场上进行，容易使人产生乐观、开朗、心情舒畅等情绪体验，克服某些不良情绪的产生。另外，体育运动大多是同龄人成群结队开展的，有时还伴以乐曲，因此容易使人的情绪乐观、稳定、健康，形成豁达开朗的性格，增进同伴间的友谊。同时，运动伴随着血流量和吸氧量的增加，对中枢神经系统有良好的影响，能改善大脑皮层对发生情绪的有关各皮下中枢的调节能力，促进大学生情感、情绪的自控能力向成熟发展。

（二）体育运动对大学生意志品质发展的影响

（1）意志是自觉确定目的，并选择手段调节行动，以克服各种困难，达到预定目的

的心理状态。意志品质是在意志行动的各个阶段所表现出的稳定的行为特征。良好的意志品质不是先天就有的，而是在后天的教育过程中逐渐形成的。体育运动促使大学生产生激情、自尊、荣誉感、责任心及积极向上的热情，这些又促进了大学生意志品质的发展，从而培养大学生坚毅、顽强的意志品质和积极向上的情感和情操。

（2）体育运动充满了挫折和失败，必须有坚忍不拔的意志和强烈的自信心去面对每一次的失败和挫折。体育运动鼓励人渴望和追求胜利，也培养人不怕失败、接受失败的勇气。没有哪种活动像体育运动这样让人频繁地品尝失败，也没有哪种活动像体育运动这样使失败成为如此正常和自然的结果。承受失败的人总会想到下一次，想到再努力提高，想到只有通过努力，才能达到目标。因此，运动总是与意志联系在一起的，需要意志去维持和调节，而且运动能全面促进意志品质的发展。

三、体育运动对大学生个性发展的影响

个性是指个体具有一定倾向性的、比较稳定的心理特征。不同的心理倾向构成了人的不同行为方式，这正是不同个性的人构成了当今五彩缤纷的大千世界的原因。体育不仅对人的个性产生着积极的影响，而且个性发展也是丰富体育内涵和外延的重要前提。个性心理特征主要是由气质、性格、能力三方面构成的。个性的形象和感知、表象、思维、想象以及人的整个认知过程有着密切的联系。所以说，人的个性心理特征是在先天遗传和后天认知的基础上建立起来的。

（一）气质

气质是指一个人表现在心理活动和动作进程方面的动力特点的总和。所谓动力特点，主要指心理活动的速度（如知觉的速度、思维的灵活程度）、心理活动的稳定性（如注意力集中时间的长短）、心理活动的强度（如情绪的强弱、意志顽强的程度），以及心理活动的指向性特点（内向或外向）等。一般气质包括胆汁质、多血质、黏液质、抑郁质四类。

在茫茫人海中，有的人身材匀称、丰满、健美，精力充沛，生机勃勃；有的人感情强烈，爱激动，难以自制；有的人却沉默寡言，比较冷静，不露声色；有的人思维十分灵活，动作敏捷，善于适应环境；而有的人则反应比较慢，不善应变等。这些都是人的气质的表现。气质的特点通过各项体育教学和运动训练是可以改变的。研究表明，运动资历较长的运动员大多数是一些善于适应环境，具有强型神经系统的胆汁质和多血质类型的人。因此，体育运动能够对人的气质产生影响。

（二）性格

性格是指一个人比较稳定的对现实的态度和与之相适应的习惯化了的行为方式。通过自我调节可以改善性格，通过教育可以影响性格，通过体育运动可以锻炼性格。一般来说，经常参加体育运动的人，情绪稳定，能较好地适应社会环境，比较外向，这应看作体育运

动对人的性格所起的作用。

体育运动对良好性格的形成有重要意义。培养良好的性格，先要培养自我接受的态度，主要是在运动实践中了解自己的心理品质和性格的优势与劣势，扬长避短，促进良好性格的发展。参加丰富多彩的闲暇活动，特别是体育锻炼，是培养优良性格的有力措施。每一个参加运动的人都会被运动本身的特点和与运动有关的社会评价所激励，这些东西使我们的价值观、情绪状态、意志品质发生一致的导向。例如，一个参加悬崖跳水的人会培养出坚强的个性、突出的意志品质、战胜困难的决心以及稳定的情绪状态。

（三）能力

能力通常是完成某种活动的本领，有一般能力和特殊能力之分。一般能力是指在各种活动中必须具备的一些基本能力，主要包括观察力、注意力、记忆力、思维能力和想象力等。特殊能力是指在完成某些特殊活动中所必须具备的能力，又叫专门能力，如运动能力、组织能力、管理能力等。一般能力和特殊能力是密不可分的，一般能力发展了，也可促进特殊能力的发展。运动能力是指身体运动的能力，它反映人们获得体育知识、技能、技术的情况及有效地完成人体活动时的生理、心理特征。

掌握体育知识、技能并非体育的唯一目标，提高和体育有关的能力是更为重要的目标。从某种意义上说，只有提高了能力，才能学到更多的知识和技能。体育活动发展了生理必备的、生活必需的各种能力，在学习体育知识、技能过程中能进一步提高能力覆盖面，从而使人能更好地生活、学习和工作。

竞技比赛、体育锻炼、体育教育、娱乐康复等活动由于形式不同，对个体的影响也不同；同样也因为活动项目的多样性而呈现出不同的特点，对个性心理的影响也有不同的侧重。竞技比赛要求不断提高个体的体能，向人体极限提出挑战，在应对这个挑战过程中必须克服生理、心理两方面的障碍，既要发挥体力，又要发挥心智，对意志品质也有较高的要求。

常年坚持体育锻炼，可培养锻炼身体的自觉性，培养坚韧、顽强的意志品质。坚持锻炼的人，生活态度积极，情绪稳定，有较强的社会适应能力。

体育作为学校的教育手段，能较为全面地发挥体育对个性发展的作用。在个性心理倾向方面，人的需要、动机、兴趣以理想、信念和世界观为导向，锻炼身体变得更为主动积极；在性格方面更能适应社会；在能力方面能得到更为全面的发展。

娱乐康复活动提高了人积极生活的心理倾向。由于文化生活的丰富，也由于建立了战胜疾病的信心，个体的需要层次、动机水平、心理品质都得到了提高。由于活动过程促进了人际交流，人的性格会变得更为平和、外向，社会能力也会得到一定程度的提高。

第十一章　体育锻炼与营养

第一节　营养与健康

一、营养的含义与合理营养

生命的存在，机体的生长发育，各种生命活动及体育活动的进行，都依赖于体内的物质代谢过程，机体必须不断地从外界摄取新的构成细胞的物质、能源和其他活性物质，而且主要是从食物中摄取。因此，营养就是指机体摄取、消化吸收和利用食物中的营养物质，以维持生命活动的作用。营养是保证机体生命存在和延续的重要条件。

合理营养的含义是，由食物中摄取的各种营养素与身体对这些营养素的需要达到平衡，既不缺乏，也不过多。缺乏某些营养素会引起营养缺乏病，如缺乏维生素D引起的佝偻病，缺铁引起的贫血等。某些营养素如脂肪和碳水化合物摄入过多又会导致肥胖症、糖尿病、心血管病等“富贵病”。营养缺乏和营养过剩引起的病态统称为营养不良，都是营养不合理造成的后果，对健康都是十分有害的。

我们强调营养膳食的合理性，应注意下面三个问题。

1. 要做到食物营养成分的互补

我们日常生活中的任何一种食物中所含的营养成分都不可能十分全面，在富含一种或数种营养成分的同时，可能缺少另外某种成分。例如，谷物主要提供糖类，肉类、蛋类等主要提供脂肪与蛋白质，而蔬菜与水果是维生素、无机盐的主要来源。只有各种食物合理搭配，才能实现营养成分的互补，满足机体的需要。

2. 要进行不同年龄阶段营养成分的选择

人生的各个时期对营养的需求是不同的，无论是从种类上，还是数量上，都有着明显的不同。儿童、少年处于生长发育的高峰时期，对各种营养成分的需求量较大，在种类、数量上要有充分的保障，做到高蛋白、高热量、高维生素，适量脂肪，全面而均衡。老年人为延缓衰老、健康长寿，饮食要强调高蛋白、高维生素、低脂肪、低热量；为防治骨质疏松、高血压等老年退行性疾病，要补充钙质，限制钠盐，形成对某些营养成分的特殊选择。

3. 要做好特殊体能消耗的补充

日常膳食可满足一般体能消耗，但对那些有特殊体能消耗的人应予区别对待。例如，炼钢工人在高温中作业，因大量排汗而造成蛋白质大量消耗及矿物质、维生素和水分的大量流失，这就要在他们的膳食及饮料中给予适度强化，超量补充，为机体提供必要的物质基础。

综上所述，实现营养膳食的合理性，必须做到营养成分全面、均衡。营养搭配要因人而异，营养过程要持之以恒，久而久之，才能从营养学角度提高体质与健康水平。

二、营养素与健康

营养素是指能在体内消化吸收，供给热能，构成机体组织成分，调节生理机能，为机体进行正常物质代谢所必需的物质，包括蛋白质、脂肪、糖类、维生素、矿物质和水六大类。营养素与健康有着密切的关系。

（一）蛋白质

1. 蛋白质在体内的主要作用

蛋白质是生命的物质基础，没有蛋白质就没有生命。它在人体内的主要生理功能是：构成机体组织、促进生长发育；构成酶和激素成分，调节酸碱平衡及全身生理机能；增强机体抗病免疫能力；供给热能等。机体一旦缺乏蛋白质，就会影响机体生长发育，导致肌肉萎缩，甚至贫血，并出现抵抗力下降、内分泌紊乱、易疲劳、伤口不愈合等现象。

2. 蛋白质来源与日常需要量

日常膳食中的肉、蛋、奶等是动物性蛋白质的主要来源；而豆类是植物性蛋白质的主要来源。米、面等谷类食物含蛋白质较低，只有10%左右，但在我国由于其在人们食物中所占比例较大，也成为植物性蛋白质的重要来源。一般认为，动物性及植物性蛋白质在食物中应各占50%。

中国营养学会建议：我国成人蛋白质摄入量为每日每千克体重1.0 ~ 1.9克，青少年应当更多一些，可达3.0克左右。参加体育锻炼的人，在各自原基础上应适量增加一些。

（二）脂肪

1. 脂肪在体内的主要作用

脂肪在体内构成细胞膜及一些重要组织，参加代谢，供给热能，保护内脏，保持体温，并有促进脂溶性维生素的吸收等作用。

2. 脂肪的来源与日常需要量

动物性脂肪来源于各种动物油、奶油、蛋黄等，而植物性脂肪主要来源于各种植物类食用油。另外，核桃、花生、葵花子等干果也可为机体提供较丰富的脂肪成分。就我国目前的生活水平来看，普通膳食一般即可满足脂肪的每天需要量。

（三）糖类

1. 糖类在体内的主要作用

糖类在体内的首要作用是供给热能，人体所需能量的 60% 是由糖类供应的；其次还构成组织成分并参与其他物质代谢，对中枢神经系统有特殊的营养作用，能调节脂类代谢，具有解毒和保护肝脏的功能。

机体缺糖导致血糖下降，会影响中枢神经系统的机能，使其兴奋性下降，人因此会反应迟钝，四肢无力，动作协调性下降，甚至晕厥，运动不能继续。

2. 糖的来源与日常需要量

糖的来源较为广泛，食物中的谷物约有 80% 富含糖类，因此日常膳食中糖类供应较充足。也可直接适量摄取糖果及饮用含糖饮料，提高肝糖原、肌糖原的含量储备。日常膳食即可满足人们对糖的需求，不必强调大量补充。

（四）维生素

维生素是维持人体生命和调节正常机能不可缺少的一类营养素。它们在体内的贮存量很少，必须经常从食物中获得。维生素种类很多，按其溶解性质分为脂溶性与水溶性两大类。前者有维生素 A、D、E、K 四种，后者包括维生素 B、C 等。各种维生素在体内不构成组织原料，也不提供能量，它们有各自的功用，总体来说是调节物质能量代谢，保证生理机能。

1. 维生素 A

维生素 A 的主要功用是维持正常视力，保证眼睛以及上皮组织结构的健全与完整性。如果缺乏维生素 A 会引起视觉及适应能力下降，甚至患上夜盲症。维生素 A 最好的来源是各种动物的肝脏和鱼卵、乳品类、蛋黄以及胡萝卜、菠菜等黄绿色蔬菜。

2. 维生素 D

维生素 D 对机体的钙、磷代谢和骨骼生长发育极为重要，能促进钙的吸收，促进骨骼钙化及牙齿的正常发育。维生素 D 缺乏时，钙的吸收受到影响，严重者会因骨盐溶解而致脱钙。维生素 D 的主要来源是鱼肝油、蛋黄、奶制品。皮肤中的 7- 脱氢胆固醇在阳光紫外线照射下可转化成维生素 D，一般不至于缺乏。

3. 维生素 E

维生素 E 可增强机体对缺氧的耐受力，减少组织细胞的耗氧量，扩张血管，改善循环，提高心功能，增加肌肉力量与有氧耐力。如果与维生素 C 结合使用，能缓和及预防动脉硬化。维生素 E 主要来自动物性食品、小麦胚芽、玉米油，绿叶蔬菜中含量也较丰富。

4. 维生素 B

维生素 B 主要是在糖类代谢中发挥重要作用，促进肝糖原、肌糖原生成，保护神经系统机能。充足的维生素 B 可有效地缓解机体疲劳。维生素 B 广泛存在于谷物杂粮中，也可服用维生素 B 片剂来补充。

5. 维生素 C

维生素 C 能加强体内氧化还原过程，提高 ATP 酶活性，使机体得到更多能量来维持运动，提高耐力，减缓疲劳，促进体力恢复，并能促进伤口愈合，促进造血机能，参与解毒过程，增强机体抗病力。维生素 C 广泛存在于蔬菜和水果中。

（五）矿物质（无机盐）

矿物质元素种类很多，总量约占体重的 5%，是构成机体组织成分、调节生理机能的主要物质。其中较多的有钙、镁、钾、钠、硫、磷等，其他如铁、碘、氟、锌含量很少，称微量元素。人体在物质代谢过程中，每天都有一定量的矿物质从各种途径排出体外，因此必须从食物中得到补充。矿物质在食物中分布极广，正常膳食一般都能满足机体需要。其中最易缺乏的是钙和铁。

1. 钙和磷

钙在体内的主要作用是构成骨骼与牙齿，维持神经肌肉的正常兴奋性，参与凝血过程等。成人每日需钙 0.6 克，儿童及孕妇、老年人的需要量较高。大量出汗可使钙的排出量增多，每日需钙量可达 1.0 ~ 1.5 克。含钙较多的食品有虾皮、海带、豆制品、芝麻、山楂、绿叶蔬菜等。由于钙和磷在体内的关系非常密切，二者在血液中必须达到一定的浓度水平才能共同完成其生理机能，所以在补充钙的同时，还要注意从富含蛋白质的食品中摄入磷。

2. 铁

铁的主要作用是构成血红蛋白，缺铁可影响血红蛋白生成而发生缺铁性贫血，降低血液载氧功能，导致全身功能低下。成年男子每日需铁 12 毫克左右，青少年、妇女每日需铁 15 毫克左右。大量出汗可增加铁的流失，应给予额外补充。含铁较多的食物有动物肝脏、动物血液，其他如蛋黄、肉类、豆制品、红糖、沙棘果等铁的含量也较丰富。

（六）水

水是构成机体的主要成分，参与全身所有的物质代谢，完成机体的物质运输，调节体温，保证腺体正常分泌。体内的水分必须保持恒定，体内不储存多余的水，也不能缺水。缺水若不及时补充，将影响正常生理机能。大量出汗后补充水分的同时，也要补充适量盐分，以补充电解质的流失。

第二节　体育锻炼与合理营养

一、营养对体育锻炼的影响

在进行体育锻炼时，体内会发生一系列的生理性变化：中枢神经系统活动紧张，内分泌机能提高，酶系统活跃，新陈代谢旺盛，单位时间内的能量消耗数倍、十数倍于安静状态，体内的糖、脂肪被大量分解供能，蛋白质代谢更新加快，大量的维生素、无机盐参与分解代谢而加大了损失过程。这些变化使机体对各种营养物质的需求量大为增多。

营养与体育锻炼关系密切，对锻炼效果有着很大的影响。体育锻炼造成的能量消耗，要在运动结束后通过合理的营养膳食得到补充。如果缺乏合理的营养保证，消耗得不到补充，机体会处于一种“亏损”状态，久而久之，于机体健康不利，会使锻炼者生理机能及运动能力下降，出现乏力、疲劳甚至疾病状态。

合理营养与体育锻炼是维持和促进健康的两个重要条件。以科学、合理的营养为物质基础，以体育锻炼为手段，用锻炼的消耗过程换取锻炼后的超量恢复过程，使机体积聚更多的能源物质，提高了各器官系统的机能。此时获得的健康，较之单纯以营养获取的健康上升到一个新的高度。运动员通过合理营养和体育锻炼在获得健康的同时，也获得了良好的身体素质。

二、不同锻炼项目对合理营养的需求

在进行体育锻炼时，机体的能量消耗比安静时大大增加。要安排好锻炼期间的饮食，加速运动后的体力恢复，防止过度疲劳，合理的营养就显得十分重要。

（一）速度性运动

速度性运动是典型的大强度运动，如短跑。快速跑时对神经过程的灵活性和协调性要求高，同时体内高度缺氧，故能量主要由糖的无氧分解供应。短时间将有大量代谢产物在体内堆积，使内环境向酸性偏移，容易产生疲劳。在锻炼后膳食中应含有丰富的蛋白质、糖，还必须有足够的磷、维生素 B、维生素 C 和铁，此外还应多吃蔬菜、水果等碱性食物，进一步调节体内酸碱平衡。

（二）耐力性运动

耐力性运动如长跑、超长跑、骑自行车等，运动强度较低，但持续时间长，运动所需总热能大，能量代谢以有氧供能为主。为了保证热能的来源充足，增强机体的摄氧能力，膳食中应含有较高的糖、维生素 B 以及铁、钾、钠、钙、镁等元素，并适量补充脂肪和蛋白质。

（三）力量性运动

力量性运动如举重、器械体操、投掷等，由于练习时消耗的能量较多，饮食的产热量也必须较高，故膳食应有足够的糖、蛋白质和脂肪。特别是力量练习有利于肌肉质量与力量的增长，对蛋白质的需要量大于其他项目，可达到每千克体重 2 克。另外，为了保证神经、肌肉的正常功能，还要注意补充钠、钾、镁、钙等元素。

（四）灵巧性运动

灵巧性运动如体操、艺术体操、技巧等，这些运动动作复杂、多样化，需要良好的协调性与灵巧性，对神经系统的要求较高，所以食物中应含有丰富的磷及各种维生素。

（五）球类运动

球类运动对人体的要求较全面，对力量、速度、耐力、灵敏等素质均有较高的要求，所以对营养的要求也全面。膳食中糖类、蛋白质、维生素 B、维生素 C、磷等一定要充足。运动用球的体积越小，膳食中维生素 A 的含量应越高。足球运动时间较长且在室外进行，机体中矿物质、水分消耗较多，应及时补充。

（六）游泳运动

游泳运动在水中进行，机体散热较多，膳食中除供给必需的糖类和蛋白质外，还要有足够的脂肪和维生素 B、维生素 C 及磷等。

（七）冰雪性运动

由于长时间在冰雪上活动，加之周围环境温度较低，机体产热过程增强以维持体温，所以蛋白质和脂肪消耗较多，膳食中必须给予保证，同时增加糖类以提供能源。主要注意多补充维生素B,并适当增加维生素A的摄入,保护眼睛,有利于适应冰雪场地的白色环境。

（八）体育锻炼与水的补充

体育锻炼中水的代谢特别旺盛，如踢足球 1 小时，出汗量高达 2 ～ 7 升。在高温环境下运动，出汗量更大。运动时，体温升高，排汗使机体一部分热量散发，降低了体温，这对运动是有利的；但排汗的同时，体内也失去了很多的盐类（如钠盐、镁盐等），若不及时补充，不但会降低运动效果，而且对健康也有一定不良影响（脱水严重可导致休克）。因此在锻炼中要及时补充水分，同时注意钠盐、钾盐的补充。但要注意运动后一次饮水量不能太多，以 150 ～ 200 毫升为宜。

三、不同气候条件下锻炼的营养特点

（一）冬季锻炼的营养特点

冬季气温较低，寒冷的环境使机体代谢加快，散热量增加，所以膳食中应增加蛋白质及脂肪含量，同时增加热能充足的食物和维生素 A、B、C、E。因人在冬季着装较多，户外活动少，接受日光直接照射时间较短，还应在膳食中补充维生素 D 和钙、磷、铁、碘。

（二）夏季锻炼的营养特点

夏季人体内物质代谢变化很大，大量出汗使能耗增加，并使钙、钠、钾及维生素大量消耗和流失。所以，夏季锻炼时的膳食有其特殊要求，及时合理地补充水与电解质及维生素比补充蛋白质、糖类、脂肪更加重要。这时增加散热过程，防止中暑是必需的。电解质氯化钠的摄入，常温下每人每天为 10 ~ 15 克，夏季高温再增加 10 克左右，同时补充维生素，包括 B_1、B_2、C、B_6、胆碱、泛酸、叶酸等。

蛋白质的补充应较平日增多，减少脂肪成分，膳食搭配应清淡可口，以增加食欲，并多吃一些蔬菜与水果，以增加矿物质、维生素的摄入。

第三节　健康膳食

一、健康膳食概念

健康膳食又称平衡膳食，是指膳食中所含营养素种类齐全，数量充足，比例适当，且与人体的需要保持平衡，又不会导致过多摄入。健康膳食的目的是促进人体正常发育，确保各组织器官和机能的正常活动，提高人体对疾病的抵抗力，进而提高工作效率，延长寿命。具体地讲，平衡膳食是指同时在四个方面使膳食营养供给与机体生理需要之间建立起平衡关系，即氨基酸平衡、热量和营养素平衡、酸碱平衡及各种营养素摄入量平衡。只有这样，才能有利于营养素的吸收与利用。

现代医学研究证明，人类各种疾病的发生，几乎或多或少、或轻或重地与人体内营养素平衡失调有关，如心血管病与钾、镁、锌低而铜高有关；高血压与钠高、钾低、镁不足有关；脑血管病与钙、镁、锌、硒不足有关。所以，人体营养平衡至关重要。尤其是当今科学日益发达，化肥、农药的广泛使用，食物添加剂在食品加工中的应用，高科技生物食品的不断开发，保健食品的种类越来越多，而且食品的加工越来越细，因而当今人类在面临着营养失调日趋严重的状况下，健康膳食的意义就显得更重要。

二、健康膳食指南

“民以食为天”，膳食是人体健康的基础。随着科学的进步，人们更逐步明确膳食构成和一些疾病的发生存在相关性，膳食指南应运而生。膳食指南是根据营养学原则，针对各地存在的问题而提出的合理膳食基本要求，它引导民众合理选择并搭配食物，达到平衡、合理膳食，减少疾病，促进全民健康的目标。我国政府于 1989 年首次发布了《中国居民膳食指南》，在 1997 年 4 月，再次发布了修改后的新的膳食指南。2007 年，国家卫生部委托中国营养学会制定了《中国居民膳食指南》（2007），体现了国家对提高国民健康素质的极大关注。

膳食指南由一般人群膳食指南、特定人群膳食指南和平衡膳食宝塔三部分组成。这里只介绍一般人群膳食指南和中国居民平衡膳食宝塔。

（一）一般人群膳食指南

一般人群膳食指南共有 10 条，适合于 6 岁以上的正常人群。

（1）食物多样，谷类为主，粗细搭配。

（2）多吃蔬菜、水果和薯类。

（3）每天吃奶类、大豆或其制品。

（4）常吃适量的鱼、禽、蛋和瘦肉。

（5）减少烹调油用量，吃清淡少盐膳食。

（6）食不过量，天天运动，保持健康体重。

（7）三餐分配要合理，零食要适当。

（8）每天足量饮水，合理选择饮料。

（9）饮酒应限量。

（10）吃新鲜卫生的食物。

（二）中国居民平衡膳食宝塔

中国居民平衡膳食宝塔提出了一个营养上比较理想的膳食模式。它所建议的食物量，特别是奶类和豆类食物的量可能与大多数人当前的实际膳食还有一定的距离，对某些贫困地区来讲可能距离还很远，但为了改善中国居民的膳食营养状况，这是不可缺的。应把它看作一个奋斗目标，努力争取，逐步达到。

平衡膳食宝塔指明的每天适宜摄入食物量和种类是为了给人们以直观印象，并非严格规定。中国营养学会理事长葛可佑强调，他们推广的是“均衡”饮食的理念，提倡的是长期坚持的态度。

1. 中国居民平衡膳食宝塔说明

（1）膳食宝塔结构。膳食宝塔共分 5 层，包含我们每天应吃的主要食物种类。膳食宝塔各层位置和面积不同，这在一定程度上反映出各类食物在膳食中的地位和应占的比重。新的膳食宝塔图增加了水和身体活动的形象，强调足量饮水和增加身体活动的重要性。

（2）膳食宝塔建议的食物量。膳食宝塔建议的各类食物摄入量都是指食物可食部分的生重。各类食物的重量不是指某一种具体食物的重量，而是一类食物的总量。

2. 中国居民平衡膳食宝塔的应用

（1）确定适合自己的能量水平。膳食宝塔中建议的每人每天各类食物适宜摄入量范围适用于一般健康成年人，在实际应用时要根据个人年龄、性别、身高、体重、劳动强度、季节等情况适当调整。

（2）根据自己的能量水平确定食物需要。膳食宝塔建议的每人每天各类食物适宜摄入量范围适用于一般健康成年人，按照 7 个能量水平分别建议了 10 类食物的摄入量，应用时要根据自身的能量需要进行选择。

（3）食物同类互换，调配丰富多彩的膳食。我们可把营养与美味结合起来，按照同类互换、多种多样的原则调配一日三餐。

（4）要因地制宜，充分利用当地资源。我国幅员辽阔，各地的饮食习惯及物产不尽相同，只有因地制宜，充分利用当地资源，才能有效地应用膳食宝塔。

（5）要养成习惯，长期坚持。膳食对健康的影响是长期的结果。应用平衡膳食宝塔需要养成习惯，并坚持不懈，才能充分体现其对健康的重大促进作用。

三、大学生的膳食调配

大学生正处于青春年盛、向成年过渡的时期，不仅身体发育需要足够的营养，而且繁重的脑力劳动和较大量的体育锻炼也要消耗大量的能源物质。因此，合理的膳食和营养有助于提高大学生的身体素质和学习效率。

大学生膳食除应保证足够的粮食以补充热能需要外，还应补充足够的、多样的副食品，一般每人每天平均需供给肉类75 ~ 100克，豆类50 ~ 100克，鸡蛋1 ~ 2个，牛奶250毫升，蔬菜500克及水果1 ~ 2个。膳食中的蛋白质最好以动物蛋白为主，优质蛋白占总蛋白量的60%，并应平均分配在一日三餐中。

近年来一些文献报道，人们在精神紧张时水溶性维生素B、B_2、C及烟酸等的消耗会增加。大学生处于紧张的学习和考试状态，体内的维生素的需要量增加，应从食物中给予补充，以免引起缺乏。

我国膳食结构中比较容易缺乏和供给不足的营养元素还有钙、铁、维生素A、核黄素（维生素B_2）等。特别是在集体食堂就餐的大学生更应注意预防上述营养元素缺乏。

缺铁在女大学生中更为多见，因为女大学生每月有月经血液的流失，使身体对铁的需要量增多，很容易出现缺铁性贫血。因此，女大学生更应注意补充铁，应选食含铁丰富且吸收利用率高的猪肝、瘦肉、木耳、红枣、海带等食物。

维生素A和核黄素是我们平常膳食难以满足需要量的两种维生素，而这两种维生素又与视力有关。大学生使用眼睛的时间较长，更要特别注意这两种维生素的补充。含维生素A和核黄素丰富的食物除猪肝、鸡蛋、牛奶外，黄绿色蔬菜中含量也较丰富，若每天能进食250克以上的黄绿色蔬菜，就能提高这两种维生素的摄入量，从而满足维生素的营养需求。

钙和碘对大学生的身体发育和适应繁重的学习任务具有重要意义，每天膳食中应注意选用牛奶、鸡蛋、大豆、虾皮、海带、紫菜、各种海鱼等含钙和碘丰富的食物。

卵磷脂是构成神经细胞和脑细胞代谢的重要物质，有人试验用大豆卵磷脂给正常人服用，发现其精力比服用前充沛，学习和工作的效率也大大增加。富含卵磷脂的食物有鸡蛋、豆类、瘦肉、肝、牛奶等。

第十二章　体育锻炼中运动损伤的预防与处理

第一节　运动损伤概述

体育锻炼或健身运动是增进健康的重要手段之一，其本身也是一把双刃剑，有着全然不同的两面性，科学、得当地使用会令人终身受益，否则，运动过程中所发生的损伤对健康所带来的负面影响将是严重的。因此，掌握和了解运动损伤的发生规律、预防方法及康复措施，有助于人们科学地进行锻炼，真正达到增进身体健康、提高生活质量的目的。

一、运动损伤的分类

人体在体育运动过程中受到直接或间接机械外力以及物理等因素的作用所发生的损伤，称为运动损伤。其主要分类方法如下：

（一）按受伤组织的种类、结构分类

可以分为：皮肤损伤，如皮肤的擦伤、撕裂伤、切伤及刺伤等；肌肉韧带损伤，如挫伤、拉伤、扭伤、断裂等；骨关节损伤，如骨折、骨裂、关节脱位、软骨及骨骺损伤等；神经损伤；血管损伤；内脏器官损伤；等等。北京运动医学研究所对 2 725 例运动损伤病例的分析统计发现，各种运动项目及身体各个部位的损伤各不相同，但总体而言，严重损伤及急性损伤少，小创伤及慢性伤多。

（二）按受伤后受伤组织是否有伤口和外界相通分类

1. 开放性损伤

受伤后的皮肤、黏膜遭到破坏，其完整性不复存在，受伤组织有伤口与外界相通，可见有出血、渗液等异常，如擦伤、刺伤、开放性骨折等。

2. 闭合性损伤

受伤后的皮肤黏膜依然保持完整，受伤组织未见有伤口与外界相通，如肌肉韧带拉伤、关节韧带扭伤、挫伤、闭合性骨折等。

（三）按运动损伤发生的缓急程度分类

1. 急性损伤

急性损伤指遭受一次直接或间接外力作用而造成的损伤。特点主要是起病急，伤后症状迅速出现，病程大多较短。

2. 慢性损伤

按损伤发生原因又可分为两类：

（1）陈旧性损伤，指急性损伤后因处理不当而反复发作的损伤。

（2）劳损，指由于局部运动负荷长期过度，超出了组织所能承受的能力，致使该部位微细损伤逐渐积累而造成的损伤。特点主要为发病缓慢，症状渐起，病程迁延。

二、运动损伤发生的原因

（一）缺乏合理的准备活动

准备活动的目的是提高中枢神经系统的兴奋性，增强各器官系统的功能，使人体从相对的静止状态过渡到紧张的活动状态。假如不做准备活动或准备活动不充分，在剧烈运动时人体的神经系统和内脏器官之间不能保持相对的协调统一，人体内部的动态平衡被打破，就会引起人体内部发生一系列的生理性变化；另外，这时人体的肌肉力量、弹性和伸展性较差，身体缺乏相应的协调性，以至于自我保护能力下降，因而容易造成人体局部运动性损伤。

（二）身体机能较差

由于部分大学生学习负担较重，平时又没有养成自我锻炼的习惯，身体素质较差，身体机能的调节能力较弱，一旦从事剧烈运动，呼吸、循环、神经、运动系统就显得力不从心，机体不能满足大运动量活动的需求，从而也会引起人体产生生理性的保护反应。

（三）运动量安排不合理

合理地安排锻炼的运动量是非常重要的。大学生锻炼时常常不能根据自身的生理特点安排自己的运动量，运动量不是过小就是过大。过小量的运动对身体起不到锻炼的作用；过大量的运动又会超出练习者的生理负担极限，不仅使身体处于疲劳状态，生理机能低下，肌肉力量减弱，动作协调性下降，引起伤害，而且也会使练习者机体局部负担过大，造成微细损伤的积累而发生运动性劳损乃至运动性损伤。

（四）运动环境较差

练习者锻炼时由于场地设备简陋、跑道过硬或过滑、草坪不平整、运动器械年久失修不符合安全要求，以及运动中帮助、保护不当或缺乏帮助、保护等，都可能引起外伤。

三、运动损伤的预防

（一）预防运动损伤的意义

参加体育锻炼的目的在于增强体质，提高健康水平。但是，运动中发生的各种损伤会使锻炼者的身心健康受到不同程度的影响及伤害。轻者影响学习、工作和健康，重者可能致残甚至危及生命，给个人、家庭及国家带来不必要的损失。因此，采取必要的措施，加强对运动损伤的预防，是保证体育锻炼卓有成效的关键所在。

（二）运动损伤的预防重点

由于运动项目很多，因而运动损伤的种类也很多，且人体不同部位的损伤及损伤发生率也不相同。国内相关资料显示，运动集训队的运动损伤以小创伤和慢性损伤居多，而严重损伤和急性损伤较少。这些慢性损伤，有的是因为一次急性损伤后处理不当或过早恢复训练演变而成，但更多的是由运动量安排不当，造成局部过劳，以至于微小磨损逐渐积累所致。因此，要及时而正确地处理好急性损伤，并注意科学地安排运动量。

在高校体育课和课外体育活动中，急性损伤相对较多，劳损较少。从伤病种类的构成比较上看，关节扭伤占首位，其中又以掌指关节和踝关节扭伤最为常见，因此，加强这一类急性损伤的预防是十分重要的。此外，胫腓骨疲劳性骨膜炎、软骨炎等劳损也较为常见，对此也应予以注意，加强预防。

（三）运动损伤的预防原则及具体方法

（1）从思想上重视对运动损伤的预防，学习并掌握有关预防运动损伤的知识和方法。锻炼时遵循体育锻炼的一般原则，加强身体的全面锻炼、易伤部位锻炼及肌肉力量的锻炼。

（2）选择适合自身条件并为自己喜爱的运动项目，如女生可选择健美操、艺术体操、体育舞蹈等；男生可选择足球、篮球、网球等。也可以根据自己的锻炼目的进行选择，如肌肉力量训练、关节韧带柔韧性训练等。有些人因肥胖，导致睡眠不良，体力下降，便秘等异常，可以选择医疗体育。

（3）避开嘈杂和不良的环境，放松心情，于合适的时间、合适的场所及安全的环境中进行锻炼。使用的运动器材应安全适用，运动着装应宽松舒适，符合体育卫生要求。

（4）注意调整身体机能，认真做好锻炼前的准备活动以及锻炼后的放松运动，避免运动量过大，避免运动疲劳，使身体始终处于良好的运动状态。

（5）加强自我保护意识，掌握运动中可能发生意外时的自我保护方法，防范运动损伤的发生，必要时可使用个人防护用具（护腕、护膝、护踝等）。学会运动后肌肉酸痛、关节不适等常见症状的处理方法。对于一些症状明显或逐渐加重者，应去医院进行进一步诊治，做到及时发现、及时处理，尽早康复。

（6）倡导科学锻炼，注意体育锻炼的全面性、渐进性、个别性、反复性和科学性，可有效地防止运动损伤的发生。

第二节　常见运动损伤的急救原则

一、骨损伤

进行剧烈运动时，身体某部位受到直接或间接的暴力撞击时，会造成骨损伤，如尺骨骨折、桡骨骨折和胫骨骨折等。其特点是：患处立即出现肿胀，皮下出血，有剧烈疼痛感，肢体出现异常体位或明显畸形，失去正常功能，移动时听到骨的摩擦声；有时伴有伤口出血、神经损伤和休克症状。

处理原则：若有休克，先抗休克，后处理骨折；若有伤口出血，应先止血，包扎伤口，再固定伤肢，及时送医院。

二、关节损伤

由于暴力的作用使关节面之间失去正常的连接关系，造成关节损伤。一般情况下，关节损伤时都伴随着关节周围韧带和肌腱的损伤。其特点是：受伤关节剧烈疼痛，并有明显压痛；关节功能丧失，受伤关节不能活动。关节受伤后，有时会出现畸形，与健肢不对称；有时因软组织损伤而日后出现炎症反应，局部疼痛、压痛和关节肿胀，并失去正常活动功能，甚至发生肌肉痉挛等现象。

处理原则：固定伤肢，及时送医院。

三、肌肉损伤

肌肉猛烈地主动收缩，超过了它的负担能力，或突然被动拉长，超过了它的伸展限度时，都可能发生拉伤。其特点是伤部疼痛、肿胀、压痛，肌肉紧张或痉挛，触之发硬，皮下瘀血严重，有功能障碍。

处理原则：先降温和冷处理，24 小时后可按摩；严重损伤可局部加压包扎，固定伤肢。

四、软组织损伤

（一）软组织损伤的种类

1. 软组织开放性损伤

软组织开放性损伤，如擦伤、刺伤和撕裂伤等，其伤口与外界相通，较易引起出血和感染，因此要特别注意保持伤口的卫生。

2. 软组织闭合性损伤

软组织闭合性损伤分为急性损伤和慢性损伤。

急性损伤是指人体某部位受到较大外力作用后，局部组织受损，出现组织撕裂或断裂、组织内的小血管破裂出血、组织肿胀等现象。其特点是损伤部位出现血肿和水肿，局部表现为红、肿、热、痛和功能障碍。

慢性损伤是因急性损伤处理不当或长期局部负荷过度，引起组织劳损，由微细损伤逐渐积累所致。其特点是局部疼痛，有功能障碍。

（二）处理原则

（1）开放性损伤：清淤、止血、送医院。

（2）闭合性急性损伤：制动、防肿、镇痛，先冷后热，活血化瘀。

（3）闭合性慢性损伤：改善伤部的血液循环和新陈代谢，合理安排局部负担量。

五、局部出血

健康成人平均每千克体重约有血液 75 毫升，总血量为 4 000 ～ 5 000 毫升。若急性大出血达到全身总血量的 20%，即会出现脸色苍白、头晕、乏力、口渴等急性贫血的症状；若出血量超过全身的 30% 时，将会危及生命。因此，对外出血的伤员，尤其是大动脉出血者，必须及时处理。

处理原则：立即止血，尽快送医院。

六、呼吸、脉搏的瞬时停止

通常引起呼吸停止的原因较多，如溺水、窒息、中毒和电击伤等。

处理原则：行动迅速、动作熟练地进行人工呼吸和胸外心脏按压，即现场心肺复苏，并及时请医生处理。

第三节　运动性疾病和损伤的处理

一、运动中腹痛

（一）原因和症状

运动中腹痛多在中长跑时产生，主要是因为准备活动不充分，开始时跑得过快，内脏器官功能尚未达到竞赛状态，致使脏腑功能失调，引起腹痛；也有的因运动前吃得过饱，饮水过多，或者腹部受凉，引起胃肠痉挛；少数因运动时间过长或过于剧烈，使下腔静脉压力上升，引起血液回流受阻，或因肝脾瘀血，膈肌运动异常，致使两肋部肿痛。

（二）处置方法

一般可采用减慢跑速、加深呼吸、按摩疼痛部位或弯腰跑一段等方法处理。若疼痛仍不减轻，甚至加重，就应停止运动，并揉按内关等穴位；若仍不见效，应送医院做进一步检查。

（三）预防措施

饭后休息一小时以上再进行运动; 做好准备活动; 运动量要循序渐进,并注意呼吸节奏。

二、运动性昏厥

（一）原因和症状

在运动中，由于脑部突然血液供给不足而发生的一时性知觉丧失现象，称为运动性昏厥。它是由练习者从事剧烈运动或长时间运动，使大量血液积聚在下肢，回心血量减少所致，表现为全身无力、头昏耳鸣、眼前发黑、面色苍白、失去知觉、突然昏倒、手足发凉、脉搏慢而弱、血压降低、呼吸缓慢等。

（二）处置方法

应立即使伤者平卧，足略高于头部，由小腿向大腿、心脏方向进行推摩或拍击，同时用手指点压人中穴。若有呕吐，应将患者头偏向一侧；若停止呼吸，应立即进行人工呼吸。轻度休克者，应由同伴搀扶慢慢走一段时间，帮助进行呼吸。

1. 人工呼吸

用人工被动扩张与缩小胸廓的方法，使空气重新进出肺脏，以实现气体交换的方法称为人工呼吸。具体方法是：伤员仰卧，头部置于极度后仰位，打开口腔并盖上一层纱布。救护者一只手托起伤者下颌，掌根部轻压环状软骨，使其间接压迫食道，以防吹入空气进入胃内；另一只手捏住伤者鼻孔，深吸一口气后，对准伤者口部吹入。吹气后，立即松开捏住鼻孔的手。如此反复进行，每分钟吹气 16 ~ 18 次。值得注意的是，在施行人工呼吸前，应迅速清除伤者口腔中的义齿及口腔、鼻孔内的分泌物或呕吐物，松开衣领、裤带和胸腹部衣服。开始时，吹气的气量和压力宜稍大些，吹气 10 ~ 20 次后应逐渐减少，以维持胸部轻度升起为度。牙关紧闭者，可采用口对鼻吹气法，救护者用一手闭住伤者口部，用口对鼻吹气。

2. 胸外心脏按压

人的胸廓具有一定的弹性,按压胸骨体下半段,可间接压迫心脏,使心脏内的血液排出。放松挤压时，胸廓恢复原状，胸膜腔内压下降，静脉血则回流至心脏，这种反复挤压和放松胸骨、恢复血液循环的方法称为胸外心脏按压。具体方法是：伤者仰卧在平地上，救护者双掌重叠，以掌根部放在伤者胸骨体的下半段，肘关节伸直，借助于自身体重和肩臂肌的力量，适度用力下压，使胸骨体下半段和相连的肋软骨下陷 3 ~ 4 厘米，随后立即将手放松，如此方法反复进行。成人每分钟挤压 60 ~ 80 次；小孩用单手掌根挤压，每分钟挤压 100 次左右。值得注意的是，救护者只能用掌根压迫伤者胸骨体下半段，不可将手平放，手指要向上稍翘起与肋骨离开一定距离；挤压方向应垂直对准脊柱；挤压时应带有一定的冲击力；用力不可太轻或太大，太轻不能起到间接压迫心脏的作用，太猛会引起肋骨骨折。

凡损伤严重的伤员，经现场急救处理后，应迅速和安全地转移到宿舍休息或医院治疗。搬运方法主要有徒手搬运法、扶持法、托抱法、双人椅托法、三人托抱法、担架法、车辆运送法等。

（三）预防措施

平时要经常坚持体育锻炼，以增强体质；久蹲后不要突然起立；不要带病参加剧烈运动；疾跑后不要立即停下来；不要在饥饿情况下参加剧烈运动。

三、肌肉痉挛

（一）原因和症状

肌肉受到寒冷的强烈刺激时，可能会发生肌肉痉挛，俗称“抽筋”，常在游泳或冬季户外锻炼时发生。准备活动不充分，或肌肉猛力收缩，或收缩与放松不协调时，均可发生肌肉痉挛；也有的因情绪过分紧张所致。肌肉痉挛时，肌肉突然强直收缩，疼痛难忍，而且一时不易缓解。

（二）处置方法

对痉挛部位的肌肉做牵引。例如，腓肠肌痉挛时，应伸直膝关节并配合按摩、揉捏、叩打以及点压委中、涌泉穴等，以促使痉挛缓解和消失。

（三）预防措施

运动前做好准备活动，对容易发生痉挛的部位，事先应做适当的按摩。夏季进行长时间运动时，要注意补充盐分；冬季锻炼时，要注意保暖。游泳下水前，应先用冷水淋浴；游泳时在水中不要停留过长时间。疲劳和饥饿时，不要进行剧烈运动。

四、极点

（一）原因和症状

在剧烈运动初期，由于人体的内脏器官不能适应人体运动能力的需要，而出现人体生理上不适应现象的发生，称为“极点”。其症状表现为呼吸急促、胸部发闷、下肢沉重、动作失调，甚至有恶心、头晕的症状。

（二）处置方法

适当减慢运动速度，并注意加深呼吸；加强意志品质能力的培养；出现极点时用舌抵住上齿龈。

（三）预防措施

加强身体锻炼，在体育锻炼前要做好准备活动。值得注意的是，在准备活动不足的情况下不要超越自己平时锻炼的活动强度。

五、运动性中暑

（一）原因和症状

在高温环境、运动环境通风不良及头部缺乏保护，被烈日直接照射等情况下，长时间进行体育锻炼，比较容易中暑。其表现为头晕、头疼、呕吐，伴随着体温升高，皮肤灼热干燥，严重者可出现精神失常、虚脱、抽筋、心律失常、血压下降等症状，甚至昏迷，危及生命。

（二）处置方法

将患者扶送到阴凉通风的地方休息，同时采取降温消暑手段，如解开衣领，额部冷敷使头部降温，喝一些清凉饮料，补充生理盐水或葡萄糖水等，或给患者服用防暑药物。

（三）预防措施

在高温炎热季节锻炼时，应适当减少运动量和锻炼时间，避免在烈日下长时间锻炼。夏天在室外锻炼时，应戴白色凉帽，穿宽松的薄衣；在室内锻炼时，应保持室内通风并备有低糖含盐的饮料。

六、撕裂伤

（一）原因和症状

在剧烈、紧张运动时，受到突然强烈的撞击是造成肌肉撕裂的主要原因，其中包括开放性撕裂伤和闭合性撕裂伤两种。常见的有眉际撕裂、跟腱撕裂等。开放性撕裂伤会顿时出血，周围肿胀；闭合性撕裂伤会出现红肿，触及时会凹陷并伴有剧烈疼痛感。

（二）处置方法

轻度开放性撕裂伤，用消毒药水涂抹伤口即可；裂口大时则需止血和缝合伤口，必要时注射破伤风抗毒血清，以防破伤风症。

七、挫伤

（一）原因和症状

挫伤一般是因撞击器械或练习者之间相互碰撞而造成的。单纯挫伤在损伤处出现红肿，皮下出血，并有疼痛感。内脏器官损伤时，则出现头晕、脸色苍白、心慌气短、出虚汗、四肢发凉、烦躁不安等症状，甚至休克。

（二）处置方法

在24小时内冷敷或局部加压包扎，抬高患肢；24小时后，可按摩或理疗。进入恢复期可进行一些功能锻炼。如果怀疑内脏损伤，则在做临时性处理后，及时送医院检查治疗。

八、肌肉拉伤

（一）原因和症状

通常在外力直接或间接作用下，使肌肉过度主动收缩或被动拉长会引起肌肉拉伤。特别是准备活动不充分、动作不协调以及肌肉弹性、伸展性、肌力等较差者更容易发生肌肉拉伤。肌肉拉伤后伤处肿胀、压痛、肌肉痉挛，触诊时可摸到硬块。严重的肌肉拉伤是肌肉撕裂。

（二）处置方法

轻者可即刻冷敷，局部加压包扎，抬高患肢，24小时后可施行按摩或理疗。如果肌肉已大部分或完全断裂，在加压包扎急救后，应立即送医院手术治疗。

九、颈部软组织损伤（落枕）

（一）原因和症状

颈部软组织损伤是指颈部肌肉、韧带、关节囊的急性损伤，或伴有颈椎小关节错位。在体育运动中，主要由于头颈两侧用力或受力不一致，使颈部突然扭转所致，如摔倒时头颈部着地，做滚翻动作时头颈位置不正、滚翻歪斜、团身不好等。总之，技术动作上的缺陷、保护措施不佳、头颈准备活动不够等是常见的致伤原因。其表现为颈项僵直、疼痛，头向一侧歪斜，颈肌痉挛，有压痛，头的活动受限。重者脊突偏歪，压痛明显。若有肩臂麻木或四肢瘫痪等脊髓神经症状，沿脊柱纵轴叩击头顶有颈部疼痛时，应疑有骨折、脱位可能。

（二）处置方法

用按、摩、揉、揉捏等手法按摩颈部，以指揉或针刺风池、悬钟、落枕等穴位，使痉挛的肌肉松弛后，做头颈部的运拉；然后令受伤者主动活动颈部，如头向左右旋转、前屈、后伸、左右侧屈等。对颈部软组织损伤者，不宜采用搬旋头颈部的暴力手法，否则会加重症状。此外，还可采用热敷、红外线照射局部或做封闭疗法等。严重者应立即送医院治疗。

十、肩关节扭伤

（一）原因和症状

肩关节扭伤由肩关节用力过猛以及反复劳损所致，也有的因技术错误、动作违反解剖学原理而造成损伤。其症状有压痛、疼痛，急性期有肿胀，慢性期三角肌可能出现萎缩，肩关节活动受限。

（二）处置方法

单纯韧带扭伤，可采取冷敷、局部加压包扎方法，24 小时后可采用理疗、按摩和针灸治疗。出现韧带断裂时，应立即送医院缝合和固定处理。当肩关节肿胀和疼痛减轻后，可适当施行功能锻炼，但不宜过早活动，以防转入慢性损伤。

十一、踝关节扭伤

（一）原因和症状

运动中跳起落地时失去平衡，使踝关节过度内翻或外翻致踝关节扭伤。在准备活动不充分、场地不平坦的情况下，更易造成这类损伤。其症状是伤处疼痛、肿胀，韧带损伤处有明显压痛、皮下瘀血。

（二）处置方法

受伤后，应立即冷敷，用绷带固定包扎，并抬高伤肢。24 小时后，根据伤情采取综合治疗，如外敷伤药、理疗、按摩等，必要时做封闭疗法。待病情好转后，实行功能锻炼。对严重伤者，可用石膏固定。

十二、关节脱位

（一）原因和症状

由于受到外力的作用，使关节面失去正常的连接关系叫关节脱位，又称为脱臼。关节脱位可分为完全脱位和半脱位两种。严重的关节脱位伴有关节囊撕裂，甚至损伤神经。运动中发生的关节脱位，大都是外力撞击所致，如摔倒时用手撑地，引起肘关节或肩关节脱位。

（二）处置方法

用长度和宽度相称的夹板固定伤肢。如果没有夹板，也可将伤肢固定在自己的躯干或健肢上，防止震动，随后及时送医院治疗。

十三、骨折

（一）原因和症状

在运动中身体某部位受到直接或间接的暴力撞击时，会造成骨折。骨折是比较严重的损伤，但发生率很低。骨折分不完全性骨折和完全性骨折两种。常见的骨折有肱骨骨折、前臂骨骨折、手骨骨折、大腿骨折、小腿骨折、肋骨骨折和脊柱骨折等。其表现为患处肿胀，皮下瘀血，有剧烈疼痛，肢体失去正常功能，肌肉产生痉挛，有时骨折部位发生变形，移动时听到骨摩擦声；严重骨折时，伴有出血和神经损伤、发烧、口渴、休克等全身性症状。

（二）处置方法

若出现休克，应立刻进行人中穴位点按，同时进行人工呼吸、心外按压；若有出血应同时进行止血和包扎，不可以移动患肢；应迅速在受伤地点寻找能固定伤肢的树枝、木条和绳索，对伤肢进行固定，并及时送医院。

十四、急性腰扭伤

（一）原因和症状

运动时由于身体重心不稳定或肌肉收缩不协调，引起腰部肌肉扭伤，多数因腰部受力过重，或脊柱运动时超过了正常生理范围。损伤后，即刻疼痛，有时出现腰部肌肉痉挛和运动受限。

（二）处置方法

腰部急性扭伤后，应让伤者平卧，一般不应立即扶走；如果疼痛剧烈，则用担架抬送医院诊治。处理后，应卧硬木床或在腰后垫一枕头，使肌肉、韧带处于放松状态；也可进行针灸、外敷伤药或按摩。

十五、脑震荡

（一）原因和症状

当头部受到外力打击后，大脑管理平衡的感受器机能失调，直至引起意识和机能的短时性障碍。在进行体育锻炼时，两人头部相撞，或头部撞击硬物，或从高处跌下时头部撞地，都可造成脑震荡。其表现为神志昏迷、脉搏徐缓、肌肉松弛、瞳孔稍大但对称、神经反射减弱或消失；清醒后，伤者常有头痛、头晕、恶心呕吐感；平时易烦躁、注意力不易集中、耳鸣、心悸、多汗、失眠、记忆力减退等。

（二）处置方法

立即让伤者平卧，头部冷敷；若有昏迷，立即指压人中、内关、合谷穴；若呼吸发生障碍，立即进行人工呼吸。上述处理后，若出现反复昏迷或耳鼻出血，两瞳孔放大又不对称，表明病情严重，应立即送医院治疗。在运送途中，要让伤者平卧，头部固定，避免颠簸。一般来说，脑震荡都可自愈，无须住院治疗，但要注意休息和进行必要的药物治疗，保持情绪安定，减少脑力劳动。在恢复期内，可定期做脑震荡痊愈平衡试验，以检查恢复情况。若闭目状态下单腿站立、两臂平举，能保持平衡，表明脑震荡已基本治愈。这时可参加体育锻炼，但要避免做滚翻和旋转性动作。

十六、癫痫

（一）原因与症状

癫痫俗称羊角风，是由于脑细胞过度放电所引起的反复发作的短暂的脑功能失调，导致患者出现运动、感觉、意识、精神等障碍。患者发病时表现出意识突然丧失、倒地、四肢抽搐、口吐涎沫或怪叫，但苏醒时又如常人。

（二）处置方法

对发病者应扶其就地卧倒，防止跌倒或撞伤，衣领和腰带要松开，以利于病人呼吸，同时将病人的头转向一侧让口内分泌物流出。若病人发作时间较长，要尽快送到就近的医院就诊。还有些病人在发病时或发病后胡言乱语、无目的地走动、大哭大闹甚至伤人等，最好的办法是赶快让专科医生进行处理，不可捆绑、虐待病人。

十七、外出血

（一）原因和症状

在剧烈、紧张的运动或对抗性较强的项目中，由于碰撞或摔倒，接触到较尖利的异物时，会发生局部出血。

（二）处理方法

1. 抬高伤肢法

此方法适用于四肢出血。其方法是将伤肢抬高，使出血部位高于心脏，从而使出血部位的血压降低，减少出血。这种方法对小静脉和毛细血管出血很有效。

2. 绷带加压包扎法

其方法是用数层无菌敷料覆盖创口，再用绷带加压包扎，以压住出血的血管而达到止血效果，同时抬高伤肢。它适用于小动脉、上静脉和毛细血管出血。

3. 加垫屈肢法

此方法适用于前臂、手、小腿和足出血。其方法是将棉垫放在肘窝或腘窝，把肘关节或膝关节尽量屈起来，再用绷带做“8”字形包扎。

4. 指压法

动脉最容易被压住的部位称为压迫点。在出血部位的近心端相应的压迫点上用拇指或其余四指把该动脉血管压迫在邻近的骨面上，以阻断血液的来源而达到止血的效果。常用的方法有以下几种。

（1）颞动脉压迫止血：一手扶伤员的头并将其固定，用另一手拇指在耳屏上方一指宽处摸到搏动后，将该动脉压迫在颞骨上。适用于同侧前额部或颞部出血的止血。

（2）颌外动脉压迫止血：在下颌角前约 1.5 厘米处摸到搏动后，用拇指把该动脉压迫在下颌骨上。适用于同侧面部出血的止血。

（3）锁骨下动脉压迫止血：在锁骨上窝内 1/3 处摸到搏动后，用拇指把该血管压迫在第一肋骨上。适用于肩部及上臂出血的止血。

（4）肱动脉压迫止血：将伤臂稍外展、外旋，在肱二头肌内缘中点处摸到搏动后，用拇指或食指、中指、无名指将该动脉压迫在肱骨上。适用于前臂及手部出血的止血。

（5）股动脉压迫止血：伤员仰卧，伤腿稍外展、外旋，在腹股沟中点稍下方摸到搏动后，用双手拇指重叠把该动脉压迫在耻骨上。适用于大腿和小腿出血的止血。

（6）尺、桡动脉压迫止血：在前臂掌侧的远端，用双手拇指摸到搏动后，把尺、桡动脉压迫在尺、桡骨上。适用于手部出血的止血。

（7）胫前、胫后动脉压迫止血：在踝关节背侧，于胫骨远端将胫前动脉压向胫骨，在内踝后方将胫后动脉压向胫骨。适用于足部出血的止血。

第十三章 “健康中国 2030”背景下学校体育个别项目的教学方法

第一节 篮球运动

一、篮球基本技术

篮球基本技术是进行篮球比赛所必需的专门动作的总称，是篮球战术的基础。篮球比赛中战术质量的高低，主要取决于队员基本技术掌握的准确和熟练程度。篮球技术分为进攻和防守两大部分，基本技术主要包括移动，传、接球，投篮，运球，持球突破，防守技术。

（一）移动

移动技术是篮球基本技术的基础，它通过各种快速、突然的脚步移动达到进攻时摆脱防守，防守时盯住对手，以争取攻守主动的一种手段。

（二）传、接球

传、接球是进攻队员有目的地转移球和进行战术配合的必要手段。

1. 原地双手胸前传、接球

传球时，两腿蹬地，重心前移，两臂前伸，手腕向上翻转，利用拇指下压，中指、食指拨球将球协调传出。

接球时，两臂前伸迎球，手指自然分开，两拇指成一字形，两手成半球形，当手触球后，两臂向后缓冲，持球于胸前。

2. 移动中双手胸前传、接球

移动中双手胸前传球分前转身传球和后转身传球。移动中双手胸前接球分一步急停接球和两步急停接球。

3. 双手反弹传、接球

传球时将球向斜前方传出，球落地点距接球人 1/3 距离处（防止防守堵截），球弹起高度在接球人腰部。接球时，掌心向着来球反弹的方向，屈膝弯腰伸手迎球，接球后手腕上翻持球于腹前。

4. 单手肩上传、接球

右手传球时，左脚向前迈出，身体右转重心后移，同时把球引至右肩上方，手指分开，手腕后仰托球后上部，接着右脚蹬地转体，右臂前挥，手腕前屈，用手指力量将球传出。接球时，手臂伸向来球方向，掌心微凹正对来球，当手触球后，顺势后引、翻腕，双手持球于腰腹前。

5. 行进间传、接球

传球动作和脚步配合要协调、连贯。一般是跨出第一步接球，最迟在第三步落地前传出球，并根据接球人的跑速、位置将球传至同伴身前一步左右距离和胸部位置。

（三）投篮

投篮是篮球比赛取胜的直接手段。

1. 原地双手投篮

投篮时，两脚蹬地，用腰腹伸展力量向上方抬肘伸臂，手腕前屈，最后用食指、中指的指端拨球，使球以适当的弧度后旋投出。

2. 原地单手肩上投篮

投篮时，两脚蹬地的同时向前抬肘伸臂，手腕前屈，用力拨球，使球后旋投出。

3. 跳起单手肩上投篮

两手持球上举的同时，两脚用力蹬地，身体垂直向上跳起，当腾空至最高点时，扶球手离开，持球手迅速向前上方伸臂，用手腕和手指力量将球投出，落地时要屈膝缓冲。

4. 行进间单手肩上投篮

左手投篮时，左脚向前跨出一大步的同时接球，接着右脚跨出第二步，用脚跟先着地，然后用脚掌蹬离地面，随着球的上举用右手护球过肩，当腾空至最高点时，右手离球，左手向上伸臂，手臂前屈，用食指、中指拨球投出。

5. 行进间单手低手投篮

右脚跨大步接球，第二步较小，并向上方跳起，持球在胸前。投篮时，右手要充分向球篮举球，用手腕上挑动作，使球从食指和中指指端出手前旋入篮。

（四）运球

持球队员在原地或行进间用手连续按拍借助地面反弹起来的球的动作叫作运球。运球是一项重要的进攻技术，它是个人进攻的手段，也是组织进攻的桥梁。

1. 原地运球

运球时，两膝弯曲，两脚左右或前后开立，上体稍前倾，运球手五指自然分开，用手指、手腕和前臂的力量，柔和地随球上下按拍，注意用脚和异侧臂保护球。

2. 直线运球

运球时上体前倾，用手指指根以上部位按拍球的后上方，使球落在脚外侧前（方），跑动步和球反弹的节奏协调一致。要改变运球的高低和快慢，主要是控制球的反弹高度、按拍球的力量和变动按拍的部位。

3. 急停急起运球

急停急起运球是当运球队员被对方紧逼时，运用速度的快慢变化来摆脱防守的一种技术。运球队员在降低速度时，运球要低，使球垂直于地面反弹，两膝半蹲，注意保护球，同时用上体和头部做虚晃动作，使防守队员的重心移位，然后突然起动，运球手的一侧脚前掌内侧用力蹬地并迅速向前跨出，按拍球的后上方，加快运球速度以超越对手。

4. 体前变向换手运球

这是运球队员受到对方堵截时，突然向左或向右改变运球方向，借以摆脱防守的一种运球方法。运球队员想从对手右侧突破时，先向对手左侧快速运球，当对手向左侧移动时，运球队员突然变向。变向时，右手拍球的右上方，使球从自己身体右侧拍向左侧，同时，左脚向左前方跨出，上体向左转，用肩挡住对手，然后用左手拍球的正后上方，右腿跨出，从对手的右侧突破。

（五）持球突破

持球突破是持球队员用脚步动作和运球技术超越对手的方法。

1. 同侧步突破

接球急停时，如向右突破，以左脚为中枢脚，并用前脚掌内侧蹬地，右脚向右前方跨出一步，同时上体左转，左肩前压，重心前移，在右脚落地前，右手在右脚侧前运球，右脚落地后，接着左脚向前跨出一步超越对手。向左突破动作相同，方向相反。

2. 交叉步突破

向右突破时，以右脚为轴，用左脚前脚掌内侧蹬地，向右移重心，左脚向右方跨出一大步贴近对方；同时上体右转，左肩前压，右手在右前方运球，然后右脚蹬地，快速上步超越对手。向左突破动作相同，方向相反。

（六）防守技术

1. 防守持球队员

防投篮：两脚前后开立，重心下降，前脚同侧手臂前伸并上下摇动，用前后滑步阻挠投篮。

防突破：两脚前后开立，两手左右伸出摇摆，重心下降，与持球人保持一步半距离，根据对手脚步移动采用左、右滑步或后撤步堵截突破。

2. 防守无球队员

应站在对手和球篮之间并偏向有球一侧，随球的转移而不断移动防守位置，当球离防守队员较近时，可采用面向人、侧向球的站位法；球离得较远时，可采用面向球、侧向人的站位法，做到人球兼顾，以便伺机抢断球。

二、篮球组合技术和初级战术小配合

篮球运动中由两三个人组成的简单组合，是组成全队战术的基础。练好基础配合，才能灵活运用全队战术。

（一）进攻的基础配合

常用的基础配合有传切配合、突分配合、掩护配合和策应配合。

1. 传切配合

（1）一传一切的方法。持球队员传球后利用速度或假动作摆脱防守后切入篮下，同时接同伴的传球上篮或做其他进攻动作。

（2）空切方法。无球队员利用防守不备的刹那，用速度或假动作摆脱防守后切入篮下，接同伴的传球进攻。这种方法在比赛中具有很大的威胁。

2. 突分配合

突分配合是持球队员运球突破对手后，遇到对方补防或关门时，及时将球传给进攻时机最好的同伴的一种配合方法。

3. 掩护配合

掩护配合是掩护队员采用合理的行动，用自己的身体挡住同伴防守者的移动路线，使同伴借以摆脱防守，或利用同伴的身体和位置使自己摆脱防守的一种配合方法。

根据掩护者的不同位置和掩护方向，掩护可分为前掩护、侧掩护和后掩护。

4. 策应配合

策应配合是进攻队员背对或侧对球篮接球，与同伴空切或绕切相结合，借以摆脱防守，创造各种进攻机会的一种配合方法。在半场范围内，靠底线的限制区两侧做策应通称内策应；在罚球线附近和罚球线延长线附近做策应通称外策应。

（二）防守的基础配合

常用的基础配合有挤过、穿过、绕过、换防、补防、关门和夹击等配合。

1. 挤过配合

挤过配合是一种积极的带有进攻性破坏对方掩护配合的防守方法。当对手企图实施掩护时，防守队员抢步贴紧自己防守的对手挤过去并继续防住对手。这种方法一般是在对方接近篮下或有投篮威胁的情况下使用。

2. 穿过配合

穿过配合可在对方采用掩护配合时使用。穿过配合是防守队员为了避开对方形成的掩护，从自己的同伴与进攻队员之间穿过继续防守自己的对手的配合方法。

第二节 足球运动

一、足球基本技术

足球技术是由特定的动作结构组成，并贯穿于整个足球活动中的一种基本运动形式。足球技术由技术动作和技术能力两部分组成。技术动作是指运动员完成某一动作时所采取的方法；技术能力是指运动员在训练或比赛活动中运用技术的准确、合理以及娴熟的程度。以运动员在比赛中完成技术时的活动方式来划分，足球技术可分为无球技术和有球技术两大类。

无球技术是指运动员在比赛中，在不控球的情况下所完成的各类技术。无球技术一般由起动、跑动、急停、转身、晃动、跳跃等组成。

有球技术是足球运动中的主要技术部分，包括传球、接球、运球、过人、抢截球、射门。

（一）传球

传球是足球比赛中应用最多的一项基本技术，是完成各种战术配合、创造射门机会的主要手段。传球主要包括脚部传球、掷界外球和头顶传球。

1. 脚部传球

脚部是比赛中运用最多的传球部位，包括脚内侧传球、脚背内侧传球、脚背外侧传球、正脚背传球、脚尖传球、脚跟传球等。

（1）脚内侧传球。迎球放松助跑，支撑脚落在球的侧后方，脚尖朝着出球方向，膝稍弯曲，击球脚脚踝外转，脚内侧正对出球方向，脚去球的正后方，若传高球则击球的后下部。这种传球方法的特点是脚与球的接触面积大，击球平稳、准确，踢球力量不大，常用于地面短传球。

（2）脚背内侧传球。迎球斜线助跑，助跑方向与出球方向约成45°。两眼注视球，两臂自然张开，保持身体平衡，支撑脚外侧先着地，踏在球的侧后方，膝关节微屈，脚尖朝着出球方向，身体稍向支撑脚一侧倾斜并转向出球方向；击球腿大腿带动小腿积极前摆，用脚背内侧击球的中后部。击球后，击球腿随球继续前摆，两臂随踢球动作自然摆动。该技术动作幅度大、球速快、力量大，多用于传平直球、中远距离的弧线球等。

（3）脚背外侧传球。迎球直线助跑，击球腿后摆，支撑脚踏在球的侧后方，膝关节微屈，脚尖正对出球方向；击球腿以大腿带动小腿向前摆动，小腿加速前摆，同时击球脚脚尖内转，脚面绷直，脚趾扣紧，用脚背外侧击球的后中部。击球后，身体自然跟进。因该技术动作脚触球部位灵活、摆腿方向易变化，比赛中经常用于踢传弧线球、弹拨球和定位球。

（4）正脚背传球。迎球直线助跑，击球腿后摆，支撑脚踏于球侧方，脚尖正对出球方向，击球腿大腿带动小腿由后向前摆动，小腿加速前摆，脚背绷直，脚趾扣紧，用脚背正面击球的正后部。击球后，传球腿继续前送。脚背正面传球力量大，出球方向稳定。应用时根据出球的方向、距离、高低，合理使用力量和确定击球部位。距离远则用力较大，传高球则需击球的后下部，传平直球则击球的后中部。

（5）脚尖传球。迎球直线助跑，击球腿后摆，支撑脚踏于球侧后方。击球时，脚尖稍向上翘起，踝关节紧张用力并保持稳定，用脚尖击球的中后稍下部。应用时往往用脚尖踢传远距离球。

（6）脚跟传球。该技术是用脚跟部位将球传至身后的传球方法。当球在支撑脚内侧时，击球腿自然前跨至球的前方，然后以膝关节为轴，小腿快速后摆，踝部紧张用力，用脚跟击球的前中部，将球向后传出。球在支撑脚外侧时，击球腿自然前跨过支撑脚后，迅速向支撑脚一侧成交叉动作后摆，用脚跟击球的前中部将球向后传出。比赛中该技术应用时较为隐蔽、灵巧。

2. 掷界外球

掷界外球是用双手掷球的技术。比赛中，球出边线时，由最后接触球一方的对方队员从球出界处的界外，用双手将球掷入场内继续比赛。掷界外球相当于一次传球，若能将球掷得既远又准，就会加快进攻速度。特别是在对方罚球区附近掷界外球，由于接球人不受越位规则的限制，故可为进攻创造有利条件。掷界外球的方法有原地掷界外球和助跑掷界外球两种。运用较多的是原地两脚前后站立掷界外球，这是其他掷界外球方法的基础。

（1）原地掷界外球。面对出球方向，两脚前后（或左右）站立，膝微屈，上体后仰成背弓，重心在后脚上，两手指自然张开，拇指相对持球侧后部，屈肘将球举至头后。掷球时由后腿发力蹬地，迅速向前摆体、收腹、挥臂，当球摆至头上时用力甩臂，将球掷入场内。在掷球过程中，后脚可沿地面向前拖动滑行，但两脚均不得离地或踏入场内。

（2）助跑掷界外球。助跑要自然协调，速度快慢由掷球远近而定。助跑时两手持球于胸前，在助跑迈出最后一步时，上体后仰成背弓，同时将球举至头后，掷球时的动作与原地掷界外球动作相同。助跑掷界外球可借助助跑的速度把球掷得更远。

3. 头顶传球

头顶传球指用头的某一部位顶击球。在足球比赛中，运动员为了争取时间和争夺空中优势，不等球落地，便在高空中直接用头顶球传球。头顶球传球分为前额正面头顶球和前额侧面头顶球。这两种头顶球又各有原地、跑动和跳起头顶球之分。下面只介绍前额正面头顶球和跳起头顶球。

（1）前额正面头顶球。身体正对来球，两脚前后开立，膝部微屈，上体后仰，两臂在体侧自然张开，眼视来球。后腿用力蹬地，收腹摆体，用前额正面在身体的垂直部位击球的后中部，将球传给同伴。击球后，上体随球继续前摆。

（2）跳起头顶球。两眼注视来球，判断好落点，以备起跳。左脚用力蹬地的同时，右腿屈膝上摆，两臂向上摆起，身体腾空后，上体后仰成背弓，两臂自然张开，维持身体平衡，用力顶击球，方法与前额正面头顶球相同。顶球后，两腿屈膝、屈踝落地缓冲。助跑是跳起顶球技术较难掌握的环节，因为涉及起跳时机。一般来说，单脚起跳跳得很高，在跑动中起跳也更迅捷，但需要有一定的空间，而双脚起跳在静位即可，所以各有利弊，在比赛中可根据实际情况和个人习惯来选择适合自己的起跳方式。

（二）接球（停球）

接球是足球运动的一种基本技术。在比赛中，运动员接球技术动作很多，有脚部接球、大腿接球、胸部接球和头部接球等。通常以脚为主，尤以脚弓和脚外侧使用最多。接球时运用推压、撤引等动作，将来球调整至有利于衔接下一步动作（如传球、射门、运球等）的位置上。因此，接球技术是掌握控球权的基础。

1. 脚部接球

（1）脚内侧接球。这种方法可以接地滚球、反弹球和空中球。

接地滚球的动作方法：迎球移动，支撑脚正对来球，膝关节微屈，停球腿屈膝外转并前迎。当脚内侧面与球接触的刹那迅速后撤（后撤速度视来球速度有所变化），把球接在脚下。

接反弹球的动作方法：判断来球落点，支撑脚踏在球的落点的侧前方，膝稍屈，上体稍前倾并向停球方向微转，接球脚放松提起，用脚内侧对准球的反弹路线。当球落地反弹时，用脚内侧推压球的中上部。

接空中球的动作方法：眼看来球，根据来球的速度及运行轨迹判断落点，及时移动到位，支撑腿略弯曲，将接球脚抬起，以脚内侧部位对准来球的方向并上迎。在球触脚的瞬间，脚回撤缓冲，将球控制在衔接下一个动作所需要的位置上。

（2）脚背外侧接球。脚背外侧接球常与假动作结合，往往更具隐蔽性。该技术重心移动大，动作难度较大。一般用脚背外侧接地滚球和反弹球。

2. 大腿接球

大腿接球一般适用于弧度较大的高空下落球或平行于大腿高度的来球。

3. 胸部接球

胸部面积大，弹性好，位置高，能接停高球和空中平球。有挺胸、收胸两种接球方法。

（1）挺胸接球方法：面对来球，两膝微屈站立，两臂屈肘自然张开。当球落至与胸部接触时，收下颚、挺胸、展腹。胸部触球时，上体稍后仰以缓冲来球，使球弹落于控制范围内。该技术多用于接高空来球。

（2）收胸接球方法：当球接触胸部时，迅速缩胸、收腹，以缓冲来球力量，使球落至身前，以便迅速连接下一个动作。此技术一般用于接停胸部高度的平直球。

（三）运球

运球是运动员在跑动中用脚的推动动作，使球保持在自己控制范围内的连续触球动作。常用的运球方法有脚背正面运球、脚背内侧运球、脚背外侧运球和脚内侧运球。

运球时，两眼要兼顾球和场上情况，以便随时改变速度和躲闪对方，及时完成传球、射门等动作。运球跑动要自然，步子小而短促，以便随时改变方向。脚触球时应是推拨球，用力不宜太大，使球处在自己的控制范围内。当遇到对方争抢时，要用身体掩护或用离对方远侧的脚运球。

（四）过人

过人技术是运用脚的各部位，以拨、拉、扣、挑、推、捅球等动作，并伴随上体、下肢的假动作，采用变速、变向和快速超越等手段，越过对手。过人时应注意时机的把握、距离的控制以及速度和方向的变化。

（五）抢截球

抢截球是将对方控制或传出的球占为已有，或破坏对方对球的控制的技术，是比赛中转守为攻的积极手段，是防守技术的综合体现。抢截球包括抢球和截球。抢球是用规则所允许的条件和动作，把对方控制的或将要控制的球夺过来、踢出去或破坏掉。截球（断球）是把对方队员间传出的球（空中球或地面球）堵截住或破坏掉。抢截球有正面抢截、侧面抢截和侧后抢截三种方法。抢截球时位置选择要恰当，时机把握要准确，善于利用合理冲撞，动作要果断、快速。

（六）射门

1. 射门的类别

射门主要有脚部射门和头顶球射门。它是足球运动中最关键的一项技术。

（1）脚部射门。脚部射门用得较多的是脚背正面射门、脚背外侧射门、脚背内侧射门。当距球门较近时，还经常采用脚内侧射门、脚尖射门、脚跟射门和倒地脚掌铲球射门等。各种脚部射门方法与相应的传球动作方法相同，只不过射门对出球的力量、速度、角度、旋转等要求更高，在踢击球时有摆、抽、弹、推、捅和铲等方法。

（2）头顶球射门。头顶球射门分为前额正面头顶球射门和前额侧面头顶球射门两种。两种头顶球射门均可分为原地、跑动和跳起射门。动作方法与头顶传球相似，区别在于：头顶球射门是击球的后中部或后上部，以防顶出高于球门的球；头顶球射门时脚蹬地、摆体、甩头等用力相对要大，这样出球速度更快，易入门得分。

2. 射门应注意的问题

（1）射门必须准确、突然、有力，只有准确才能破门。

（2）善于捕捉射门时机，能抓住瞬间出现的机会破门得分。

（3）培养应变能力。保证对临场的各种来球判断准确，有射门欲望，有补射的意识。

二、足球基本战术

足球基本战术是指在比赛过程中，攻守双方为了战胜对方而采取的各种合理、有效的个人行动或集体配合。

足球基本战术通常分为进攻战术和防守战术两大体系。

（一）进攻战术

1. 进攻战术的原则

当一个队在比赛中从对方脚下获得对球的控制的刹那，进攻战术便开始了。为了求得进攻战术的效果，一个队必须掌握并善于运用进攻战术的原则。

（1）宽度原则。进攻队员应尽可能利用场地宽度，使防守队员被迫扩大横向防守面积，从而创造便于利用的进攻空间。

（2）渗透原则。在采用横传拉开防守后，跟随运用渗透的纵向传球特别重要，有效地执行这一原则，其结果不是直接创造射门机会，就是为射门带来有利的形势。

（3）灵活原则。离禁区越近，对方盯人越紧，且对进攻者的行动也越敏感。这一防守特征，就要求有球和无球队员必须善于运用灵活原则。无球队员可做虚晃、变向等战术跑位进行协同和机动。

（4）应变原则。队员在突破对手，切入门前空当将要射门时，要具备排除干扰和困难的临场应变能力。这种应变能力是技术、战术、身体素质、意志品质和个人智力的综合体现。

2. 进攻战术的形式

进攻战术的常见形式有边路进攻、中路进攻、快速反击等。

（二）防守战术

1. 防守战术的原则

防守战术是在失去控球权后即刻开始的。防守战术在比赛中的具体运用，往往表现出一定的被动性，即受进攻战术的牵制。但是防守战术是扼制对方进攻并设法夺回控球权的唯一方法，运用防守战术应遵循以下原则。

（1）延缓原则。延缓意味着放慢对方的进攻速度，为本队组织严密的防守布局争取时间。延缓原则通常运用于进攻失球后的即刻，一般是由离球最近的队员开始的。

（2）平衡原则。所谓平衡，主要是指防守队员在人数上至少与进攻队员保持等量，在同伴延缓对方进攻速度时，每一名防守队员应根据自己的位置职责要求，迅速回撤到自己的防守位置上，并在整体布局上形成相互保护的合理站位，争取局部防守区域的人数优势。

（3）集中原则。集中通常是指防守队员在回位后，把注意力集中在对每一个进攻者的防守上，面对进攻者，适时地采取积极的反抢行动。

（4）控制原则。控制原则通常是指针对后场区的防守，因为球门前是防守的关键地带，为了确保球门安全，防守队员必须采用人盯人方法，以控制对方在此区域的一切行动。

2. 防守战术的要素

构成防守战术的基本要素有选位、堵援、盯人、抢截、补位等。

3. 防守战术的形式

防守战术的常见形式有人盯人防守、区域盯人防守、混合防守等。

（三）定位球战术

定位球战术包括任意球、角球和掷界外球等。定位球战术常常是得分的最佳机会。

1. 任意球

（1）任意球进攻。任意球进攻，特别是前场任意球进攻，是现今足球比赛破门得分的锐利武器之一。任意球在比赛中的常用进攻方式有：直接射门（直接任意球），两人间的配合射门，三人或三人以上的配合射门。

（2）任意球防守。当对方在本方中后场罚任意球时，防守队员需要很好地组织站位。如果在禁区前沿附近罚任意球，必须排墙防守。每一名队员都要全神贯注地观察所有进攻者的行动。

任意球中包括点球，在罚点球时，进攻队员应有补射意识（特别是主罚队员），守门员应注意球脱手或球击门柱反弹后的第二动作，防守队员应注意在守门员球脱手或球击门柱反弹后的解围。

2. 角球

（1）角球进攻。角球进攻与任意球一样，也是破门得分的锐利武器之一。在组织角球进攻时，站位是破门的关键。进攻队员站位应分布于禁区内或附近区域，力争获得最多的进攻点。

（2）角球防守。在角球防守的成败因素中，站位和盯人是最重要的环节。防守队员应注意：与对方队员间的距离保持适度；人球兼顾；球处理得干净、利索、冷静；争夺时既要勇猛，又要小心；夺球后迅速发动进攻。

3. 掷界外球

（1）掷界外球进攻。掷界外球进攻常常在前场起到出其不意的效果。因掷界外球不存在越位，进攻者灵巧的跑位加上快速、娴熟的配合，能造成防守队员阵脚混乱，获得良好的进攻机会。

（2）掷界外球防守。对方在本方半场掷界外球时，除一至两名队员位于中场准备反攻外，其余防守队员都应回防。由于掷界外球进攻的方式多样，防守时合理的选位特别重要。通常，掷界外球异侧的防守队员应适当向中路靠拢，以便给向掷界外球一侧靠近的中路防守队员提供保护和减少相互间的空当距离。对掷球队员附近的进攻队员和门前队员应紧盯防守。

第三节　排球运动

一、排球基本技术

排球技术是在规则允许的条件下所采用的各种合理的击球方法。排球的基本技术有准备姿势和移动、垫球、传球、发球、扣球以及拦网六大类。

（一）准备姿势和移动

准备姿势和移动是排球运动完成各项技术的前提和基础，两者相辅相成。准备姿势主要是为了移动，而要快速移动又必须先做好准备姿势。

（二）垫球

垫球在排球比赛中占有重要的地位，主要用于接发球、接扣球和接拦回球，是组织进攻的基础。常用的垫球技术有正面双手垫球、跨步垫球、体侧垫球、背垫、单手垫球等。

正面双手垫球是双手在腹前垫击来球的一种垫球方法，它是各种垫球技术的基础，是最基本的垫球方法，适合于接各种发球、扣球和拦网球，在关键的时候也可以用来组织进攻。

（三）传球

传球是组织各种进攻战术的基础。常用的传球技术有正面上手传球、传快球、背传、调整二传等。正面上手传球是最基本的，也是其他一切传球技术的基础，由于其控制球的面积大，手和全身的动作容易协调配合，所以传球的准确性和稳定性较高。

（四）发球

发球是比赛的开始，也是进攻的开始。它是一项先发制人的进攻性战术。发球的方法很多，按发球的技术动作可分为下手发球、上手发球、勾手发球、跳发球四种形式。按其性能可分为飘荡、大力、变旋下落等几种。不论采用哪种发球形式，稳、准地抛球是发好球的前提，正确的手法和击球部位是发好球的关键。

1. 正面下手发球

这种发球动作比较简单易学，并且由于面对场内而便于观察对方，容易发得准确；但利用身体动作的力量较小，因而发球力量较小，威力不大，适合初学者学习。

2. 正面上手发球

这种发球由于正对球网站立，便于观察，发球的准确性较高，容易控制球的落点，所以有一定的攻击力，威胁性较大。

（五）扣球

扣球在排球比赛中占有重要地位，是得分的主要手段，也是进攻中积极、有效的武器。常用的扣球技术有正面扣球、调整扣球、近体快球、勾手扣球、扣快球、后排扣球和自我掩护扣球等。

正面扣球动作主要由助跑起跳、挥臂击球和落地等动作构成，整个扣球动作必须相互衔接协调、有节奏。

（六）拦网

拦网是排球的一项具有强烈攻击性的防守基本技术，也是直接削弱和阻拦对方进攻的第一道防线。拦网技术分为单人拦网和集体拦网两种。

二、排球基本战术

排球战术是队员在比赛中根据排球运动的规律、排球规则以及双方的具体情况和临场的发展变化，采取有目的、有预见性的行动和技术配合。基本战术包括进攻战术和防守战术。

（一）进攻阵形与战术

1. 进攻阵形

（1）“中二传”进攻阵形：3号位队员做二传，将球传给4、2号位或后排队员进攻的阵形。其优点是接球至3号位较容易，易组织进攻，二传向2、4号位传球较近，容易到位，但战术变化较少。

（2）“边二传”进攻阵形：2号位队员做二传，可以组织3、4号位队员进攻或后排进攻。其优点是右手扣球者比较顺手，战术变化多。缺点是对接发球到位要求较高。

2. 进攻战术

（1）强攻：强攻就是在没有同伴掩护的情况下，在对方有准备的拦防情况下，强行突破的进攻。强攻的二传球较高，根据不同的二传位置，可以分为集中进攻、拉开进攻、围绕进攻、调整进攻等。后排队员的高球进攻也属于强攻的打法。

（2）快攻：快攻战术是各种近体快、远网快、后排快、单脚起跳快以及快球掩护组织的二点球进攻。快攻战术隐蔽性强，变化多，分散对方的防守，但是需要全队协调统一以及高水平的二传。

（3）“插上”进攻：在对方发球后，后排一个队员迅速插到前排担任三传，使前排保持有三个人进攻的机会。这种形式可充分利用较长的球网，组织出丰富的、巧妙的、快速多变的进攻战术配合，造成对方拦网困难。

（二）防守战术与阵形

1. 不拦网的防守阵形

在没有拦网必要时，二传在网前，既可接网前球，又可以组织进攻，前排队员后撤，准备防守和进攻。

2. 单人拦网防守阵形

该阵形用于对方进攻力量较弱，扣球以中线为主、吊球较多的情况。单人拦网应以中线为主，阻止球掉入中场，前排不拦网队员后撤防前区。

3. 接拦回球的保护阵形

拦回球的保护，一般应掌握在后排，留一个人准备接反弹较远的球，其他队员尽量多参加前排保护。在只有一点进攻时，应采用四人保护。在有战术变化时，进攻队员跑动或跳起后，如未扣球应争取保护，但二传和后排队员应尽量组成 2 ~ 3 人的保护阵形。

第四节　网球运动

一、网球基本技术

（一）握拍方法

网球的握拍方法大致有起源于美国东部的“东方式”和美国西部的“西方式”，以及起源于欧洲大陆草地球场的“大陆式”三种主要握法。掌握正确的握拍方法非常重要，它直接关系到击球的质量。

1. 东方式正手握拍法

握拍时用左手握拍颈处，把球拍置于体前，右手掌张开紧贴拍面，顺着拍面向拍柄后滑，并握好拍柄，大拇指与食指间虎口所形成的“V”字形部位对准拍柄上平面偏右的位置，手掌和第二指关节紧贴右垂直面，形同与球拍握手，食指与中指稍分开，掌根与拍柄底部齐平。

2. 东方式反手握拍法

在正手握拍法的基础上，虎口的“V”字形部位向左转动，对准拍柄左上斜面，手掌根部贴住拍的左上斜面，与拍柄底部齐平。

东方式握拍法的优点是能保持拍面与地面的垂直，使手掌有力地握着球拍末端，为击球起着最大限度的杠杆作用。缺点是在反手击球时，必须变换握拍法。

3. 西方式正手握拍法

虎口的“V”字形部位对准拍柄右上斜面的下缘，掌根贴住右下斜面，与拍柄底部齐平。

4. 西方式反手握拍法

虎口的“V”字形部位向右转动，对准拍柄右垂直面，用与正手击球同一拍面击球。

5. 大陆式握拍法

正、反手击球用同样握法，虎口的“V”字形部位对准拍柄上平面与左上斜面的交界线上，掌根贴住上平面，与拍柄底部齐平。

大陆式握拍法的优点是正、反手都能以不变的握法进行击球，缺点是腕力不足者不易打出好球。

6. 双手反手握拍法

右手以大陆式或东方式反手握拍，左手以东方式或西方式正手握拍，左手紧贴右手上方。

（二）正、反手击球

正、反手击球动作由准备姿势、转肩引拍、挥拍击球和随挥四个环节组成。

1. 正手击球

（1）准备姿势：正确的准备姿势是击球的先导，准备姿势的好坏决定着击球的成败。准备动作以右手持拍为例。面对网，两脚开立略比肩宽，两膝微屈，上体稍前倾，身体重心在两脚前脚掌上；左手托拍颈，右手握拍，肘关节弯曲位于腹前，拍头指向前方，略偏左上翘，当看到来球时迅速做出反应去迎击来球。

（2）转肩引拍：当球朝右手方向飞来时，左手离开球拍，肩向右转，身体侧向球网，两脚前后开立，重心在后脚上，随着转体，应快速、平稳地向后摆动球拍，球拍后摆的轨迹同英文大写字母 C，呈水平状态后摆，使球拍指向后方，左肩对着球网。

（3）挥拍击球：击球前，左脚对着来球方向（即右前 45° ）跨一步，跨步要早，主动向前迎击球。向前挥拍击球时，要握紧球拍，手腕绷紧，球拍从稍低于腰部处开始做弧线轨迹运动，逐步上升，向前挥动，触球点在身体右前方，拍面垂直或稍前倾，拍与球接触时间要长一些，有利于控制球的方向。

（4）随挥：当球离开拍后，球拍应有一个自然的跟球动作，使握拍手臂充分向前伸展，肘关节向前、向上跟进，把球拍挥到左肩上方结束。

（5）技术要点：在击球过程中眼睛要盯住球；挥摆球拍动作要快（早引拍）；挥拍要以身体重心移动为核心；身体要侧向，在右前方击球；击球时身体重心下降，球拍要低，击球后球拍高于肩，随挥动作要自然。

2. 单手反手击球

（1）准备姿势：与正手击球的准备姿势相同。

（2）转肩引拍：当来球飞向反手方向瞬间，变换握法，采用东方式反手握拍法。移动到位的最后一步，保持右脚在前，身体向左侧转动，侧身背对球网，球拍向左后方挥摆，持拍手臂肘部适当弯曲，拍头翘起。

（3）挥拍击球：挥拍击球时以髋带动肩向右侧转动，击球点在身体左前方，拍触球时，手腕固定，握紧球拍，拍面垂直或稍后仰，击球时身体前倾。

（4）随挥：进行随挥动作时，转体约45°，随挥到身体右侧前上方，此时重心在前脚上，后脚跟踮起。

3. 双手反手击球

（1）准备姿势：与正手击球的准备姿势相同。

（2）转肩引拍：在移动到最后一步时保持右脚在前，身体右侧朝向来球方向，双手握拍向左后摆动，右臂伸展，左臂弯曲，同时右手握拍介于东方式和大陆式反手握拍法之间，左手用东方式正手握拍法。这样可以固定拍面，增强击球力量。

（3）挥拍击球：迎球中挥臂与转体配合，球拍由低向高挥动，击球点在髋前，触球时握紧球拍，拍面垂直或稍后仰，击球中部。

（4）随挥：击球后双手随挥至右侧头部高度。

（5）技术要点：迅速移动，决定左脚的位置；注视来球，同时应快速上步；腰部扭转幅度要大；肘关节伸直，手腕要紧张。

（三）发球

发球是比赛开始的第一个动作，有效的发球具有较强的攻击性，并在速度、力量、旋转和落点等方面不断变化。发球包括平击发球、切削发球、旋转发球。

1. 握拍与站位

采用大陆式握拍法，发球时要求发球队员站在端线后 5 厘米处，身体放松，两脚前后开立与肩同宽，前脚与端线大约成 45° 角，身体侧面对着球网，重心放在后脚上，持拍手和抛球手在体前垂下。

2. 抛球与后摆

开始时，两手运动应是“同上同下”，抛球要使球平稳地离开手指。这时右肘弯曲，使球拍在背后下垂，双腿微屈，身体稍后仰。

3. 击球

当球拍向上挥动击球时，手臂充分伸展，双腿蹬地，腰部由后仰随手臂一起向前压，使手臂、腰和腿同时用力作用于球拍击球。击球时用相应的拍面去接近球，击球点是在抛球至最高点后球刚开始下落的瞬间位置。

4. 随球动作

击球后，球拍向左下挥过身体。

5. 技术要点

抛球方向合适，抛球点高；屈膝，身体背屈，重心在后；击球时做扣腕动作；球拍应斜挥过身体，结束于异侧下方。

二、提高阶段的技术

（一）截击球

截击球指来球还没有落地前就加以迎击的技术。正、反手均宜使用大陆式握拍法。截击时手腕要固定，手臂后拉动作尽量小，利用转肩完成后摆，以“碰”与“推”的动作击球。球在右前方，左脚向右前做交叉跨步击球；球在左前方，则右脚向左前做交叉跨步击球。随挥拍动作要短，及时恢复准备动作姿势。

（二）挑高球

挑高球可改变比赛节奏，打乱对方节奏。其击球方法与正、反手击球区别不大，只是拍面稍向上，力量适度，挥拍路线稍向前上方。挑高球要尽量将球击深，接近对方场地的底线。至于带攻击性的强烈上旋高球，往往能直接得分，但技术难度大，据统计职业选手的成功率也仅三分之一，不适合初学者练习。

（三）高压球

高压球是在头顶上方大力扣杀的技术，其击球动作类似发球。

当高球过来时，及时移动脚步，侧身对球，右手收拍，左手指向来球。击球前，球拍后摆比发球简短，不需做出“搔背”动作，但也须抬起肘部，垂下拍头。当高球飞近击球点时迅速摆拍，在头顶前上方尽可能高处击球。

（四）反弹球

一般当对方将球击到自己脚下，来不及后退抽击和上前截击时，只能打反弹球作为过渡。握拍法同正、反手击球，击球时身体略前倾，降低重心，屈膝弯腰，引拍动作很小，控制手腕，将刚跳起的球推向对方场地。

（五）放小球

放小球应具有突然性和隐蔽性，偶尔用之，往往能使对方扑救不及而失分。握拍法与正、反手击球相同，引拍动作较小，用切削法击球下部，推拍稍向上，成托盘状将球送过网，尽量使球落地反弹两三次仍不过发球线。

三、网球基本战术

（一）单打战术

1. 发球战术

第一发球可采用大力发球，在右区发球时，发向对方中线附近，迫使对方反手接球；

第二发球可采用侧旋球，发向对方右侧，利用侧旋迫使对方离开场区接球。

在左区发球时，多数的球应发向对方左边线附近，也即对方的反手位。当然，临场还必须根据对方接发球的位置发落点，打到对方防守差的地区。

一般发出大力的强烈的上旋球后，应立即上网截击，既能使自己处于有利的进攻地位，又能给对方很大的压力。

2. 接发球技术

接对方发来的大力发球，首先应尽量不失误地回击球，不要企图立即打死对方。其次尽可能将球击到对方两底角之一，一般击向对方底角较有利于自己。而接对方较软弱的发球（一般都是第二发球）时，应力争将球打到对方防守困难一角的深区，并积极上网，封住角度，争取网前得分。

3. 底线抽击战术

利用在底线的耐心抽击，尽量将球打深，拉开角度，最大限度地调动对方，消耗对方的体力，使对方陷入被动，出现防守上的漏洞，再打其空隙地带而得分。对反手较弱的对方，可集中力量连续数次攻击，压迫其反手，迫使对方逐步偏于反手一角的站位时，突然改变击球方向，打向对方正手一角，使其奔救不及。

4. 破网技术

对方上网时，最有效的方法是在对方上网跑动过程中将球打到他脚下。如果对方上网速度快，已处于网前有利位置，则以直线或斜线球打对方的两边线区域，一般打出带上旋的球破网效果较好。或以挑高球的方式，击向对方反手底角附近。

（二）双打战术

1. 双打的站位

双打的站位一般应是正拍好的运动员站在右面，反拍好的运动员站在左面，一前一后、一左一右是最常见的站位。

2. 发球上网战术

双打应尽量占据网前的有利位置，提高第一发球的成功率，将球发向对方反拍区，发出之后紧跟上网，以两人的封网截击扑杀对方。

3. 破发球上网战术

对付发球上网一般做如下处理：把球击向发球线附近，或直接击向跑动上网者脚下；加强上旋，把球斜线击向发球区边线附近；挑高球到对方上网队员身后；趁对方非发球队员站位偏中时，直线击球破网。

4. 同伴之间的配合原则

（1）处于两人中间的球，应由正拍击球者回击。

（2）处于两人中间的斜线球，应由距离近的人去迎击。

（3）对方接发球回击过来中场的球，上网队员争取打截击，发球队员则做好打漏球的准备。

（4）上网队员移动到左侧或右侧截击时，底线队员应立即移动，弥补场区露出的空隙地带。

第五节　羽毛球运动

一、羽毛球基本技术

（一）握拍法

1. 正手握拍法

虎口对着拍柄窄面的小棱边，拇指和食指贴在拍柄的两个宽面上，食指和中指稍分开，中指、无名指和小指并拢握住拍柄，掌心不要紧贴，拍柄端与近腕部的小鱼际肌平，拍面基本与地面垂直。正手发球、右场区各种击球及左场区头顶击球等，一般都采用这种握法。

2. 反手握拍法

在正手握拍的基础上，拇指和食指将拍柄稍向外转，拇指顶点在拍柄内侧的宽面上或内侧棱上，中指、无名指和小指并拢握住拍柄，柄端靠近小指根部，使掌心留有空隙。球拍斜侧向身体左侧，拍面稍后仰。一般来说，击身体左侧的来球，大都先转体（背对网），然后用反手握拍法击球。

（二）发球法

1. 正手发高远球

准备姿势为站在前发球线后 1 米左右，身体左肩侧对网，两脚分立，左脚在前，右脚在后，重心在右脚上。准备发球时，右手握拍向左后侧举起，肘部微屈，左手拇指、食指、中指握球，举在体前。发球时左手将球落下，右肩带动臂，从右上方往左前上方挥动，当球拍与球快要触到的刹那，紧握球拍，并利用手腕屈伸的力量将球拍向前上方用力击出。击球后，球拍顺势向左上方挥动并缓冲，身体重心也由右脚移于左脚。

2. 正手发网前球

准备姿势同上，握拍要放松，上臂动作要小，主要靠前臂带动手腕向前推送，球轨迹的弧度要尽量小，控制贴网而过，落点在前发球线附近。

3. 反手发网前球

可在前发球线后 10 ~ 15 厘米及中线附近，正面对网，两脚前后站立，重心在前脚，右手反手握拍屈肘，拍头向下横于腰间，左手拇指、食指、中指捏球的羽毛，球托朝下，球体在拍面前，击球时前臂带动手腕朝前推送或切击将球击出。

4. 技术关键

正手发高远球是初学者学习基本技术内容中一项最重要的技术。要想发好高远球必须注意：身体重心的移动、手臂挥动和手腕屈伸鞭击这几个动作的力量要协调好，使动作柔韧、连贯、协调，把上、下肢及身体各部分的力量通过球拍作用到球上。

（三）接发球

1. 站位

接发球首先应选择合适的站位，一般单打站位均在前发球线后约 1 ~ 1.5 米处，双打因受双打后发球线限制，可靠近前发球线站位，重点防范对方发网前球。

2. 姿势

单、双打接发球的准备姿势大体相同。单打时左脚在前，右脚在后，重心在前脚，身体稍前倾，持拍手置于体前，两眼注视发球员动作；双打接发球时球拍高举过头，注意力集中，以便快速出击。

（四）击球法

1. 高手击球

（1）正手高球。以快速、合理的步法移动到球降落点的位置上，击球点在自己的头部的前上方。左肩对网，左脚在前，右脚在后，重心在右脚上，左臂自然高举，右手握拍举在右肩上方。击球时由准备动作开始，接着上臂后引，肘关节上抬明显高于肩部，将球拍后引至头部，自然伸腕（掌心朝上），然后在后脚蹬地、转体收腹的协调用力下，以肩为轴，上臂带动前臂快速向前上方甩腕，在手臂伸直到最高点时击球。击球后，持拍手臂顺惯性往前下方挥动，并收拍至体前，同时右脚向前迈出，身体重心移到前脚上。

（2）正手吊球。击球准备和前期动作同正手高球，只是吊球时击球点比击高远球稍前，拍面正面向内侧斜，手指、手腕发力，做快速切、削、压动作，击球托的后部和侧后部。

（3）正手杀球。正手杀球击球前的准备姿势和击球动作与正手击高远球基本一样，不同的是最后用力方向朝下，而且要充分利用蹬地、转体、收腹以及手臂和手腕的爆发力全力地将球向前下方击出，击球的刹那要紧握球拍。

2. 低手击球

（1）挡球。两脚屈膝平行站立，两眼注视“杀球”，若杀过来的球在右侧，即用正手挡球，右脚向右跨出一步，重心移向右脚，右臂放松握拍。若用反手挡球，动作同正手挡球，方向相反。

（2）正手抽球。当对方击来右后场低球时，快速移至适当位置上，重心在右脚上，用正手握拍法，右臂屈肘举拍于右肩上方，当右脚着地一刹那，靠前肩带动手腕做“抽鞭”式的挥拍，将球抽向对方。

3. 网前击球

准备姿势：侧身对网，右脚跨步成弓箭步，左脚在后自然拉开，上体微前倾，右手持拍前伸约与肩平，肘关节微屈，注意握拍要放松。网前击球有搓球、勾打角球、推球、扑球、网前放球等。

（1）搓球。击球前准备姿势同上，击球时，拍面稍前倾，利用手腕和手指的力量向前“切削”球托底部或“提拉”球，使球击出后旋转或滚过网。搓球一般在对方来球较靠近网上时运用。

（2）正、反手放网前球。准备姿势同上，击球时，拍面朝下方倾斜，前臂带动手腕和手指用前送动作击球托底部。正、反手放网前球时除握拍不同外，其他要领相同。

（3）正、反手网前推球。准备姿势同上，击球时，拍面前倾几乎与网平行。利用前臂带动手腕和手指，快速闪动将球击出。正手推球多用食指的力量，反手推球多用拇指的力量。

（4）扑球。击球时，拍面前倾，前臂带动手腕和手指快速闪动发力，击球后立即收拍，以免触网犯规。要求动作速度快、爆发力强。

（五）基本步法

1. 上网步法

上右网前：若站位靠前，可用两步交叉上网。若站位靠后场，则采用三步交叉跨步的移动步法。为了加速上网，可采用垫步上网，即右脚向右前方迈出一小步后，左脚快速跟进到右脚跟后，右脚掌内侧后蹬，右脚向右前跨出一大步。这样蹬得有力，跨得远，能争得网前高击球点主动进攻，所以称为主动步法。

上左网前：只是方向与上右网前相反，其他相同。

2. 后退步法

凡后退步法一般用侧身后退，才有利于到位后挥拍击球。以正手后退右后场为例，若是右脚稍前的站位，则先右脚后蹬接髋部右后转，成侧身后退，再采用三步并步后退或交叉步后退。

3. 左右两侧移动步法

向右侧移动：两脚开立，右脚跟稍提起，利于向右侧起动。离来球较近时用蹬跨步到位击球，若距来球较远，则先垫一小步。

向左侧移动：与向右侧移动的步法相同，只是方向相反。距来球较近时可一步蹬跨到位击球，若离来球较远，则左脚先移一小步，然后向左转身，右脚跨一大步到位反手击球。

二、羽毛球基本战术与实践运用

（一）单打战术

1. 压后场战术

通过发高远球或平高球反复压对方后场两底线，造成对方处于被动状态，一旦回球质量不高，便伺机杀、吊对方空当。

此战术主要针对后场攻击力较弱，后场步法、手法都较差的对方，主要在女子比赛及初级水平比赛中运用得较多。

2. 发球抢攻战术

此战术主要是以发网前球和平射球、平高球为主，限制对方的进攻，迫使对方挑球，然后用杀球或吊球进攻对方的空当和弱点。

发球抢攻战术主要用于对付防守能力较差的对方。在比赛进入关键时刻运用此战术，往往使临场经验不足的选手措手不及。

3. 杀球上网战术

当对方打来后场高球时，先以杀球配合吊球把球下压，落点要选择在场区的两边线附近，迫使对方被动回球；当对方还击网前球时，迅速上网搓、推、杀球，创造在中场大力扣杀的机会。

4. 战术运用的关键

压后场战术是单打战术中最基础的技术，也是各战术实际运用中的一种有效的调节节奏的打法，因此必须熟练掌握并运用。在运用发球抢攻战术时必须做到“发球质量高，抢攻速度快”，这样才能获得战术效果。

（二）双打战术

1. 二打一战术

无论哪一方，上场的两队员技术水平都不可能一样，总有强、弱之分，当一方取得进攻机会时，应专攻弱者；防守时，应想方设法，把弱者调至后场，让其进攻，以减小进攻的威胁，伺机反攻。这种战术在对付对方两人技术水平有较大差异时是最有效的。

2. 攻中路球战术

当对方左右站位防守时，可把进攻目标放在对方两人之间的空当，这样使对方两人互相争抢击球或两人都犹豫而漏接失误，这种战术主要用于两人配合较差的对方。

3. 攻后场战术

遇到后场扣杀能力差的对方，可采用平高球、推平球或挑高球等，迫使对方一人在底线两角移动，对方一旦受攻击而被动时，便大力扑杀，若对方另一队员后退支援时，即可攻网前空当。

第六节　乒乓球运动

一、乒乓球基本技术

（一）握拍法

1. 直拍握拍法

正面以拇指和食指成环形扣紧拍面两肩，虎口靠近拍柄下端；反面三指弯曲相叠并抵住背板。

直拍握拍法的优、缺点：直握球拍正手击球时，动作灵活、突发性强、易于发力。发球时，手指及手腕便于调节且关节活动幅度大，发球多变化。但反手击球时，受手臂各关节生理结构限制，动作幅度、速度、力量及准确性均受影响。

2. 横拍握拍法

以中指、无名指和小指满握拍柄，虎口贴紧拍面右肩，食指横置于拍背面上沿。

横握球拍正手和反手击球时，活动范围大，易于发力。但发球时，手腕灵活性差，发球变化少。

（二）基本站位与基本姿势

1. 基本站位

（1）进攻型打法基本站位：距离球台端线 50 厘米左右。擅长近台进攻的选手，站位可以稍近些；擅长中近台进攻的选手，站位可稍远些；擅长正手侧身抢攻的选手，可站在球台偏左侧（右手握拍）；擅长打相持球或反手技术较好的运动员，可站在中间稍偏反手的位置。

（2）削攻型打法基本站位：距离球台端线 100 ~ 150 厘米左右，多在球台中间略偏反手位置。进攻能力强的，站位可稍微近些；以防守为主的选手，站位可稍远些。

2. 基本姿势

（1）进攻型打法的基本姿势（以右手握拍为例，下同）：两脚开立，比肩稍宽，左脚稍前，右脚稍后，两脚掌内侧着地，脚跟略抬起；两膝自然微屈，重心在两脚之间；含胸收腹，身体略前倾；肩关节放松，执拍手位于身体前偏右处，拍略高于台面。

（2）削球打法的基本姿势：与进攻型打法基本相同，不同之处在于两脚间距较宽，重心稍低，右脚在左脚之前，上体前倾较少，执拍手位于胸前。

（三）基本步法

步法移动是击球的基本环节之一。比赛中每一次击球都需要移动来取得合适的击球位置，它是争取主动、摆脱被动的重要方法。快速灵活的步伐移动，不仅能保证运动员正确的击球动作，而且能提高运动员击球的准确性。

1. 单步

单步是以一只脚为轴，另一只脚向前、后、左、右不同方向移动一步，一般在来球在距身体不远的小范围内运用。

2. 跨步

跨步是以一只脚向前、后或左、右不同方向跨出一大步，身体重心随即移到跨步脚上，另一只脚也迅速滑动半步跟过去。

3. 跳步

跳步是以来球的异方向的脚用力蹬地为主，两脚同时离地向来球的方向跳动，蹬地脚先落地，另一只脚跟着落地站稳。快攻打法常用跳步来侧身。

4. 并步

来球远侧方脚先向近侧方靠一步，然后近侧方脚再向来球方向迈一步。在小范围内移动时常用此步法。

5. 交叉步

来球同方向脚蹬地，异方向脚向来球方向跨出一大步，在身体前两脚成交叉状，然后蹬地脚迅速跟上解除交叉。交叉步的移动范围较大。

（四）发球

发球是乒乓球比赛时力争主动、先发制人的第一环节。发球可以直接得分，也可为进攻创造机会。发球的种类很多，有高抛、低抛与下蹲，正手、反手与侧身，混合旋转和单一旋转等。

1. 正手平击发球

特点：平击发球一般不带旋转，是学习其他发球方法的基础。

方法：右脚稍后（以右手握拍为例，下同），身体稍向右转，左手掌心托球，置于体前右前方，抛球的同时右臂内旋，使拍面稍前倾，向身体右后方引拍，在球降到近于网高时向前挥拍击球的中上部。

2. 正手发下旋球与不转球

特点：球速较慢，旋转变化大，发转与不转的球时手法相似，易造成对方接球失误或为自己抢攻创造条件。

方法：右脚在后，前臂向后上方引拍，拍面略向后仰。抛球后，待球下落时前臂迅速向前下方挥动并略外旋，手腕用力转动使拍面仰角稍大些，约与网同高时击球，从球的中下部向底部摩擦。发不转球时，手臂向前下方挥摆，前臂外旋与手腕的转动要慢，拍面后仰角度要小些，用球拍下部偏右处向前撞击球，减小向下摩擦力。

3. 正手发左侧上（下）旋球

特点：能发挥手臂和手腕的作用，旋转力较强，对方挡球后，球易向右侧上（下）方反弹。

方法：右脚在后，抛球时持拍手向右上方引拍，手腕略向外展。当球下落时，手臂迅速向左下方挥动，在与网同高时触球，触球瞬间手腕快速向左上方转动，使球拍从球的中部偏下向左上方摩擦。发左侧下旋球时，手腕可快速向左下方转动，使球拍从球的中下部向左下方摩擦。

4. 反手发右侧上（下）旋球

特点：能充分运用转体动作，旋转力较强，对方挡球后，球易向其左侧上（下）方反弹。

方法：右脚在前，持拍手向左上方引拍，拍柄略向下。抛球后，当球下落时，前臂和手腕同时发力，向右下方挥拍，在与网同高时击球，触球瞬间手腕向右上方转动，使球拍从球的中部偏下向右上方摩擦。发右侧下旋球时，手腕向右下方转动，使拍从球的中下部向右下方摩擦。

（五）接发球

在乒乓球比赛中，每局比赛双方发球和接发球各占一半机会。但接发球技术的运用往往是被动的，要根据对方发球的方法与球的性能决定接发球的方法。因此，若接不好发球，不仅给对方造成较多的进攻机会，而且会导致心理过度紧张，从而引起连续失误。如果在接发球时能够对对方发球的旋转、落点等变化做出正确判断，而又果断合理地运用接发球技术，则可摆脱被动，争取主动。接发球方法很多，一般由点、拨、带、拉、攻、推、搓、削、摆等技术组成。初学者通常采用推挡、搓、攻、削等技术。

（六）推挡球

推挡球的技术特点是站位近、动作小、速度快、变化多，也是我国直拍打法的一项重要的基本技术。它既能成为争取主动的助攻手段，又能起到积极防御或从相持变为主动的作用。推挡球包括挡球、快推、加力推、减力推、推下旋、推挤等技术。一般要求能掌握挡球和快推技术。

1. 挡球

特点：球速慢、力量轻、动作简单、易于掌握，是初学者的入门技术。

方法：击球前两脚平行开立，离台 40 ~ 50 厘米，手臂自然弯曲外旋，拍面与台面接近垂直，引拍至体前，前臂前伸迎球。击球时要待来球处于上升期击球中部，主要借助来球反弹力将球挡回。击球后，手臂、手腕向前随摆并迅速还原。发力主要以前臂为主，身体重心在两脚之间。

2. 快推

特点：借力还击，球速快、落点变化多，能迷惑对方，起助攻作用。

方法：击球前，前臂稍向后引。击球时，前臂向前推出，食指压拍，拇指放松，拍面前倾，在来球上升期击球中上部。击球后，手臂顺势前送。发力主要部位以前臂和手腕为主，动作过程中身体重心在两脚之间。

（七）攻球

攻球是比赛中争取主动和获得胜利的重要技术。它具有速度快、力量大的特点，是主要的得分手段。

1. 正手快攻

特点：站位近、动作小、球速快、借反弹力还击。与落点变化结合，可调动对方，为扣杀创造机会，是近台快攻打法的一项重要技术。

方法：击球前，右脚稍后，两膝微屈，上体略前倾，引拍于身体右侧成半横状。当球从台面弹起时，手臂由右侧向左前上方迅速挥动，以前臂发力为主。击球时，食指放松，拇指压拍，在来球上升期击球的中上部。击球后，手臂向左前上方随摆，然后迅速还原。

2. 正手扣杀

特点：动作幅度大、力量重、球速快、攻击力强，当遇半高球时适用，是得分的重要手段。

方法：击球前身体略向右转，引拍至右后方。击球时，上臂带动前臂由后向前用力挥击，结合腿蹬地和转腰力量在高点后期击球。击球后，手臂向左前上方随摆，然后迅速还原。

3. 横拍反手快拨

特点：动作小、球速快、线路活，借来球反弹力量还击，是横拍反手近台的一项基本技术。

方法：击球前两脚平行站立，离台约40厘米，手臂弯曲，拍面前倾，引拍至腹前偏左位置，前臂向前迎接。击球时，前臂带动手腕向右前方挥动，在上升期击球的中上部。击球后，手臂向前方随摆，并迅速还原。发力部位以前臂为主，手腕配合，重心在两脚之间。

4. 反手快攻

特点：站位近、动作小、速度快、进攻性强，是直、横拍两面攻常用的一项重要技术。

方法：击球前，引拍至腹前左侧，肘关节略前突出，拍柄稍向下。击球时，前臂向右前上方挥动，在球上升期击球中上部。击球后，手臂向前上方随摆，并迅速还原。

（八）弧圈球

弧圈球是一种上旋强、速度非常快的进攻技术，是现代乒乓球运动的主要技术之一。可分为加转（高吊）弧圈球、前冲弧圈球、侧旋弧圈球以及假弧圈球（不太转的高吊拉球）等。正、反手均可使用。

1. 正手加转（高吊）弧圈球

特点：飞行弧线较高、速度较慢、上旋很强，球着台后下滑速度快，是对付削球、搓球和接出台下旋发球的有效技术。

方法：击球前两脚开立，右脚稍后，身体略向右转，持拍手臂自然下垂并向右下方引拍，右肩略低于左肩。击球时，右脚蹬地，转腰带动肩，上臂、前臂和手腕发力，于球的下降期击球。拍面稍向前倾，并以向上方向发力为主，摩擦球的中部或中部偏上的位置。击球后，手臂向上前方随摆，并迅速还原。

2. 正手前冲弧圈球

特点：击出的球弧线较低、速度快、前冲力大，能起到与扣杀同样的作用。

方法：击球前动作与拉加转弧圈球动作大体相似，不同点是手臂略抬高。击球时，拍面前倾角度较大，主要向前发力，摩擦球的中上部。击球后，手臂向前随摆，并迅速还原。

（九）搓球

搓球是一项过渡性技术，用它来对付下旋球比较稳健，也是初学者必须掌握的入门技术，它通过旋转、落点和速度的变化给对方回球制造一定的困难，为自己抢拉或抢攻创造条件。

1. 反手慢搓

特点：慢搓动作幅度较大、回球速度慢，一般在下降期击球。

方法：击球前，两脚自然开立，身体离台较近，拍面后仰，引拍至身体左上方，手臂向右前下方迎接。在球下降前期击球，前臂加力向右前下方用力摩擦球中下部。击球后，手臂向右前下方随摆，迅速还原。发力要以前臂、手腕为主。

2. 反手快搓

特点：动作幅度小、回球速度快，借来球的前进力将球搓回。

方法：击球前，身体靠近台，拍面稍向后仰，后引动作小，引拍至身体左前上方，手臂向右前下方迎球。在球上升期击球，利用手臂前送的力量击球中下部，并借助来球前进力回击。击球后，手臂向前下方随摆，迅速还原。发力以手臂前送来借力还击。

二、羽毛球基本战术

（一）发球抢攻战术

（1）正、反手发转或不转、强旋或弱旋的球，使对方判断有误，回球质量不高，以伺机进攻。

（2）正、反手交替发多种左、右、上、下侧旋球，使对方直接回球失误或回球质量不高，以伺机进攻。

（3）正、反手结合以不同力量和速度发多种线路和多落点的球，迫使对方接发球失误或回球质量不高，以伺机进攻。

（二）接发球抢攻战术

（1）当能够准确判断对方发至右半台的来球呈上旋或弱旋，且弧线较高时，以正手攻球直接回击。

（2）当对方发至左半台或中路的球呈上旋或弱旋时，可快速推挡或反手攻球回击对方空当。

（3）当对方发右路或中路的出台长球呈下旋时，可采用正手拉攻或弧圈球回击。

（三）搓球战术

（1）慢搓与快搓结合搓对方反手位球，通过落点变化，伺机抢攻。

（2）以不同力量或拍面的不同区域搓球，使球转与不转、弱旋或强旋，迫使对方回高球以便抢攻。

（3）搓变线球来改变落点，调动对方频频移动而影响回球，伺机抢攻。

（四）对攻战术

（1）左推右攻，以推挡技术压对方的反手，当对方回至正手位高球时，以正手攻球回击。

（2）以正手攻球变线攻对方两大角，加大对方进攻或回球难度。

（3）攻追身球，抢先攻对方追身球，迫使对方回球困难，再伺机攻对方空当。

第七节 武 术

武术（旧称国术或武艺）在我国具有悠久的历史，是我国人民在长期的社会实践中积累和丰富起来的传统体育项目之一，也是具有中华民族独特风格的优秀文化遗产之一。它是以踢、打、劈、刺、格、挡等技术动作，按照神形内外、攻守进退、动静虚实、刚柔疾缓等对立统一的规律，组成徒手和器械的各种攻防格斗功夫、套路和单势练习。它集健身、自卫、表演等多种功能于一体，深受我国广大人民喜爱，也受到国外人士欢迎。

一、武术

（一）武术的特点

1. 寓技击于搏击和套路运动之中

武术，既有相击形式的搏击运动，也有舞练形式的套路运动。搏击和套路是武术的主要运动形式，寓技击于搏击和套路之中是武术的显著特点。

搏击运动集中体现了武术攻防格斗的特点，其技术动作同实用搏击一致。当搏击运动向套路运动发展，成为体育竞赛项目之后，技击则受到竞赛规则的限制，以不伤害对方为原则。

套路运动是在搏击运动的基础上发展起来的一个特有的表现形式。一般武术均由一招一式组成节，由若干节连成段，再由若干段构成完整的套路。因武术的类别和拳种不同，故有徒手和器械之分，有单练和对练之别。但所有套路的核心要素仍是击、打、格、挡、劈、刺等含有攻防意图的技击动作。因而，无论是搏击还是套路运动，其核心要素都是技击。

2. 内外合一，形神兼备

在武术中，“内”指心、神、意、气等内在的心志活动和气息运行；“外”指手、眼、身、步等外在的形体活动。武术的“内外合一，形神兼备”的特点，主要体现在功法上。在武术中，无论何种类别和拳种，都以“内练精气神，外练筋骨皮”，内外须合一为练功准则，精气神与形体动作相互配合，融为一体，以“手眼身法步，精神气力功”的协调变化来锻炼身心。这一特点充分体现了具有独特民族风格的练功方法。

3. 广泛的适应性

武术的种类众多，内容丰富，形式多样，目的和方法各异，不受年龄、性别、体质状况、季节、时间、场地和器材的限制。人们可以根据自己的需要和条件，选择合适有效的拳种或器械进行锻炼。因而，武术具有广泛的适应性。对大学生来说，熟练地掌握一两套武术套路，作为终身锻炼身体的手段，将受益匪浅。

（二）武术的功能

武术具有健身强身、修身养性、防病治病、表演观赏等多方面的功能，是人们改善健康、增强体质、防身自卫、锻炼意志、振奋精神、陶冶情操的良好手段。

1. 改善健康和增强体质

坚持武术锻炼，外能利关节、强筋骨、壮体魄，内能理脏腑、通经脉、调精神，既能改善人体各器官系统的生理功能，健美体形和强壮体格，提高身体素质，也能增强体质。加之武术中的许多功法注意调意、调息，因而能改善神经和心肺功能，调养气血，调节人体内环境的平衡，从而增进健康水平。实践证明，太极拳等项目，对防病治病有良好的功效，深受中老年人和病弱者的欢迎。

2. 提高防身自卫能力

武术因寓技击于套路和搏击运动之中，故无论是练套路还是练搏击，都能增长劲力，提高反应能力，而且能培养技击意识，掌握攻防技能，增强防身自卫能力。

3. 磨炼意志，培养道德，陶冶情操

武术之功需千锤百炼，故能磨炼人的意志；练武之人讲求武德，故能培养人高尚的道德品质；习武者需修身养性，提高思想境界，故能陶冶人的情操。

4. 表演观赏，丰富文化生活

无论是搏击还是套路的比赛或演练，都有很高的观赏价值。对比赛或演练者来说，是“精神气力功”的展示；对观赏者来说，则获得了健力美的感染、身心的愉悦，因而能丰富人们的文化生活。

二、散打

散打是两人按照一定的规则，运用武术中的踢、打、摔等攻防技法制胜对方、徒手对抗的现代竞技体育项目，它是中国武术的重要组成部分。散打古称相搏、手搏、白打、对拆、手战等，由于以徒手相搏、相角的形式在台上进行，故俗称“打擂台”，也称散手。散打中的“散”表示散手、散拆、散招、招数的意思，“打”表示运用这些方法进行格斗较量。

（一）散打运动概述

散打运动于1979年在我国部分体育院校开始试点训练，使散打运动迅速得以全面发展。1985年开始，散打比赛以戴头盔的形式进行比赛，1989年，散打被正式列为全国比赛项目，1991年，散打被列为世界武术锦标赛正式项目，1993年第七届全运会列散打为竞赛项目，1998年第13界亚运会散打被列为正式比赛项目。经过多年的总结、改进和发展，散打已逐步与国际竞技体育接轨，并在世界五大洲将近一百多个国家和地区得以开展和普及。

散打既有别于其他体育项目，也有别于世界各国流行的技击术。散打运动在继承传统的基础上，形成了独特的技术风格，它有别于传统的“点到为止”，也不同于“一招制胜”的防卫技术。比赛双方没有固定的动作顺序，而是互以对方技术动作随机应变，斗智较技，以长制短。近几年我们在电视和网络上看到的“中国武术散打王争霸赛”“武林风”等武术散打比赛，是在国际武术联合会的规划下，进行了部分的规则变化。正规的散打比赛严格规定了不准向对方后脑、颈部、裆部进行攻击，也不允许使用反关节动作及肘膝技法，但可以运用武术各种流派的技法。武术散打要求“远踢、近打、贴近摔”，具有鲜明的中国特色，通过拳打、脚踢、快摔等技术动作的运用，在攻防中扬长补短，攻彼弱点、避彼锋芒，讲究得机、得时、得势，从而提高判断能力和应变能力，这无疑能提高人们克敌制胜和防身自卫的能力，经过长期锻炼还可以培养人们顽强果断、勇敢进取的意志品质和尊师爱友、讲礼崇德的良好风尚。

（二）散打的特点

1. 对抗性

相对于武术套路运动，徒手对抗格斗是散打的基本运动特征。现代散打运动并不局限于对中国武术中传统的徒手格斗术进行单纯的继承和表现，而是在继承的基础上有了发展和提高。其中最为突出的，就是把传统中只注意“招法”的观念发展成为把体能、智能与技能结合起来，进而突出了它的综合应用的能力。散打由于自身的特性以及社会的需罣，更突出地反映了武术的本质——技击性，打击对方、保护自己是散打运动的基本目的。

2. 体育性

相对于传统的防身自卫绝技，散打作为竞技体育项目，必须体现体育的本质属性，即把人体安全和健康作为自身生存和发展的前提。散打是一种激烈、残酷的运动，虽然其技术总是在不断追求最大的攻击效果中发展的，但出现对运动员健康有害的行为是绝对不允许的。因此，散打技术的攻防招法明显区别于使人致伤、致残的技术方法，其技法的实用性限制在一定范围内起作用。

3. 民族性

现代散打运动在比赛形式和技术运用上，通过继承与发展，都体现了散打基本技术中武术的民族性特点。首先，散打在擂台上进行比赛和三局两胜制就是沿袭了中国古代民间打擂比武的风俗习惯；其次，在散打技术的应用上，“远踢、近打、贴身摔”技击方法的多样化和打击部位的多层次，充分体现了中国武术的技术整体性运动特点。现代散打技术还对世界各国搏击技术进行了大胆的借鉴，摄取其中的有益成分，甚至是具体的实用技法，使现代散打运动形成现今流行的模式。

（三）散打基本技术

1. 实战姿势

散打的实战姿势一般分为左手在前的“正架”和右手在前的“反架”两种，该姿势便于步法的移动、便于进攻和防守。

要点：两脚前后开立，屈膝含胸，屈臂沉肘，目视前方，自然放松。

2. 步法

步法是散打运动中身体向前后、左右移动的方法。灵活而敏捷的步法，不仅是调节重心，维持身体平衡的关键，也是进攻和防守，占据有利位置，发挥最优攻势的基础方法。

（1）进步。前脚提起，向前进步，后脚迅速蹬地，跟进同样距离。

（2）退步。后脚向后退一步，前脚用力蹬地，迅速后退同样距离。

（3）侧滑步。前脚向左或右滑行，后脚向左或右滑行跟进。

（4）垫步。后脚蹬地向前脚并拢，同时前腿屈膝提起向前落步。

（5）换步。前脚与后脚同时蹬地交换，同时两拳也前后交换成反架姿势。

3. 拳法

拳法技术是散打技术体系的重要组成部分，它是散打比赛中中距离和近距离的主要进攻手段。拳法主要包括冲拳、掼拳、抄拳和转身鞭拳四大类。

（1）冲拳。冲拳是散打技法中重要拳法之一，属直线型进攻拳法，它预兆小、动作突然、力量大。

动作要点：蹬地、转胯、拧腰、冲拳，力达拳面。

实战运用：冲拳可用于进攻对方面部，进攻对方胸部，进攻对方腹部。

（2）掼拳。掼拳是散打拳法中重要拳法之一，是实战中常用的攻击性拳法，它力量大，动作突然。

动作要点：蹬地、拧腰、转胯，臂外摆，向前、向内画弧，力达拳面。

实战运用：掼拳可用来进攻对方下颚，进攻对方太阳穴。

（3）抄拳。抄拳是散打实战中贴身或近距离的进攻拳法，其隐蔽性强、力量大，具有很大的突然性和杀伤力。抄拳按其动作的击打路线分为斜抄拳、上抄拳和平抄拳。

①斜抄拳。斜抄拳又称前手抄拳，其动作灵活，速度快，在实战中既可抢攻也可阻击。

动作要点：蹬地、转跨，后拳从腰间斜上方击出，力达拳面。

实战运用：上抄拳可进攻对方肋部，进攻对方腹部。

②上抄拳：上抄拳又叫前手上抄拳，其动作幅度大，发力突然。

动作要点：前臂略下摆，后脚蹬地、转胯，拳从胸前正上方击出，力达拳面。

实战运用：上抄拳可进攻对方下颚，进攻对方胃部，进攻对方心脏部位。

③平抄拳。平抄拳是实战双方贴身近战当中打击对方脸颊部最有效的方法，该动作预兆小，隐蔽性好，打击力量大。

动作要点：蹬地、臂外摆，拧腰、转胯、掀肘，拳面由外向内横向击打，力达拳面。

实战运用：平抄拳可进攻对方下颚，进攻对方太阳穴。

（4）转身鞭拳。转身鞭拳是散打动作中较为复杂的拳法，它动作幅度大，不易直接进攻，但其击打力量特别大。转身鞭拳分为转身左、右鞭拳。

动作要点：以前脚为轴，拧腰、转体、转头，前臂向斜下鞭打，力达拳根或小臂外侧。

实战运用：转身鞭拳可进攻对方下颚，进攻对方太阳穴。

4. 腿法

腿法技术是散打比赛中的主要得分技术，它是中、长距离的主要进攻手段。腿法主要有踹腿、鞭腿、蹬腿、转身后摆腿、扫腿和勾踢腿 6 种。

（1）踹腿。踹腿是散打技术中主要的腿法之一，其动作最大的特点就是突出“快”，即提膝便踹，直接攻击；该动作隐蔽性好，起动突然，踹击力量大，是散打比赛中的主要得分手段。踹腿分为左踹腿、右踹腿。

动作要点：踹腿正前方提起，支撑腿蹬转，翻膝，大腿带小腿向侧前方踹击，力达脚跟。

实战运用：踹腿可进攻对方腹部，进攻对方头部，进攻对方膝关节，进攻对方胸部。

（2）鞭腿。鞭腿又称边腿和横踢腿，该动作起动快，预兆小，鞭打力量重，是实战中最主要的进攻腿法之一，分为左鞭腿和右鞭腿。

动作要点：鞭腿正前方提起，支撑腿蹬转，鞭腿以膝关节为轴，绷脚，横向鞭打，力达脚背和踝关节之间。

实战运用：鞭腿可进攻对方小腿内侧，进攻对方大腿内侧，进攻对方肋部，进攻对方头部。

（3）蹬腿。蹬腿属于直线型腿法。它预兆小、起动快，易于直接进攻。蹬腿分为左蹬腿和右蹬腿。

动作要点：蹬腿屈膝提起上顶，支撑腿屈膝蹬转，蹬腿大腿带小腿，向前踹击，力达脚跟。

实战运用：蹬腿可进攻对方大腿，进攻对方腹部，进攻对方头部。

（4）转身后摆腿。转身后摆腿在散打技术当中属于难度系数较大的腿法，它借助于腰的扭转来带动后腿向前横扫，以此来击打对方头部和躯干部，因其动作幅度大，不宜直接进攻，故在使用中常常借助于后摆腿的惯性来加以使用。转身后摆腿分为左、右转身后摆腿。

动作要点：拧腰转体，提伸腿后摆划弧，脚面绷直，力达脚掌。

实战运用：转身后摆腿可攻击对方头部。

（5）扫腿。扫腿俗称扫堂腿，它主要进攻对方的下盘，在使用中因变线突然，常把对方扫倒在地，是一个很好的反击方法。扫腿分为前扫腿和后扫腿。

①前扫腿。

动作要点：支撑腿屈膝，身体下沉，以腰带动扫腿，勾脚、擦地向前画弧扫击，力达脚踝处。

实战运用：当对方以左踹腿进攻我方胸部时，我方左脚随即斜上步，同时身体突然下沉，带动右腿扫对方的支撑腿，使其倒地。

②后扫腿。

动作要点：支撑腿屈膝，身体下沉，拧腰转体，以腰带动扫腿，擦地画弧向后扫击，力达脚后跟至小腿下端之间部位。

实战运用：当对方以右踹腿进攻我方胸部时，我方身体突然下沉，同时转体回头，右腿后扫对方的支撑腿，使其倒地。

（6）勾踢腿。勾踢腿，因其在发力时形如勾而得名，它是借助于腿部的摆动，小腿由外向内，由屈到伸，横向踢出的腿法。勾踢腿用于反击和摔法中，分为左、右勾踢腿。

动作要点：支撑腿上步，以腰带动勾踢腿，自外向内擦地斜上勾踢，力达脚踝。

5. 摔法

摔法是在比赛或格斗中使对手倒地的方法，散打中的摔法有别于其他项目的摔法，其特点一是“快”，二是几乎无“把”可抓，三是摔法可与拳法、腿法并用。

第八节　健身气功

一、五禽戏

五禽戏是我国一项历史悠久的养生气功，相传，五禽戏为华佗编创，西晋时陈寿的《三国志·华佗传》记载：“吾有一术，名五禽之戏，一曰虎，二曰鹿，三曰熊，四曰援（猿），五曰鸟。亦以除疾，并利蹏（蹄）足，以当导引。”在五禽戏发展和流传的过程中，各个时期均留下了不同的特色。总体来看，这些特色各异的五禽戏都是根据“五禽”的动作做导引，以活动筋骨、疏通气血、防治疾病为目的。

五禽戏的内容主要包括虎戏、鹿戏、熊戏、猿戏、鸟戏。具体习练方法如下。

（一）虎戏

（1）自然站式，俯身，两手按地，用力使身躯前耸并配合吸气。当前耸至极后稍停，然后身躯后缩并呼气，如此反复 3 次。

（2）然后两手先左后右向前挪动，同时两脚向后退移，以极力拉伸腰身。

（3）接着抬头面朝天，再低头向前平视。

（4）像虎行一般用四肢前爬七步，后退七步。

（二）鹿戏

（1）四肢着地，吸气，头颈向左转，双目向右侧后视，当左转至极后稍停，呼气，头颈回转，当转至朝地时再吸气，并继续向右转，如前法。如此左转 3 次，右转两次，最后还原如起式。

（2）抬左腿向后挺伸，稍停后放下左腿，抬右腿如前法挺伸。如此左腿后伸 3 次，右腿后伸两次。

（三）熊戏

（1）仰卧式，两腿屈膝拱起，两脚离床面，两手抱膝下，头颈用力向上，使肩背离开床面，略停，先以左肩侧滚落床面，当左肩一触床面立即复头颈用力向上，肩离床面，略停后再以右肩侧滚落，复起。如此左右交替各7 次。

（2）起身，两脚着床面成蹲式，两手分按同侧脚旁。

（3）接着如熊行走般，抬左脚和右手掌离床面。当左脚、右手掌回落后即抬起右脚和左手掌。如此左右交替，身躯亦随之左右摆动，片刻停止。

（四）猿戏

（1）选择牢固横竿一根，比自身略高，站立手指可触及高处，如猿攀物般以双手抓握横竿，使两脚悬空，作引体向上 7 次。

（2）先以左脚背勾住横竿放下两手，头身随之向下倒悬，略停后换右脚如前法勾竿倒悬。如此左右交替各 7 次。

（五）鸟戏

（1）自然站式。吸气时跷起左腿，两臂侧平举，扬起眉毛，鼓足气力，如鸟展翅欲飞状。

（2）呼气时，左腿回落地面，两臂回落腿侧。接着跷右腿如前法操作。如此左右交替各 7 次，然后坐下。

（3）屈右腿，两手抱膝下，拉腿膝近胸，稍停后两手换抱左膝下，如前法操作。如此左右也交替 7 次。

（4）两臂如鸟理翅般伸缩各 7 次。

二、易筋经

易筋经是我国优秀的养生气功，经常习练可活动肌肉、筋骨，让人体经络、气血通畅，有增进健康、祛病延年之功效。

（一）预备势

两脚并立，两手自然下垂；下颏微收，虚领，唇齿合拢，目视前方。

（二）第一式：韦陀献杵第一式

左脚向左迈半步，两腿开立，屈膝；两手自然下垂；两臂自体侧向前抬至前平举；掌心相对，指尖向前；两臂回收，指尖指向斜前上方 30° ，胸前合掌，掌根与膻中穴同高，虚腋；目视前下方。

（三）第二式：韦陀献杵第二式

接上势，两掌伸平，掌心向下，两掌向前伸展，掌心向下，指尖向前；两臂侧平举，掌心向下，指尖向外；五指并拢；目视前下方。

（四）第三式：韦陀献杵第三式

接上式。松腕，两臂收至胸前平屈，掌心向下；两掌内旋，翻掌至耳垂下，掌心向上，两肘外展与肩平；重心前移，前脚掌支撑，提踵；伸臂，两掌上托至头顶，掌心向上；收颏，舌抵上腭，牙关咬紧；静立片刻。

（五）第四式：摘星换斗式

右脚右前移步，两脚斜八字，体左微侧；提右足跟，成右虚步；左手握空拳置于腰后，右手指掌握如钩状下垂于裆前；右钩手上提，肘略高于肩；松肩，屈腕，肘向胸，钩尖向右；含胸拔背，直腰收臀；头微偏，目视右掌心；紧吸慢呼，沉气。左右两侧可交替练习。

（六）第五式：倒拽九牛尾式

左腿左跨，屈膝，成马裆式；两手握拳由身后画弧线形向裆前，拳背相对，拳面近地；上体前倾，松肩，直肘；昂头；两拳上提至胸前，由拳化掌，抱球；旋动两前臂，双掌向左右平推至肘直，掌心向外，松肩；右转体，成右弓左箭式；右臂外旋成半圆状，拳心对面，拳与肩平，肘不过膝，膝不过足尖；左臂内旋后伸，拳背离臀，屈肘，两上肢前（外旋）后（内旋）做螺旋劲，上身正直，塌腰收臀，调匀鼻息。左右两侧可交替练习。

（七）第六式：出爪亮翅式

两手仰掌提过顶，虎口相对，掌心朝天，十指分开，左右手中、食指相接；目视手指交接处；足跟随式上提，以两足尖支撑，直膝；两掌缓缓分开向左右而下，上肢成一字并举，足跟随式落地，直膝；翻掌，掌心朝天，十指分开，目平视，腕、肘与肩平。

（八）第七式：九鬼拔马刀式

足尖相衔接，双脚成八字，两臂胸前交叉立掌；左臂经上往后成钩手置于身后；右臂向上经右往胸前，掌根着实，蓄劲于指；右臂上举过头，由头右侧屈肘俯掌下覆，手抱于颈项；左手钩手化掌，使左掌心贴于背并尽量上移，抬头并后仰；掌用力下按，手项争力，挺胸直腰，腿坚脚实，使劲由上贯下至踵；左掌由后经下往前，右前臂向前回环，胸前交叉立掌。

（九）第八式：三盘落地式

左腿左跨，足尖内扣，屈膝，成马裆式，两手叉腰，腰直胸挺，后背如弓；两手由后向前抄抱，十指交叉而握，掌背向前，虎口朝上，肘微屈；两臂似网盘处于上胸；旋腕转掌，掌心朝前，两掌左右画弧线向下，由下成仰掌沿腹胸上托至眉高；旋腕翻掌，掌心朝地，两掌运劲下按虚掌置于膝盖上部；两肩松开，肘微屈，两臂内旋；挺胸，后背如弓，头如顶物，目平视。

（十）第九式：青龙探爪式

左腿左跨，两手仰拳护腰；身体正直；左掌向右前伸探，掌高过顶，体微右转，目视手掌，肘与腕直；左手大拇指向掌心屈曲，双目视左手大拇指；左臂内旋，掌心向下推掌地，直膝，足跟不离地，昂首；左掌离地，上收至腰，成两仰掌护腰式。左右手交替前探。

（十一）第十式：卧虎扑食式

右腿右跨一大步，屈膝，成左仆腿式，两掌相叠，扶于右膝上。直腰挺胸，目左视；身体左转，右腿挺直，屈左膝，成左弓右箭式，两掌分向身体两侧上举于耳后两旁，两掌前推至肘直；俯腰，两掌下按着地，按于左足前方两侧，肘直；右足跟提起，足尖着地，在前之左腿离地后伸，两掌及右足尖支撑身体；蜢膝（膝不触地），重心后移，直膝，两掌使劲，身体前探，重心前移；直肘，昂起头胸，两掌撑实，后收前探。

（十二）第十一式：打躬式

左腿左跨，足尖内扣，两手仰掌向上成左右平举式，头如顶物，直肘，立身，腕、肘与肩平；屈肘，十指交叉相握，以掌心抱持后脑；屈膝下蹲成马裆式，直膝弯腰前俯，两手用力使头尽向胯下，直膝，足跟始终贴地。

（十三）第十二式：工尾式（掉尾式）

两手仰掌，由胸前上举过顶，目随掌移，身立正直；十指交叉而握，旋腕反掌上托，掌心朝天，两肘欲直，目平视；仰身，腰向后弯，臂随之而往，目上视；俯身向前，推掌至地。昂首瞪目，膝直，足跟离地。

第九节　太极拳

一、太极拳的概述

太极拳是我国武术的主要拳种。“太极”一词源出《周易·系辞》：“易有太极，是生两仪”，含有至高、至极、无穷大之意。因为这套拳法变幻无穷，寓意丰富，所以采用中国古代的“太极”“阴阳”这一哲学理论来解释和说明。

关于太极拳的起源，历来说法不一，其中不乏带有神秘色彩的传说。

有一种传说是太极拳的创始人是宋代武当山道士张三丰。武当山是中国道教名山，张三丰为辽东人，在武当山修道，甘肃、云南等地也有他的足迹和美传。一次他在皇帝召见途中受强盗拦阻，夜梦武当山神授以拳法，杀退百余贼人，创编了太极拳。另一种说法认为张三丰为元末明初人，在武当山修道炼丹过程中，观察蛇雀之争，探索龟鹤长寿之秘，由此创编了太极拳。然而，据查验现有史料，尚未发现他与太极拳的关系，因此太极拳由张三丰创立之说尽管流传广泛，但史料不足，一直成为中国武术史的一大悬案。

还有人认为太极拳传于唐代许宝平或明初陈卜。此说虽有宋氏手抄拳谱与陈氏家谱记载，然而找不到其他佐证，也难以确认。

目前最确切的一种说法是，根据现代史实记载，明末清初太极拳已经在河南农村以温县陈家沟和赵堡镇为中心流传开展，而且名师辈出，其中最有代表性的人物就是陈王廷和蒋发。武术史家唐豪先生根据陈氏家谱、拳谱以及陈王廷遗诗考证，判断陈王廷就是太极拳的创编者。而赵堡镇太极拳资料记述，蒋发 22 岁赴山西省学习太极拳，7 年后回乡授徒传艺，从此使太极拳在河南发扬光大。长期以来，太极拳的开展仅仅局限于河南农村。而 19 世纪初，河北永年人杨露禅拜陈家沟陈长兴为师，学习了太极拳，带回原籍，不久又到北京推广，从此才开辟了太极拳走向全国的新局面。

从 20 世纪 50 年代开始，太极拳得到蓬勃发展。为适应形势需要和全民健身要求，国家体育运动委员会先后编写有简化二十四式等太极拳套路、四十二式太极拳竞赛套路和各式流派的太极拳竞赛套路。与此同时，中国的太极拳运动在世界各地也得到了广泛的传播，成了弘扬中华文化的一个重要形成。

二、太极拳（简化二十四式）健身指导

（一）第一组

1. 起势

（1）两脚并拢，身体自然直立，头颈正直。两臂自然下垂，两手指尖轻贴大腿外侧。目视前方。

（2）左脚向左慢慢开步，与肩同宽，脚尖向前。

（3）两臂慢慢向前平举，两手高与肩平，与肩同宽，手心向下。

（4）上体保持正直，两腿屈膝下蹲；同时两掌轻轻下按至腹前，两肘下垂与膝相对。目视前方。

2. 左右野马分鬃

（1）上体微向右转，身体重心移至右腿。同时右臂上提收至胸前平屈，手心向下；左手经体前向右下画弧至右手下，手心向下，两手心相对成抱球状。左脚随即收到右脚内侧，脚尖点地。目视右手。

（2）上体微向左转，左脚向左前方迈出，右脚跟后蹬，右腿自然伸直成左弓步。同时左右手随转体慢慢分别向左上、右下分开，左手高与眼平，手心斜向上，肘微屈；右手落于右胯旁，肘微屈，手心向下，指尖向前。目视左手。

（3）上体慢慢后坐，重心移至右腿，左脚尖翘起，微向外撇（45° ~ 60°），脚掌慢慢踏实，左腿慢慢前弓，身体左转，重心移至左腿。同时左手翻转向下，左臂收至胸前平屈，右手向左上画弧至左手下，两手心相对成抱球状。右脚随即收到左脚内侧，脚尖点地。目视左手。

（4）上体右转，右腿向右前方迈出，慢慢成右弓步。同时左右手随转体慢慢分别向左下、右上分开，右手高与眼平，手心斜向上，肘微屈；左手落于左胯旁，肘微屈，手心向下，指尖向前。目视右手。

（5）与（3）解同，唯左右相反。

（6）与（4）解同，唯左右相反。

3. 白鹤亮翅

（1）上体微向左转，左手翻掌向下，左臂平屈胸前；右手向左上画弧，手心转向上，与左手相对成抱球状。目视左手。

（2）右脚跟进半步，上体后坐，重心后移至右腿。上体先向右转，两手随转体慢慢向右上左下分开，右手上提停于右额前，手心向左后方；同时上体再微向左转，面向前方，左脚尖点地，成左虚步，左手落于左胯前，手心向下，指尖向前。目视前方。

4. 左右搂膝拗步

（1）右手从体前下落，由下向后上方画弧至右肩外侧，肘微屈，手与耳同高，手心

斜向上；左手由左下向上、向右下画弧至右胸前，手心斜向下；同时上体先微向左再向右转；左脚收至右脚内侧，脚尖点地。目视右手。

（2）上体左转，左脚向前（偏左）迈出成左弓步。同时右手屈回经耳侧向前推出，高与鼻尖平，左手向下由左膝前搂过落于左胯旁，指尖向前。目视右手。

（3）右腿慢慢屈膝，上体后坐，重心移至右腿，左脚尖翘起微向外撇，随后脚掌慢慢踏实，身体左转，重心移至左腿；右脚收到左脚内侧，脚尖点地。同时左手向外翻掌由左后向上画弧至左肩外侧，肘微屈，手与耳同高，手心斜向上；右手随转体向上、向左下画弧落于左胸前，手心斜向下。目视左手。

（4）与（2）解同，唯左右相反。

（5）与（3）解同，唯左右相反。

（6）与（2）解同。

（二）第二组

5. 手挥琵琶

右脚跟进半步，上体后坐，重心移至右腿上，上体半面向右转；左脚略提起稍向前移，脚跟着地，脚尖翘起，膝部微屈成左虚步。同时左手由左下向上挑举，高与鼻尖平，掌心向右，肘微屈；右手收回放在左肘里侧，掌心向左，两手成侧立掌合于体前。目视左手食指。

6. 左右倒卷肱

（1）上体右转，右手翻掌（手心向上）经腹前由下向后上方画弧平举，肘微屈；左手随即翻掌向上。眼随转体先右视，再转向前方，目视左手。

（2）右臂屈肘向前，右手经耳侧向前推出，手心向前，左臂屈肘后撤，手心向上，撤至左肋外侧。同时左腿轻轻提起向后（偏左）退一步，脚掌先着地，然后全脚慢慢踏实，身体重心移到左腿上，成右虚步，右脚随转体以脚掌为轴扭正。目视右手。

（3）上体微向左转，同时左手随转体向后上方画弧平举，手心向上；右手随即翻掌，手心向上。眼随转体先左视，再转向前方视右手。

（4）与（2）解同，唯左后相反。

（5）与（3）解同，唯左后相反。

（6）与（2）解同。

（7）与（3）解同。

（8）与（2）解同，唯左后相反。

7. 左揽雀尾

（1）上体微向右转，同时右手随转体向后上方画弧平举，手心向上，左手放松，手心向下。目视左手。

（2）身体继续向右转，左手自然下落，逐渐翻掌经腹前画弧至右肋前，手心向上；右臂屈肘，手心转向下，收至右胸前，两手相对成抱球状。同时身体重心落在右腿上，左脚收至右脚内侧，脚尖点地。目视右手。

（3）上体微向左转，左脚向左前方迈出，上体继续向左转，右腿自然蹬直，左腿屈膝成左弓步。同时左臂向左前方推出（即左臂平屈成弓形，用前臂外侧和手背向前方推出），高与肩平，手心向后；右手向右下落放于右胯旁，手心向下，指尖向前。目视左前臂。

（4）身体微向左转，左手随即前伸翻掌向下，右手翻掌向上，两手经腹前向上、向前伸至左前臂下方，然后两手下捋，即上体向右转，两手经腹前向右后上方画弧，直至右手心向上，高与肩平，左臂平屈于胸前，手心向后；同时身体重心移至右腿。目视右手。

（5）上体微向左转，右臂屈肘折回，右手附于左手腕里侧（相距约 5 厘米），上体继续向左转，双手同时向前慢慢挤出，左手心向后，右手心向前，左前臂要保持半圆；同时身体重心逐渐前移成左弓步。目视左手腕部。

（6）左手翻掌，手心向下，右手经左腕上方向前、向右伸出，高与左手齐，手心向下，两手左右分开，宽与肩同。然后右腿屈膝，上体慢慢后坐，身体重心移至右腿上，左脚尖翘起。同时两手臂屈肘回收至腹前，手心均向前下方。目视前下方。

（7）上势不停，身体重心慢慢前移，同时两手向前、向上按出，掌心向前；左腿前弓成左弓步。目视前方。

8. 右揽雀尾

（1）上体后坐并向右转，身体重心移至右腿，左脚尖里扣。右手向右平行画弧至右侧，然后由右下经腹前向左上画弧至左肋前，手心向上；左臂平屈胸前，左手掌向下与右手成抱球状。同时身体重心再移到左腿上，右脚收到左脚内侧，脚尖点地。目视左手。

（2）同“左揽雀尾”（3）解，唯左右相反。

（3）同“左揽雀尾”（4）解，唯左右相反。

（4）同“左揽雀尾”（5）解，唯左右相反。

（5）同“左揽雀尾”（6）解，唯左右相反。

（6）同“左揽雀尾”（7）解，唯左右相反。

（三）第三组

9. 单鞭

（1）上体后坐，身体重心逐渐移至左腿，右脚尖里扣。同时上体左转，两手（左高右低）向左弧形运转；直至左臂平举，伸于身体左侧，手心向左，右手经腹前运至左肋前，手心向后上方。目视左手。

（2）身体重心再渐渐移至右腿上，上体右转，左脚右脚靠拢，脚尖点地。同时右手向右上方画弧（手心由里转向外），至右侧方时变勾手，臂与肩平；左手向下经腹前向右上画弧停于右肩前，手心向里。目视左手。

（3）上体微向左转，左脚向左前侧方迈出，右脚跟后蹬成左弓步。在身体重心移向左腿的同时，左掌随上体的继续左转慢慢翻转向前推出，手心向前，手指与眼齐平，肘微屈。目视左手。

10. 云手

（1）身体重心移至右腿上，身体渐渐向右转，左脚尖里扣；左手经腹前向右上画弧至右肩前，手心斜向后，同时右手松勾变掌，手心向右前。目视左手。

（2）上体慢慢左转，重心随之逐渐左移；左手由脸前向左侧运转，手心渐渐转向左方；右手由右下经腹前向左上画弧至左肩前，手心斜向后；同时右脚靠近左脚，成小开立步（两脚距离 10 ~ 20 厘米）。目视右手。

（3）上体再向右转，同时左手经腹前向右上画弧至右肩前，手心斜向后；右手向右侧运转，手心翻转向右；随之左腿向左横跨一步。目视左手。

（4）同（2）解。

（5）同（3）解。

（6）同（2）解。

11. 单鞭

（1）上体向右转，右手随之向右运转至右侧方时变成勾手；左手经腹前向右上画弧至右肩前，手心向内。身体重心落在右腿上，左脚尖点地。目视右手。

（2）与前“单鞭”势（3）解相同。

12. 高探马

（1）右脚跟进半步，身体重心逐渐后移至右腿上；右勾手变掌，两手心翻转向上，两肘微屈；同时身体微向右转，左脚跟渐渐离地。目视左前方。

（2）上体微向左转，面向前方，右掌经右耳旁向前推出，手心向前，手指与眼同高；左手收至左侧腰前，手心向上；同时左脚微向前移，脚尖点地成左虚步。目视右手。

（四）第四组

13. 右蹬脚

（1）左手手心向上，前伸至右手腕背面，两手背相对交叉，随即向两侧分开并向下画弧，手心斜向下。同时左脚提起向左前侧方进步（脚尖略外撇），身体重心前移，右腿自然蹬直，成左弓步。目视前方。

（2）两手继续向下，并由外向内画弧，交叉合抱于胸前，右手在外，两手心均向后。同时右脚向左脚靠拢，脚尖点地。目视右前方。

（3）两手臂左右画弧分开平举，肘微屈，手心均向外。同时右腿屈膝上提，右脚向右前方慢慢蹬出。目视右手。

14. 双峰贯耳

（1）右腿收回，屈膝平举；左手由后向上、向前下落至体前，两手心均翻转向上，两手同时向下画弧分落于右膝两侧。目视前方。

（2）右脚向右前方落步，重心渐渐前移成右弓步，面向右前方，同时两手下落，慢慢变拳，分别从两侧向上、向前画弧贯拳至面部前方，两拳相对，高与耳齐，拳眼都斜向内下（两拳间距 10 ~ 20 厘米）。目视右拳。

15. 转身左蹬脚

（1）左腿屈膝后坐，身体重心移至左腿，上体左转，右脚尖里扣。同时两拳变掌，由上分别向左右画弧分开平举，手心向前。目视左手。

（2）身体重心再移至右腿，左脚收到右脚内侧，脚尖点地。同时两手由外经下向里画弧合抱于胸前，左手在外，两手心均向后。目视左前方。

（3）两手臂左右画弧分开平举，肘部微屈，手心均向外；同时左腿屈膝上提，左脚向左前方慢慢蹬出。目视左手。

16. 左下势独立

（1）左腿屈膝平举，上体右转；右掌变成勾手，左掌向上、向右画弧下落，立于右肩前，掌心斜向后。目视右手。

（2）右腿慢慢屈膝下蹲，左腿由内向左侧（偏后）伸出，成左仆步；左手下落（掌心向外）向左下沿左腿内侧向前穿出。目视左手。

（3）身体重心前移，左脚跟为轴，脚尖外撇，左腿前弓，右腿后蹬，右脚尖里扣，上体微向左转并向前起身。同时左手臂向前立掌伸出，掌心向右，右勾手下落，钩尖向后。目视左手。

（4）右腿向前屈膝提起，成左独立式；同时右勾手变掌，并由后下方顺右腿外侧向前弧形起挑，屈臂立于右腿上方，肘与膝相对，手心向左；左手落于左胯旁，手心向下，指尖向前。目视右手。

（五）第五组

17. 右下势独立

（1）右脚下落于左脚前，脚尖着地，然后左脚以前脚掌为轴，脚跟内转，上体随之左转。同时左手向后平举变成勾手，右掌随着转体向左侧画弧，立于左肩前，掌心斜向后。目视左手。

（2）同“左下势独立”（2）解，唯左右相反。

（3）同“左下势独立”（3）解，唯左右相反。

（4）同“左下势独直”（4）解，唯左右相反。

18. 左右穿梭

（1）身体微向左转，左腿向前落地，脚尖外撇，右脚跟离地，两腿屈膝成半坐盘式。同时两手在左胸前成抱球状（左上右下）；然后右脚收到左脚内侧，脚尖点地。目视左手。

（2）身体右转，右脚向右前方迈出，屈膝弓腿成右弓步。同时右手由脸前向上举起内旋翻掌停架在右额前，手心斜向上；左手先向左下再经体前向前推出，高与鼻尖平，手心向前。目视左手。

（3）身体重心略向后移，右脚尖稍向外撇，随即身体重心再移到右腿，左脚跟进，停于右脚内侧，脚尖点地；同时两手在右胸前成抱球状（右上左下）。目视右手。

（4）同（2）解，唯左右相反。

19. 海底针

右腿向前跟进半步，身体重心移至右腿，左脚稍向前移，脚尖点地成左虚步，同时身体稍向右转，右手下落经体前向后、向下提抽至肩上耳旁，再随身体左转，由右耳旁斜向前下方插出，掌心向左，指尖斜向下；与此同时，左手向前、向下画弧落于左胯旁，手心向下，指尖向前。目视前下方。

20. 闪通臂

上体稍向右转，左脚向前迈出，屈膝弓腿成左弓步。同时右手由体前上提，屈臂上举，停于右额前上方，掌心翻转斜向上，拇指朝下；左手上提经胸前向前推出，高与鼻尖平，手心向前。目视左手。

（六）第六组

21. 转身搬拦捶

（1）上体后坐，身体重心移至右腿上，左脚尖里扣，身体向右后转，然后身体重心再移至左腿上。同时右手随转体向右、向下（变拳）经腹前画弧至左肋旁，拳心向下，左掌上举于头前，掌心斜向上。目视前方。

（2）向右转体，右拳经胸前向前翻转撇出，拳心向上；左手落于左胯旁，掌心向下，指尖向前；同时右脚收回后再向前迈出，脚跟着地，脚尖外撇。目视右拳。

（3）身体重心移至右腿，左脚向前迈出一步。同时左手抬起经左侧向前画弧拦出，掌心向前下方；右拳内旋向右画弧收到右腰旁，拳心向上。目视左手。

（4）左腿前弓成左弓步，同时右拳向前打出，拳眼向上，高与胸平，左手附于右前臂内侧。目视右拳。

22. 如封似闭

（1）左手由右腕下向前伸出，右拳变掌，两手手心逐渐翻转向上并慢慢分开回收；同时身体后坐，左脚尖翘起，重心移至右腿。目视前方。

（2）两手在胸前向内翻掌，向下经腹前再向上、向前推出。腕部与肩平，手心向前；同时左腿屈膝成左弓步。目视前方。

23. 十字手

（1）屈膝后坐，身体重心移向右腿，左脚尖里扣，向右转体。右手随着转体向右平摆画弧，与左手成两臂侧平举，掌心向前，肘部微屈；同时右脚尖随转体稍向外撇，成右侧弓步。目视右手。

（2）身体重心慢慢移至左腿，右脚尖里扣，随即向左收回，两脚距离与肩同宽，两腿逐渐蹬直，成开立步。同时两手向下经腹前向上画弧交叉合抱于胸前，两臂撑圆，腕高与肩平，右手在外，成十字手，手心均向后。目视前方。

24. 收势

（1）两手向外翻掌，手心向下，两臂慢慢下落，停于腹前。目视前方。

（2）两腿缓缓蹬直，同时两掌慢慢下落至大腿侧，然后收左脚成并步直立，目视前方。

参考文献

[1] 陈伟，刘青，王纯．民族体育创新发展研究 [M]．成都：电子科技大学出版社，2017．

[2] 陈玉群．体育教学研究 [M]．北京：光明日报出版社，2016．

[3] 邵斌，顾红，柏慧敏，等．大学公共体育专业化教学改革理论与实践 [M]．上海：上海大学出版社，2015．

[4] 郑厚成．体育与健康（教师用书）[M]．北京：高等教育出版社，2002．

[5] 张瑞林．体育与健康 [M]．济南：山东大学出版社，2008．

[6] 孔韦忠．学校体育与心理健康教育 [M]．太原：山西科学技术出版社，2008．

[7] 纪烈维．新编大学体育理论教程 [M]．哈尔滨：黑龙江科学技术出版社，2010．

[8] 刘学军．学校体育教学系统形态研究 [M]．北京：研究出版社，2008．

[9] 钱杰，姜同仁．中国高等体育教育发展模式研究 [M]．北京：北京体育大学出版社，2004．

[10] 杨文轩，林笑峰，郑俊武，等．体育学原理：论著选读 [M]．广州：广东高等教育出版社，1996．

[11] 林少娜，郑李茹．大学生体育与健康 [M]．北京：北京体育大学出版社，2006．

[12] 何小平，肖毅志，刘为．高职实用体育教程 [M]．北京：中国环境科学出版社，2008．

[13] 夏越．现代高校体育教学研究 [M]．北京：北京理工大学出版社，2019．

[14] 王志斌，严红玲，李梁华．高校体育与健康教程 [M]．南昌：江西人民出版社，2017．